퓨전

Copyright © Denise Lee Yohn, Inc. 2018
All Rights Reserved

Korean translation copyright ⓒ 2025 by Porche Publishing.
Korean translation rights arranged with HODDER & STOUGHTON LIMITED
through EYA Co.,Ltd

이 책의 한국어판 저작권은 EYA Co.,Ltd를 통해
HODDER & STOUGHTON LIMITED 과 독점 계약한 '포르체'에 있습니다.

저작권법에 의하여 한국 내에서 보호를 받는 저작물이므로
무단전재 및 복제를 금합니다.

퓨전

**최고의 기업들은 왜 브랜드와 조직 문화를
하나로 융합했는가**

데니스 리 욘 지음
우승우, 차상우 옮김

포르체

일러두기
1. 인명, 지명을 비롯한 고유명사의 표기는 국립국어원 외래어 표기법 규정을 따르되, 이미 굳어진 외래어의 경우 예외로 했습니다.
2. 본문과 주에 언급되는 원서 제목은 번역하되, 국내서가 있을 경우 해당 제목을 따랐습니다.
3. 단행본은 『 』, 통계 자료와 선언문은 「 」, 잡지, 신문사, 뉴스 매체는 《 》, 방송 프로그램은 〈 〉로 표기했습니다.

위대한 기업은
브랜드-조직 문화 융합으로
움직인다

여는 글

한 기업의 조직 문화가 '가혹하다' '끊임없는 경쟁' '격렬한 전투' '소모되고 버려진다'처럼 혹독한 표현으로 묘사된다면, 그 기업은 당연히 실패할 것이라고 생각하기 쉽다. 그러나 이러한 평가를 받는 기업이 최근 운영 이익을 2배 가까이 증가시키고, 연간 매출을 27% 성장시켰으며 8분기 연속 흑자를 기록했다면 어떨까? 더 놀라운 것은 이 회사가 고객 서비스 부문에서 수많은 수상 경력을 보유하고 있으며, 링크드인의 '일하고 싶은 기업' 목록에서 2위를 차지했고, 2016년에는 한 해 동안 8만 5천 명 이상의 신규 직원을 채용했다는 사실이다.

이 기업은 바로 아마존이다. 위에서 인용한 강도 높은 표현들은 《뉴욕 타임스 *The New York Times*》에서 보도한 아마존의 조직 문화 관련 기사 내용이다. 이 기사는 아마존의 '때로는 가혹한 조직 문화'와 '목적이 있는 다원주의적 인사 *HR, human resources* 관리 방식'을 집중 조명했다. 기사에서는 직원들이 책상 앞에서 울고 극심한 스트레스에 시달리며, 광적인 속도를 따라잡기 위해 필사적으로 노력하는 모습이 묘사되었다. 또 아마존의 매우 엄격한 목표 설정과 성과 기준을 충족하지 못하는 직원들이 해고되는 사례도 함께 소개되었다.

예상대로 이 기사는 강한 논란을 불러일으켰다. 어떤 독자들과 전직 직원들은 아마존이 직장 내 괴롭힘을 조장한다며 비판했다. 하지만 놀랍게도 현재 아마존에서 근무 중인 직원들 중 일부는 회사의 입장을 옹호했다. 그들은 '빠르게 변화하는 환경에서 일하는 것이 짜릿하다' '짧은 시간 동안 엄청난 성장을 할 수 있었다' '최선을 다하도록 강하게 밀어붙이는 것이 오히려 감사하다' '이전에는 불가능하다고 생각했던 혁신을 이루어 내는 것이 자랑스럽다'와 같은 의견을 내놓았다.

《뉴욕 타임스》 기사로 드러난 것은 단순히 아마존의 조직 문화가 극단적이라는 사실이 아니다. 아마존의 조직 문화는 '누구에게나 적합한' 환경이 아닐 수 있지만, 이 조직 문화가 기업의 성장을 이끄는 핵심 요소라는 점이 명확히 드러났다. 따뜻하고 포용적인 조직 문화만이 성공의 조건은 아니다. 아마존의 경우, 강한 경쟁과 높은 성과 기준을 기반으로 한 조직 문화가 끊임없는 혁신을 추구하는 원동력이 된다. 일각에서 '검투사 문화*gladiator culture*'라고 부르는 이 환경은, 아마존의 창립자 제프 베이조스와 경영진이 아마존의 목표를 명확히 설정하고 달성하기 위해 선택한 방식이다. 즉, 비합리적으로 보일 만큼 높은 기준이야말로 아마존이 지속적으로 고객 서비스 수준을 높이고 성장하는 핵심 전략이라는 것이다.

아마존이 단순히 '가혹한 조직 문화' 때문에 성공한 것은 아니다. 그렇다고 직원을 지나치게 보호하는 조직 문화가 성공을 보장하는 것도 아니다. 아마존이 이토록 압도적인 성과를 내는 이유는 내부 조직 문화와 외부 브랜드를 관통하는 단 하나의 강력한 원동력이 있기 때문이다. 바로 고객 경험*CX, customer experience*을 혁신적으로 개선하려는 '끊임없는 집착'이다. 아마존의 조직 문화는 극도로 성과 지향적인 환경을 조성하여 직원들이 혁신을 거듭하도록 몰아가고, 고객 경험을 지속적으로 발전시키도록 만든다. 그리고 이 조직 문화가 아마존의 브랜드 정체성으로도 연결된다. 즉, 파괴적 혁신을 통해 최고의 고객 경험을 제공하는 브랜드가 되는 것이다.

아마존의 모든 직원은 단 하나의 목표를 향해 움직인다. 고객을 위한 최고의 성과를 내는 것. 누구도 어떤 방식으로 일해야 하는지 고민할 필요가 없다. 조직의 방향성이 분명하기 때문에 직원들은 아마존이 추구하는 브랜드 가치를 자연스럽게 실현하게 된다. 그 결과, 고객들은 아마존을 신뢰하고 더 많은 돈을 쓰며 강력한 브랜드 충성도를 보여 준다. 직원들도 독특한 조직 문화를 인정하며 아마존을 세계에서 가장 일하고 싶은 기업 중 하나로 꼽는다.

아마존은 '브랜드-조직 문화 융합 _brand-culture fusion_'의 완벽한 사례다. 이는 외부 브랜드 정체성과 내부 조직 문화를 완전히 통합하고 일치시키는 전략으로, 세계적인 기업들이 성공하는 핵심 원리 중 하나다. 베이조스는 브랜드와 조직 문화를 별개의 요소로 다루지 않는다. 대신 이 둘을 융합해 조직의 성과를 극대화하는 방법을 안다. 그리고 이 전략은 아마존만 할 수 있는 것이 아니다. 이 책을 읽는 여러분의 조직에서도 충분히 실현할 수 있다.

비즈니스의 숨은 원동력, 브랜드와 조직 문화의 융합

핵물리학에서 '융합 _fusion_'이란 두 개의 원자핵이 하나로 결합할 때 일어나는 반응이다. 이 과정에서 엄청난 에너지가 방출되며, 태양이 타오르는 원동력이 되기도 한다.

기업에서도 마찬가지다. 조직의 두 핵심 요소인 브랜드와 조직 문화를 하나로 융합할 때 엄청난 에너지가 발생하며, 완전히 새로운 가능성이 열린다. 한편 브랜드는 고객들과 이해관계자들이 조직을 어떻게 인식하는가에 관한 것이다. 이는 광고나 마케팅 활동만으로 형성되는 것이 아니라, 조직이 일하는 방식과 내부에서 만들어지는 가치가 그대로 반영된 결과다. 과거에는 조직 문화와 브랜드가 '비즈니스의 부차적인 요소'로 취급되었다. 조직 문화는 HR에서, 브랜드는 마케팅에서 담당하는 영역으로 분리되었고, 경영진의 핵심 논의에서 종종 배제되었다. 그러나 이제 많은 리더가 깨닫는 과정에 있다. 기업의 진정한 경쟁력은 조직 문화와 브랜드에서 비롯되며, 이 둘이야말로 조직의 핵심 에너지원이라는 사실을 말이다. 조직 문화는 비즈니스 성과를 이끄는 핵심적인 전략이 되어야 한다.

세계 비즈니스 포럼의 전 디렉터 에두아르도 브라운은 세계적인 비즈니스 리더들을 인터뷰하며 공통된 메시지를 발견했다. 제너럴 일렉트릭의 전 CEO 잭 웰치부터 버진 그룹의 창립자 리처드 브랜슨에 이르기까지, 모든 리더가 한결같이 '조직 문화가 기업의 가장 강력한 경쟁력'이라고 강조했다. 그들의 공통된 신념은 바로 '조직 문화는 성과를 배가시키는 원동력'이다. 또 『좋은 기업을 넘어 위대한 기업으로』의 저자 짐 콜린스는 이렇게 말했다. "조직 문화는 전략의 일부가 아니다. 조직 문화가 곧 전략이다."

사우스웨스트 항공의 창립자이자 전 CEO인 허브 켈러허는 회사가 44년 연속 흑자를 기록하면서도 단 한 차례의 정리 해고 없이 성공을 이어 온 비결을 묻는 질문에 기업의 조직 문화를 가장 큰 경쟁력으로 꼽았다. 그는 경쟁사들도 동일한 하드웨어를 가질 수 있다고 말했다. 예컨대 세계 최대 항공기 제작 회사 보잉은 누구에게나 비행기를 판매한다. 그렇기 때문에 항공기 자체는 차별화 요소가 될 수 없다. 하지만 사람, 즉 '소프트웨어'는 다르다.

그것은 쉽게 모방할 수 없는 차별화 요소이며, 기업의 장기적인 경쟁력을 만드는 핵심 요인이라고 켈러허는 강조했다. 실제로 매년 '일하기 좋은 100대 기업' 등을 선정하는 일하기 좋은 기업 기관의 연구에 따르면 우수한 조직 문화를 갖춘 기업은 그렇지 않은 기업보다 재무 성과가 더 뛰어나다. 또 직원 이직률이 낮으며, 고객 만족도가 높은 경향을 보인다.

오늘날 대부분의 기업이 전례 없는 위기에 직면했다. 특히 직원들의 참여도 부족은 심각한 문제로 떠오르는 추세다. 갤럽 연구 결과에 따르면 전 세계 근로자의 70%가 '참여되지 않은 상태'로 일하고 있으며, 이는 조직의 생산성과 성과에 심각한 영향을 미치고 있다. 직원들이 일에 대한 동기 부여를 느끼지 못하고, 조직과의 정서적 연결 고리가 약한 상태에서는 기업의 성장과 발전이 제한될 수밖에 없다. 하지만 건강한 조직 문화는 직원 참여도를 높이고 생산성을 향상시키며, 장기적인 '인재 유지율 *retention rate*'을 높이는 효과를 발휘한다. 또 기업 간 인재 확보 경쟁이 심화되면서, 링크드인이나 글래스도어 같은 리뷰 사이트에서의 기업 평판이 구직자들의 기업 선택에 중요한 기준이 되고 있다.

뛰어난 비즈니스 리더들은 브랜드를 단순히 마케팅 요소가 아니라, '가치를 창출하는 도구'로 바라보기 시작했다. 강력한 브랜드를 가진 기업은 더 높은 수익성을 기록하며 현금 흐름이나 자산 가치 이상의 평가를 받는 경우가 많다. 나는 소니, 프리토레이, 오클리 등의 세계적인 브랜드에서 일하면서 브랜드가 기업의 가장 강력한 경쟁 무기가 될 수 있음을 직접 경험했다. 오늘날 시장은 점점 더 제품 간 차별성이 희미해지고 있다. 이제는 제품 기능이나 성능만으로 차별화하기 어려운 시대다. 이러한 환경에서 명확한 브랜드 정체성을 구축하고, 차별화된 고객 경험을 제공하는 기업이 장기적인 고객 관계를 형성해 더 높은 이윤율을 유지할 수 있다.

조직 문화와 브랜드는 각각 강력한 비즈니스 성장 동력이다. 그러나 이 둘을 별개로 관리해서는 한계가 있다. 기업 내부에서 사람들이 생각하고 행동하는 방식(조직 문화)과, 외부에서 고객이 경험하고 인식하는 브랜드 이미지가 서로 유기적으로 연결되고 강화될 때 단순히 하나를 단독으로 개선하는 것보다 훨씬 더 큰 성장 기회를 창출할 수 있다.

융합의 힘

브랜드와 조직 문화를 통합하고 정렬하면 기업 전체에 걸쳐 의미 있고 강력한 결과를 만들어 낼 수 있다. 우선 브랜드-조직 문화 융합은 조직 전체를 정렬시켜 업무 효율성을 높이고, 결과물의 품질을 향상시킨다. 조직 내 모든 사람이 명확하고 공통된 목표를 향해 움직이면, 혼선을 빚거나 서로 다른 기준을 적용하여 불필요한 갈등을 초래할 가능성이 줄어든다. 이는 곧 더욱 일관된 성과와 더 높은 조직 생산성으로 이어진다.

브랜드와 조직 문화를 융합할 때 발생하는 또 다른 효과로, 기업의 경쟁 우위를 높일 수 있다. 이러한 융합은 단순히 제품이나 서비스의 차별성을 넘어, 모방하기 어려운 '무형의 가치 *intangible value*'를 창출하는 기반이 된다. 경쟁사는 제품이나 직원 복지를 따라 할 수 있겠지만, '왜' 그리고 '어떻게' 일을 하는지에 담긴 독창적인 철학과 방식까지는 모방하기 어렵다. 또 오늘날 소비자와 직원 들은 단순한 제품이나 보상이 아니라 더 깊은 의미와 '공유하는 가치 *shared values*'를 기준으로 어떤 기업에서 일할지, 어떤 브랜드를 선택할지를 결정한다. 이러한 흐름 속에서 브랜드와 조직 문화를 의도적으로 연결하는 것은 조직의 시장 내 관련성, 차별성, 매력도를 극대화하는 전략이 될 수 있다.

브랜드와 조직 문화를 융합하면 브랜드의 진정성이 보장된다. 오늘날 소비자들은 더욱 똑똑해지고 있다. 광고 속 메시지를 있는 그대로 받아들이지 않으며, 기업이 내세우는 메시지나 주장에 회의적인 시각을 가진다. 그들은 단순한 마케팅이 아니라 진정한 가치를 실현하는 브랜드를 원한다. 하지만 대부분의 기업은 브랜드 속성 목록에 '진정성'을 추가하고, SNS에 감성적인 콘텐츠를 공유하며 마치 인간적인 기업처럼 보이려는 피상적인 접근법을 택한다. 그러나 이러한 방식은 소비자들의 신뢰를 얻기 어렵다. 사람들은 브랜드가 '진정성 있어 보이는 것'이 아니라, 실제로 '진정성을 갖춘 것'을 원한다. 그렇다면 브랜드의 진정성은 어떻게 증명될까? 그 해답은 브랜드와 조직 문화를 하나로 연결하는 것에 있다. 기업이 내부적으로 실천하는 방식과 외부적으로 약속하는 메시지가 완전히 일치할 때, 브랜드는 단순한 마케팅 구호가 아닌 실제 운영 방식과 고객 경험으로 그 진정성을 입증할 수 있다. 이렇게 브랜드와 조직 문화가 일치하는 기업만이 소비자들이 요구하는 '진정성 테스트'를 통과할 수 있다.

　　무엇보다 브랜드-조직 문화 융합은 조직이 비전을 실현하는 데 결정적인 역할을 한다. 조직 내 모든 구성원이 공통된 동기와 목표를 공유할 수 있도록 돕기 때문이다. 기업이 직원들의 가치와 행동을 고객들이 기대하고 경험하는 브랜드 가치와 일치시킬 때, 그 기업은 단순한 직장이 아니라 직원들이 진정한 의미를 찾고 헌신할 수 있는 공간으로 거듭난다. 브랜드-조직 문화 융합이 직원과 고객을 하나로 연결한다. 직원들은 자신의 일이 가지는 의미를 깊이 이해하고, 회사의 목적을 실현하기 위해 헌신한다. 공통의 목표를 공유하는 직원들 간의 유대감이 깊어지며, 직원들이 고객과 더 강하게 연결된다. 기업은 브랜드와 조직 문화가 강력하게 결합되었을 때 더욱 강한 결속력과 명확한 방향성을 갖게 된다.

하지만 반대로 브랜드와 조직 문화가 분리되어 있으면, 그 부정적인 영향은 눈에 보이지 않더라도 조직을 서서히 약화시킨다. 당장은 큰 문제가 없는 것처럼 보일 수 있지만, 오랜 시간에 걸쳐 조직 내 혼란과 직원들의 낮은 참여도, 고객과의 신뢰 약화로 이어질 수 있다.

브랜드와 조직 문화가 일관성을 갖추지 않고 통합되지 않은 상태라면, 아무리 조직 문화를 형성하려고 해도 결국 헛수고가 될 가능성이 크다. 대부분의 리더는 '직원은 기업의 가장 중요한 자산'이라는 통념에 따라, 직원들을 만족시키기 위해 복지와 혜택을 아낌없이 제공하는 것이 최선이라고 생각한다. 하지만 직원 참여 컨설팅 기업 브랜드 인테그리티의 CEO 그레그 레더맨은 이러한 접근이 잘못되었음을 지적하며 이렇게 말했다. "모든 직원이 기업의 가장 큰 자산이 아니다. 정확한 지식과 열정을 갖추고, 올바른 행동을 실천하는 직원이야말로 기업의 가장 중요한 자산이다."

특히 스타트업 기업들은 '재미있는 근무 환경'을 조성하는 데 집중하는 경향이 있다. 무료 점심 제공, 휴게 공간 내 맥주 통과 축구 게임기 비치, 헬스장 회원권 지원 등의 다양한 혜택*이 직원들의 기분을 좋게 만들 수 있지만, 기업이 필요한 행동과 역량을 직원들이 스스로 갖출 수 있도록 조직 문화를 형성하는 것과는 거리가 멀다. 예를 들어, 소셜 미디어 소프트웨어 스타트업 버퍼는 추가 유급 휴가 제공, 요가 수업 비용 지원 등의 개방적인 조직 문화를 운영했다. 그러나 이러한 관대한 복지가 직원들의 고객 경험 전달 능력을 향상시키지 못했고, 오히려 현금 흐름을 악화시키는 원인이 되었다.

브랜드와 조직 문화가 일치하지 않으면 직원들이 열심히 일하면서도 정작 기업이 원하는 결과를 내지 못하는 상황이 발생할 수 있다. 나는 많은 유명 브랜드의 브랜드 포지셔

---

* 어떤 복지는 직원들의 동기를 높이는 데 효과적이지 않을 수 있다. 소프트웨어 업체 퀄트릭스에서 실시한 밀레니얼 세대의 직장 조직 문화 관련 연구에 따르면, 무료 음식 제공은 직장 문화에서 가장 중요도가 낮은 요소 중 하나로 나타났다. 퀄트릭스의 CEO이자 창립자인 라이언 스미스는 다음과 같이 설명했다. "가끔 제공되는 점심 식사는 직원들의 사기를 일시적으로 높일 수 있습니다. 하지만 직원들이 조직의 중요한 일원으로 느끼도록 만드는 데는 효과적인 전략이 아닙니다." 매트리스 회사 터프트 앤 니들의 디자인 리더 데니스 유세비오도 "직장 내 혜택은 한두 번은 기분 좋을 수 있지만, 결국 그 효과는 점점 줄어듭니다"라고 《안트러프러너 Entrepreneur》 매거진 기고문에서 밝혔다. 그는 "처음에는 즐길 수 있지만, 열 번째쯤 사용하게 되면 그 가치가 처음만큼 크지 않다는 걸 깨닫게 됩니다"라고 덧붙였다.

닝을 강화하고, 경쟁 우위를 확보하는 일을 도왔다. 그리고 이 기업들은 단기적으로 강력한 성과를 거두었지만, 그들의 조직 문화가 브랜드 정체성과 맞지 않는 경우 지속적인 성공을 유지하는 데 어려움을 겪는 모습을 종종 목격했다.

내가 컨설팅했던 한 대형 슈퍼마켓 체인은 직원들이 효율성과 생산성을 최우선 가치로 삼는 조직 문화에 익숙한 상태였다. 재고 회전율을 높이고, 매장 면적 대비 매출을 극대화하는 것이 직원들의 주요 목표였다. 하지만 업계가 단순한 상품 판매를 넘어 고객 경험과 서비스 중심으로 변화하는 추세였고, 기업은 자신들의 브랜드를 '고객 경험이 뛰어난 브랜드'로 인식시키고자 했다. 그러나 직원들은 여전히 서비스보다 판매 효율성에만 집중했고, 결과적으로 브랜드 이미지 변화에 실패하며 시장에서 뒤처지게 되었다.

브랜드와 조직 문화가 일치하지 않으면 궁극적으로 고객 관계에도 악영향을 미칠 수 있다. 이는 승차 공유 서비스를 제공하는 우버에서 발생한 성차별과 성희롱 문제에서 극명하게 드러난다. 한 전직 직원이 블로그에 우버의 성차별적이고 비윤리적인 조직 문화를 폭로한 사건이 있었다. 이 사건은 단순히 내부 문제가 아니라, 우버의 브랜드 정체성과 조직 문화 간의 괴리가 얼마나 큰지 고객들에게 알리는 계기가 되었다. 우버는 그동안 '혁신적이고, 대중 친화적이며, 기존 시스템을 깨는 브랜드'로 자리 잡았다. 하지만 내부적으로는 구시대적인, 차별적인, 심지어 공격적인 조직 문화를 가지고 있었다. 그 결과, 고객들은 우버가 표방하는 가치와 실제 조직의 운영 방식이 완전히 다르다는 사실에 큰 실망감을 느꼈다. 반면 아마존의 경우 《뉴욕 타임스》에서 높은 경쟁 강도와 극단적인 성과주의 조직 문화를 보도했을 때, 사람들은 그러한 조직 문화가 아마존이 제공하는 고객 혜택과 연결된다는 점을 이해했다. 비록 강압적인 조직 문화일지라도 최소한 브랜드 정체성과 일관성이 있는 것이다.

강력한 브랜드와 훌륭한 조직 문화를 구축하는 데 실패하는 이유

나는 지난 25년 동안 다양한 규모와 업종의 기업이 강력한 브랜드를 구축하고 성장을 가속화할 수 있도록 돕는 일을 했다. 그 과정에서 깨달은 점은 브랜드와 조직 문화를 통합하고 조화롭게 정렬하는 것이 엄청난 가치를 창출할 수 있음에도, 대부분의 기업이 이를 별개의 개념으로 다룬다는 것이었다. 심지어 브랜드 구축과 조직 문화 형성을 잘못된 방식으로 시도하고 있다.

브랜드 구축에 있어 많은 리더는 흔히 마케팅 부서가 브랜드 인지도를 높이고 이미지를 만들며, 메시지를 전달해야 한다고 기대한다. 광고 및 판촉 활동의 높은 가시성과 소셜 미디어 채널의 확산은 브랜드 커뮤니케이션을 더욱 중요하게 만들었다. 이러한 흐름 속에서 리더들은 브랜드 커뮤니케이션 기능을 강조해야 한다는 인식을 가지게 되었다. 하지만 브랜드의 영향력을 키우고 브랜드 가치를 성장시키는 것은 전혀 다른 사고방식과 접근법에서 비롯된다. 즉, 조직의 모든 활동을 명확하고 집중된 브랜드 정체성으로 이끌어 가는 리더십이 필요하다. 브랜드 정체성이란, 곧 그 브랜드가 시장에서 어떻게 인식되기를 원하는가에 대한 명확한 방향성을 의미한다.

다시 말해 훌륭한 브랜드는 '내부에서부터' 만들어진다. 비즈니스가 가치를 창출하는 힘은 조직 내부에서 시작되며, 단순히 외부에 이미지를 홍보하는 것만으로는 진정한 브랜드 가치를 형성할 수 없다. 강력한 브랜드를 구축하는 방법은 브랜드를 '운영의 원칙'으로 삼는 것이다. 즉 브랜드의 목적, 가치, 포지셔닝을 활용해 전략을 수립하고 운영을 설계해야 한다. 그렇게 해야 브랜드는 단순한 '말'이 아닌, 실제 기업의 '행동'으로 구현될 수 있다.

나의 첫 번째 책 『훌륭한 브랜드가 하는 일 *What Great Brands Do*』에서는 강력한 브랜드를 구축하는 데 필요한 브랜드 중심 경영 brand-as-business 접근법을 자세히 설명했다. 나는 브랜드 구축을 조직 내부에서부터 시작해야 한다는 점을 강조했으며, 이를 통해 브랜드의 잠재력을 최대한 발휘할 수 있다는 사실을 밝혔다. 책이 출간된 후, 수많은 리더로부터 피드백을 받았다. 그들은 브랜드 구축과 비즈니스 운영을 통합하는 것이 성공적인 브랜드 전략의 핵심 요소임을 깨달았다고 말했다. 이것이 바로 그들이 오랫동안 찾아 헤매던 브랜드 성공의 비결이었다.

이번 책으로 나는 조직 문화 구축의 원리를 명확하게 해석하고자 한다. 조직 문화 형성 culture-building 은 여전히 많은 오해를 받고 있다. 나는 지난 10년 동안 전 세계 다양한 기업의 경영진과 대화하면서 조직 문화 구축에 대한 잘못된 인식을 가진 리더를 수없이 만났다. 예를 들어, 일부 리더들은 모든 기업에 적용될 수 있는 이상적인 조직 문화가 존재한다고 생각한다. 즉, 항상 따뜻하고 친절한 분위기의 조직 문화가 최고의 성과를 낼 것이라고 오해하는 경우가 많다. 또 다른 리더들은 조직 문화와 비즈니스 목표 사이의 연관성을 고려하지 않고 무작정 조직 문화 형성 활동을 시행하려 한다. 그뿐만 아니라 많은 리더는 조직 문화 구축을 오직 HR 부서의 역할로만 한정한다. 그들은 채용, 교육과 개발, 보상, 복리후생 등의 업무를 통해 HR 부서가 조직 문화를 자연스럽게 형성할 것이라고 생각한다. 또 단순히 직원들에게 각종 혜택과 이벤트를 제공하는 것이 조직 문화를 형성하는 방법이라고 착각하는 경우도 많다. 오늘날 많은 직원에게 무료 점심 제공, 사무실 내 오락 시설 설치, 팀 빌딩 행사 진행 등은 기본적인 기대 수준일 뿐이다. 이러한 것들만으로는 진정한 조직 문화를 구축할 수 없다. 더불어 일부 리더들은 조직 문화는 자연적으로 형성되는 것이며, 경영진이 이를 통제할 수 없다고 믿는다. 그들은 시간이 지나면서 조직 문화가 조직 내부에서 자생적으로 발전하는 것이라고 생각하며 조직 문화 형성을 경영진의 책임이 아니라고 치부해 버리기도 한다.

조직 문화는 강제적으로 주입할 수 없다. 리더라고 해서 사람들의 사고방식이나 행동을 특정 방식으로 강요할 수 있는 것이 아니다. 또 조직 문화의 역할도 계속해서 변화하는 추세다. 《MIT 슬로언 매니지먼트 리뷰 *MIT Sloan Management Review*》의 편집장 폴 미첼먼은 '우리가 알고 있는 조직 문화의 종말'이라는 주제의 글에서 디지털 시대의 변화가 조직 문화의 역할을 재정의하고 있음을 지적했다. 그는 "미래에는 우리가 조직과 맺는 관계가 특정 시점에서 수행하는 활동에 따라 점점 더 정의될 것"이라고 말했다. 즉, 우리는 하나의 조직에 속해 일하는 것이 아니라 상황에 따라 다양한 조직과 유동적으로 협업하게 될 것이라는 의미다.

이러한 환경에서는 조직 내 획일성을 요구하는 조직 문

화가 오히려 조직을 정체시키는 요소가 될 수 있다. 따라서 조직 문화는 '통일성'을 만들어야 하지만, '획일성'을 강요하면 안 된다. 조직을 운영하는 방식에는 일정한 방향성이 필요하지만, 모든 행동을 예측 가능하게 만들 필요는 없다. 리더의 역할은 직원들이 행동해야 할 방향을 완전히 통제하는 것이 아니라 가이드라인을 제공해 자율적인 운영이 가능하도록 하는 것이다. 즉, 조직 문화를 '정해진 경로'가 아니라 '가드레일'로 설정해야 한다. 조직이 나아가야 할 방향을 명확히 하되, 직원들이 스스로 적절한 판단을 내릴 수 있도록 유연성을 보장해야 한다.

나는 이 책이 조직 내 모든 관리자의 브랜드와 조직 문화에 대한 인식을 변화시키기를 희망한다. 하지만 조직 차원의 문화 변화를 주도하는 것은 CEO의 몫이다. 기업 내 HR과 마케팅 담당 임원들도 브랜드와 조직 문화를 통합하는 데 중요한 역할을 할 수 있지만, 이들이 단독으로 브랜드-조직 문화 융합을 실현하기는 어렵다. 이는 단순한 프로그램이나 정책의 변화가 아니라 조직 전체의 방향성을 결정하고 리소스를 배분하며, 실행을 철저히 관리해야 하는 전략적 과제이기 때문이다. 따라서 최고 경영진이 직접 브랜드-조직 문화 융합을 최우선 과제로 설정하고, 이를 지원하기 위한 전략을 수립하며 적절한 자원과 관심을 투입해야 한다. 조직 전체가 이에 대한 책임을 다하도록 요구해야 한다.

우리는 조직을 위대함으로 이끄는 도전에 기꺼이 응해야 한다. 다만 그렇다고 해서 반드시 '좋은' 조직 문화를 만들어야 하는 것은 아니다. 모든 기업이 따라야 할 '유일한 정답' 같은 조직 문화도 존재하지 않는다. 각 조직은 저마다 다르며, 조직 문화도 마찬가지다. 어떤 조직에서는 강력한 성과 중심의 조직 문화가 성공의 원동력이 될 수 있지만, 다른 조직에서는 이러한 조직 문화가 오히려 역효과를 낼 수도 있다. 제프 베이조스는 2015년 주주 서한에서 이러한 개념을 가장 잘 설명했다. "우리의 조직 문화는 독창적입니다. 이는 특정한 사람들에게 맞춤 제작된 장갑처럼 딱 맞을 수 있습니다. 하지만 우리는 우리의 방식이 '정답'이라고 주장하지 않습니다. 다만 지난 20여 년 동안 우리의 방식이 의미 있고, 활력을 주는 사람들을 모아 왔다는 것은 확실합니다."

조직 문화는 보편적인 정답이 아니라 해당 조직만의 고유한 방식으로 구성되어야 한다. 내가 속한 조직이 브랜드-조직 문화 융합을 실현하고자 한다면, 단순히 '좋은 조직 문화'가 아니라 브랜드 정체성과 완전히 일치하는 조직 문화를 구축해야 한다. 기업의 내부 운영 방식과 외부 가치가 서로 구분할 수 없을 정도로 완벽하게 통합될 때 브랜드-조직 문화 융합이 이루어진다. 이러한 브랜드-조직 문화 융합이 아마존과 같은 기업을 위대함으로 이끈 가장 큰 원동력이 되었다. 그리고 나는 이 책을 통해 이를 실현할 수 있도록 돕고자 한다.

브랜드-조직 문화 융합을 위한 청사진

이 책은 세계에서 가장 위대한 기업들의 성공 방식을 분석하고, 그들의 위대함을 역설계 *reverse-engineer* 한다. 업계 리더들과의 인터뷰를 통한 인사이트 공유, 신뢰받는 학술 연구 결과 분석, 그리고 다양한 산업의 브랜드들과 협업한 경험을 활용해 브랜드-조직 문화 융합을 실현한 기업들의 사례를 심층적으로 탐구한다. 이러한 접근으로 위대한 기업들이 브랜드-조직 문화 융합으로 놀라운 성과와 성장을 이루어 낸 방법을 설명하며, 이를 자신의 조직에도 적용할 수 있도록 돕는다.

1부는 다음과 같다. 우선 브랜드-조직 문화 융합을 실현하려면 조직 내 단 하나의 명확한 목적과 일관된 핵심 가치(조직 문화를 확장한 개념)를 설정해야 한다. 이를 다루는 첫 번째 단계는 조직의 궁극적인 목적을 명확히 정의하고, 조직 전체에 걸쳐 일관된 핵심 가치를 정립하는 것이다. 브랜드와 조직 문화가 하나의 방향을 향해 나아가기 위해서는 목적과 핵심 가치가 명확하게 설정되어야 하며, 이는 조직의 모든 활동과 결정의 기준이 된다. 조직이 지향해야 할 이상적인 문화가 무엇인지 파악하고, 현재의 조직 문화와 브랜드 정체성이 이상적인 모습과 얼마나 차이가 있는지 평가해야 한다. 그 후, 브랜드와 조직 문화를 융합하기 위해 어떤 부분을 바꿔야 하는지 구체적으로 진단해야 한다. 조직이 현재 브랜드 정체성과 조직 문화를 얼마나 잘 융합하는지를 분석하는 것은 앞으로의 전략을 수립하는 데 필수적이다. 리더십은 브랜드-조직 문화 융합의 성공을 결정짓는 핵심 요소다. 각 부서의 리더들이 변화를 실행하도록 역할을 맡기는 것도 중요하지만, 최종적으로 리더가 조직 전체의 방향성을 정하고 융합을 이끄는 역할을 해야 한다. 브랜드와 조직 문화를 하나로 융합하는 과정에서 리더의 역할은 단순한 지시자가 아니라, 변화의 촉진자로서 조직을 올바른 방향으로 이끄는 것이어야 한다.

이어서 2부는 다음과 같다. 대부분의 기업은 브랜드 정체성이 비교적 확립된 반면, 조직 문화는 명확하게 정의되지 않은 경우가 많다. 따라서 브랜드에 맞춰 조직 문화를 구축하는 다섯 가지 전략을 이해하기 쉽게 다루며, 이미 강력한 조직 문화를 보유한 기업이 브랜드 정체성을 어떻게 변화시키는지 그 전략을 설명하고자 한다.

첫 번째 전략은 조직을 브랜드에 맞게 정비하고 운영하

는 것이다. 조직의 설계를 브랜드 정체성과 일관되게 조정하고, 운영 방식도 브랜드 가치를 실현할 수 있도록 구축해야 한다. 이를 통해 조직이 브랜드 정체성을 실제로 실행할 수 있는 구조와 프로세스를 갖추게 된다.

두 번째 전략은 조직 문화를 변화시키는 직원 경험 *EX, employee experience* 을 창출하는 것이다. 고객 경험을 설계하듯이 직원 경험도 의도적으로 설계하고 관리해야 한다. 직원이 조직과 맺는 관계의 모든 과정에서 브랜드 정체성과 일관된 경험을 하도록 유도함으로써, 원하는 조직 문화를 구축하고 유지할 수 있다.

세 번째 전략은 작은 요소까지 세심하게 신경 쓰는 것이다. 조직 문화는 크고 거창한 변화뿐만 아니라, 일상적인 리추얼과 상징물, 그리고 정책과 절차 같은 작은 요소들에 의해 형성된다. 조직이 지속적으로 중요하게 여기는 가치와 성과를 기념하고, 상징하는 모든 요소가 브랜드-조직 문화 융합을 강화하는 방향으로 조정되어야 한다.

네 번째 전략은 변화를 촉진하는 것이다. 브랜드 내재화 *employee brand engagement* 를 유도하기 위한 다양한 전략을 활용해야 한다. 브랜드 내재화 경험 *employee brand engagement experiences* 을 제공하고 창의적인 내부 커뮤니케이션 캠페인을 전개하며, 지속적인 참여를 유도하는 브랜드 내 툴킷 *brand engagement toolkits* 을 개발·배포해야 한다. 이러한 요소들은 브랜드-조직 문화 융합을 시작하는 데 도움을 줄 뿐만 아니라, 필요할 때마다 다시 초점을 맞추고 추진력을 유지하는 데에도 기여한다.

다섯 번째 전략은 조직 내부에서부터 브랜드를 구축하는 것이다. 만약 조직 문화가 이미 강력히 확립되어 브랜드-조직 문화 융합을 위해 조직 문화를 변화시키는 것이 적절하지 않다면, 기존의 조직 문화를 활용해 브랜드 정체성을 정의하거나 재정립해야 한다. 조직의 본질적인 문화적 강점을 브랜드 차별화 요소로 활용함으로써, 더욱 강력한 브랜드 정체성을 형성할 수 있다.

이 다섯 가지 전략을 설명하는 과정에서 브랜드와 조직 문화를 성공적으로 융합한 훌륭한 조직들의 사례를 분석하고, 이를 실천할 수 있도록 인사이트를 제공할 것이다. 에어비앤비, 어도비, 나이키, 파타고니아, 애플 등 수많은 기업이 어떻게 브랜드와 조직 문화를 통합했는지 살펴보며, 이를 통해 자신의 조직에서도 브랜드-조직 문화 융합을 이룰 수 있도록 돕고자 한다.

스타벅스, 사우스웨스트 항공, 버진 그룹과 같은 선도적인 기업들은 이미 수년 동안 이러한 전략을 실행했다. 하지만 그들의 성공을 브랜드와 조직 문화의 통합과 정렬이라는 관점에서 심층적으로 분석한 사람은 없었고, 이를 체계적으로 해부하여 실제로 적용 가능한 프로세스로 정리한 사례도 없었다. 그러나 이제 이 책으로 그 해답을 제공하려 한다.

이 책을 읽고 나면 아래와 같이 특성과 역량을 갖춘, 독창적이고 활력 넘치는 조직 문화를 조성하는 방법을 이해하게 될 것이다.

- 조직 내에서 중요한 규범을 지속적으로 유지하며, 구성원들이 이를 공유하도록 함으로써 연속성과 일관성을 창출할 수 있다.
- 명확한 행동 지침을 제공하여 불확실성과 혼란을 줄일 수 있다.
- 직원들에게 조직에서 기대하는 바와 그 이유를 분명히 전달함으로써 사회적 의미와 질서를 확립할 수 있다.
- 직원들을 하나의 공동체로 묶어 집단적 정체성과 헌신을 강화할 수 있다.
- 고객 경험을 탁월하게 제공할 수 있도록 필요한 사고방식, 의사 결정, 행동을 조직 내에서 자연스럽게 형성할 수 있다.
- 조직을 활력 있게 만들고 목표를 향해 나아가게 함으로써, 궁극적으로 원하는 미래 비전을 실현할 수 있다.

모든 조직에는
브랜드-조직 문화 융합이 필요하다

특정한 상황에서 브랜드-조직 문화 융합이 필요해지는 분명한 신호가 나타난다. 그러한 신호는 아래와 같다.

- ⋯→ 업계에서 경쟁사에 비해 뒤처진다.
- ⋯→ 브랜드 가치가 하락하는 것처럼 보인다.
- ⋯→ 이직률이 높거나, 우수한 인재를 채용하는 데 어려움을 겪는다.
- ⋯→ 직원이나 고객 설문조사 결과에서 많은 개선이 필요하다는 점이 드러났다.
- ⋯→ 재무 성과가 불안정하거나 예측하기 어렵다.

이러한 문제들은 보통 약한 조직 문화, 약한 브랜드 중 하나 또는 둘 다에서 기인한다. 그러나 이는 브랜드와 조직 문화를 정렬하고 통합하는 과정으로 해결할 수 있다. 이를 시작하기 위해 필요한 것은 현재 상황을 인식하고 이를 바로잡겠다는 확고한 의지뿐이다. 물론 조직이 변화할 준비가 되어 있고, 이를 위한 자원을 재배치할 수 있다면 훨씬 빠르게 성과를 창출할 수 있을 것이다.

사실상 모든 유형의 조직이 브랜드-조직 문화 융합의 혜택을 누릴 수 있다. 과거에는 규모가 크고 소비자를 직접 상대하는 B2C 기업들이 브랜드와 조직 문화를 적극적으로 구축했다. 하지만 최근에는 브랜드와 조직 문화가 모든 조직에서 필수적인 요소로 점점 더 중요하게 여겨지는 추세다. 만약 브랜드와 조직 문화의 통합이 내가 속한 조직과 무관하다고 생각한다면 다시 한번 생각해 보라. 브랜드-조직 문화 융합은 조직의 크기나 유형에 상관없이 경쟁력을 높이고 성장을 가속화할 수 있는 잠재력을 지닌다.

특히 브랜드-조직 문화 융합이 필요한 대표적인 조직 유형은 다음과 같다.

B2B 기업

브랜드와 조직 문화의 통합과 정렬은 기업과 기업 간의 거래를 하는 B2B 조직에서 더욱 중요하게 작용한다. 그 이유는 B2B 조직의 직원들이 고객과의 직접적인 상호 작용으로 제품과 서비스를 판매하고 지원하는 과정에서 핵심적인 역할을 하기 때문이다. 특히 컨설팅과 기타 전문 서비스 회사의 경우, 직원 자체가 곧 제품인 경우가 많다. 『서비스, 마케팅, 판매 분야의 사업가 Marketing the Professional Services Firm』의 저자 로리 영은 "전문 서비스 브랜드 구축에 가장 영향을 미치는 요소는 직원들이 고객을 상대하는 일상적인 활동이다"라고 결론지었다. 다시 말해, 많은 B2B 기업에서는 직원들의 태도와 행동으로 조직 문화가 고객들에게 더욱 직접적으로 드러난다. 따라서 브랜드-조직 문화 융합이 다른 어떤 조직보다도 B2B 기업에 더욱 절실히 필요할 수 있다. 이 책에서는 세일즈포스, 제너럴 일렉트릭, 그리고 다른 주요 B2B 기업들이 브랜드와 조직 문화를 통합해야 할 필요성을 어떻게 실천했는지 그 사례를 살펴볼 것이다.

스타트업

조직 문화 구축은 대기업이나 오랜 역사를 가진 조직만 신경 써야 하는 것이 아니다. 마케팅 자동화 회사 파돗의 공동 창립자인 데이비드 커밍스는 "스타트업에서 조직 문화는 엄청나게 중요하다"라고 말했다. 그는 이를 직접 경험한 인물이다. 파돗은 2012년 《인크Inc.》 매거진의 '가장 빠르게 성장하는 기업' 리스트에 올랐으며, 설립 후 단 5년 만에 약 1억 달러에 가까운 금액으로 인수되었다. 그는 "조직 문화는 회사를 단단히 결속시키는 힘이다. 많은 스타트업에서는 조직 문화를 체계적으로 관리하지 않다가 어느 순간 직원이 20명으로 늘어나며 갈등이 발생하고 협업이 원활하게 이루어지지 않는 경우가 있다. 지속 가능한 회사를 만들려면, 조직 문화 형성이 의도적으로 이루어져야 한다"라고 설명했다. 이 책에서는 에어비앤비와 나이키 같은 기업들의 사례를 살펴보며, 이들이 초창기부터 브랜드와 조직 문화를 융합하는 것을 최우선 과제로 삼았다는 점을 확인할 수 있을 것이다.

소규모 기업

소규모 기업의 경영자나 리더라면 브랜드와 조직 문화의 융합이 조직에 큰 이점을 제공할 수 있는 두 가지 주요 이유를 이해해야 한다. 첫째, 대부분의 소규모 기업은 한정된 자원을 가지고 운영되기 때문에 모든 활동이 최대한 생산적이어야 한다. 조직 문화와 브랜드가 정렬되고 통합되면 뉴스레터 같은 커뮤니케이션 자료나, 지역 사회 봉사 활동 같은 특별한 이벤트 하나가 조직 내·외부에 모두 영향을 미칠 수 있다. 둘째, 브랜드와 조직 문화의 융합은 기업의 우선순위를 명확히 설정하고, 비즈니스 경영자들이 끊임없이 쏟아지는 새로운 아이디어와 기회를 어떻게 선택하고 추진할지를 더욱 전략적으로 결정할 수 있도록 돕는다. 단순히 상황에 반응하는 것이 아니라, 브랜드와 조직 문화를 의사 결정의 필터로 활용하면 더욱 지속 가능한 성장을 이끌어 낼 수 있다. 이 책에서는 가상 비서 서비스 기업 벨레이, 인터랙티브 에이전시 트랙션, 샌디에이고의 해변 라이프스타일 브랜드, 타워와 같은 소규모 기업들의 사례를 통해 이러한 전략을 설명할 것이다.

비영리 단체

브랜드와 조직 문화의 융합은 비영리 단체에도 특히 중요하다. 이들은 직원뿐만 아니라, 수혜자, 기부자, 자원 봉사자, 때로는 정부 기관이나 규제 기관의 요구 사항을 동시에 충족해야 하기 때문이다. 브랜드와 조직 문화의 융합은 이러한 다양한 이해관계자들을 하나로 연결하는 역할을 하며, 각 그룹을 위한 명확한 경험을 설계하고 관리함으로써 더욱 강력한 효과를 발휘할 수 있다. 이 책에서는 학생들이 학교를 졸업할 수 있도록 돕는 시티 이어와 전 세계적으로 삼림 파괴와 빈곤을 해결하는 플랜트 위드 퍼포즈 같은 비영리 단체의 사례를 소개한다. 이를 통해 비영리 부문에서도 브랜드와 조직 문화의 통합이 얼마나 강력한 힘을 발휘할 수 있는지를 보여 줄 것이다.

브랜드-조직 문화 융합은 전통적인 의미에서 '브랜드'라는 개념이 적용되지 않을 듯한 조직에서도 성공을 가속화할 수 있다. 브랜드는 상업적 기업만의 전유물이 아니다. 다양한 유형의 조직에서도 내·외부의 사람들을 효과적으로 참여시키는 수단으로 활용될 수 있다. 내가 속한 조직이 첨단 기술을 다루는 기업이든, 과학 연구 기관이든, 공공 부문 기관이든, 혹은 학술 기관이나 종교 단체든 상관없이 조직 문화를 외부 정체성(브랜드)과 통합하는 것이 목표를 달성하는 데 중요한 역할을 한다. 브랜드와 조직 문화를 통합하면 조직이 장기적으로 번영하고 성장할 수 있다. 하지만 이를 위해 지속적인 관리와 강화가 필요하다. 많은 리더는 조직이 심각한 위기나 변곡점을 경험한 후에야 브랜드와 조직 문화 구축에 나선다. 그러나 브랜드와 조직 문화를 통합해야 할 시점은 바로 지금이다. 현재의 여유 있는 환경, 가용한 자원, 그리고 직원들의 신뢰를 활용해 이를 실행해야 한다. 브랜드-조직 문화 융합은 조직을 단단하게 결속하는 접착제와 같으며, 위기를 극복하는 유일한 수단이 될 수 있다.

    브랜드-조직 문화 융합은 끝없는 리더의 책임이다. 이

책이 브랜드와 조직 문화 구축을 단순히 마케팅과 HR 부서에 위임할 업무가 아니라, 리더가 직접 주도해야 할 핵심적인 경영 과제로 인식하는 계기가 되기를 진심으로 바란다.

    브랜드-조직 문화 융합은 하나의 길고 긴 여정이다. 오늘부터 시작하라.

목차

여는 글 위대한 기업은 브랜드-조직 문화 융합으로 움직인다   5

PART 1
브랜드와 조직 문화를 통합하는 기본 원칙

CHAPTER 1 — 뚜렷한 목적과 핵심 가치를 정립하라   39
CHAPTER 2 — 브랜드-조직 문화 융합의 현재 상태를 평가하라   87
CHAPTER 3 — 변화를 이끌어라   121

PART 2
브랜드-조직 문화 융합을 실현하는 다섯 가지 전략

CHAPTER 4 — 브랜드에 적합한 조직을 설계하고 운영하라　　151
CHAPTER 5 — 조직 문화의 변화를 이끄는 직원 경험을 만들어라　　181
CHAPTER 6 — 작은 것들에 집중하라　　227
CHAPTER 7 — 변화를 가속화하라　　261
CHAPTER 8 — 브랜드, 내부에서부터 구축하라　　297

옮긴이의 말　　329

"모래 위에 건물을 세울 수 없듯이, 위대한 조직을 만들려면 탄탄한 기반이 필수적이다. 이를 위해 조직이 존재하는 명확한 목적과 가치를 설정하고, 현재 브랜드와 조직 문화가 얼마나 조화를 이루고 있는지 깊이 이해해야 한다. 이러한 이해를 바탕으로 책임감 있게 구축된 기반이 있을 때, 비로소 조직은 성장할 수 있다."

PART 1

브랜드와 조직 문화를
통합하는 기본 원칙

CHAPTER 1

뚜렷한 목적과
핵심 가치를 정립하라

이번 장의 핵심 내용

- 조직에 명확하고 강력한 존재 목적이 필요한 이유와 이를 효과적으로 설정하는 방법
- 내부 조직 문화와 외부 브랜드 정체성을 통합하는 하나의 핵심 가치 구성의 중요성
- 설정된 핵심 가치를 평가하고 실제로 적용하는 구체적인 방법

'우리는 왜 존재하는가?' 이 질문은 모든 조직이 스스로에게 반드시 물어봐야 할 가장 중요한 질문이다. 그리고 이 질문은 나이키의 창립자 필 나이트가 그의 가장 암울했던 시기를 극복하게 해 준 원동력이었다.

그가 나이키를 창립할 당시, 집을 담보로 대출받고 적대적인 공급업체와의 거래를 감수하며 은행에서 또 한 번의 대출을 구걸해야 하는 상황에 직면했을 때도 나이트는 계속해서 스스로에게 물었다. '왜 나는 이 모든 것을 희생하려 하는가?' 그는 자서전 『슈독』에서 이렇게 회상했다.

"나는 러닝을 믿었다. 사람들이 매일 몇 마일이라도 달리기를 하면 세상이 더 나은 곳이 될 것이라 믿었고, 이 신발이 더 나은 러닝 경험을 제공할 것이라고 믿었다."

어린 나이에도 부모님의 지하실에서 신발을 팔던 열정

을 가진 필 나이트는 목적의 중요성을 이미 깨달은 상태였다. 그 목적은 단순히 나이키의 초기 어려움을 견디게 한 원동력에 그치지 않고, 결국 수백만 명의 나이키 고객과 직원들에게 영감을 주는 기반이 되었다. 오늘날 이 목적은 나이키가 '미션'이라고 부르는 핵심 가치를 통해 여전히 조직의 방향을 이끌고 있다. 나이키의 브랜드와 기업 문화를 움직이는 원동력은 바로 다음과 같은 문구에 있다.

"전 세계 모든 운동선수에게 영감과 혁신을 전하라. 당신에게 몸이 있다면, 당신은 운동선수다."

이 미션을 브랜드 메시지로 전환한 나이키의 유명한 광고 슬로건, 'Just Do It'은 수년 동안 고객과 나이키 브랜드를 강하게 연결해 왔다. 이보다 더 중요했던 것은 이 미션과 더불어 '단순화하고 실행하라'나 '즉시 진화하라'와 같은 원칙을 포함한 회사의 열한 가지 강령이 수년간 조직 내부 문화의 핵심 역할을 해 왔다는 점이다.

오늘날 나이키의 경영진은 조직 내부의 방향성을 설정할 때 미션과 행동 강령을 적극적으로 활용하고 있다. 예를 들어 2016년 미국에서 인종 문제, 폭력, 경찰권 남용이 큰 사회적 논란이 되었을 때 나이키 전 CEO 마크 파커는 나이키의 미션을 직원들에게 보내는 편지에서 다음과 같이 언급하며 회사의 대응 방식을 설명했다. "우리가 사업을 펼치고 있는 수백 개의 국가에서 '나를 포함한' 모든 운동선수를 개별적으로, 그리고 완벽히 지원하기 위해 우리는 소비자의 다양성을 반영하는 팀과 우리가 살고 일하는 지역 사회를 존중하는 포용적 문화를 필요로 한다."

나이키의 미션과 행동 강령은 디자이너들의 사고방식에도 깊이 스며들어 있다. 나이키의 디자이너 틴커 해트필드는 이렇게 말했다.

"우리의 미래는 결국 운동선수들의 삶을 개선하고, 거리에서 뛰어다니는 사람들의 삶을 어떻게 더 나아지게 할 수 있을지에 달렸다. 그래서 우리는 늘 스스로에게 묻는다. 과거에 해 온 것을 어떻게 더 발전시킬 수 있을까?" 나이키의 혁신과 영감의 정신은 단순히 제품 개발에 그치지 않는다. 앞서 언급한 나이키의 창립자 필 나이트는 이렇게 말한 적이 있다. "우리는 사업의 모든 분야에서 의도적으로 혁신을 추구해 왔다. 지금 그것은 광고를 의미한다. 수많은 정보 속에서 사람들이 우리의 메시지를 분명히 들을 수 있는 방식을 찾아야 한다. 그것은 곧 혁신적인 광고를 의미하지만, 단순히 혁신적인 것에 그치지 않고 운동선수의 진정한 본질을 담아내는 방식이어야 한다."

나이키의 미션이 모든 운동선수에게 영감과 혁신을 전하는 것이라면, 나이키의 최고 학습 책임자인 앙드레 마틴은 자신의 미션을 모든 직원에게 영감과 혁신을 전하는 것으로 정의했다. 그는 "인간의 잠재력을 최대한 발휘하고, 직원들이 자신의 경력을 주도하며 중요한 전환점을 준비할 수 있도록 도와, 조직의 모든 구성원이 더 의미 있는 일을 할 수 있게 만드는 것"이 목표라고 말했다. 이 목표를 달성하기 위해 나이키의 교육 프로그램은 회사의 미션과 행동 강령에 기반하여 설계된다. 이를 통해 직원들이 미션과 행동 강령을 다시 한번 되새기고, 나아가 이를 실천하며 조직 문화를 유지하고 발전시킬 수 있는 인재로 성장하도록 돕는다.

나이키는 통합된 목적(미션)과 동기 부여를 주는 핵심 가치(행동 강령)를 통해 파산 직전이었던 초창기 사업을 연 매출 1천억 달러 규모의 글로벌 기업으로 성장시키고, 세계에서 가장 가치 있는 스포츠 브랜드로 자리 잡았다. 이 미션과 행동 강령은 나이키 브랜드 정체성과 조직 문화의 기반이자 브랜드와 조직 문화를 하나로 융합한 핵심 요소이며, 나이키 성공의 비결이다.

나이키의 사례는 조직 문화와 브랜드 정체성을 동시에 아우르는 하나의 통합된 목적과 하나의 가치 체계가 얼마나 강력한 힘을 발휘할 수 있는지를 보여 준다. 하지만 이러한 수준의 일치와 통합을 이룬 조직은 드물다. 실제로 대부분의 경영자는 조직의 목적과 가치를 브랜드의 목적과 가치와 분리해 생각하는 경우가 많다. 그 결과, 조직 내부에서의 행동 방식과 외부에서의 인식 간에 괴리가 발생하게 된다.

브랜드와 조직 문화를 하나로 융합하려면 회사의 모든

내부 활동과 외부 활동을 이끌고 조정하며, 방향을 제시할 수 있는 단 하나의 통합된 목적과 하나의 핵심 가치 체계를 명확히 정의해야 한다. 이번 장에서는 이를 올바르게 설정하는 방법을 다룰 것이다.

통합된 목적, 조직의 '왜'

조직의 목적은 '왜 why'를 의미한다. 왜 이 일을 하는지, 왜 존재하는지에 대한 답이다. 의미 있는 목적을 가지거나, 이른바 '목적 중심적' 조직이 되는 것은 오늘날 비즈니스 세계에서 중요한 화두가 되었으며, 그럴 만한 이유가 있다. 오늘날처럼 복잡하고 치열하며 선택지가 넘쳐나는 세상에서 각 기업은 명확한 존재 이유를 가져야 한다. 사람들의 삶에서 없어서는 안 될, 대체 불가능한 역할을 해야 하며, 그 목적을 진정성 있게 실천하지 않으면 고객은 더 의도적이고 설득력 있는 경쟁자에게 쉽게 넘어갈 수 있다.

오늘날 가장 큰 비중을 차지하는 밀레니얼 세대를 포함한 많은 직원은 단순히 돈을 벌기 위한 목적을 넘어, 강력한 존재 이유를 가진 회사에서 일하기를 원한다. 다국적 기업 오토데스크의 HR 책임자 잔 베커는 자신의 회사가 《포춘 Fortune》 선정 '일하기 좋은 100대 기업'에 꾸준히 포함되는 이유를 설명하며, 많은 사람이 보통 6주 유급 안식 휴가나 뛰어난 사무실 디자인 같은 직원 복지 혜택을 회사의 강점으로 꼽는다고 말했다. 하지만 베커가 오토데스크 직원들과 이야기할 때 가장 자주 듣는 말은 이와 다르다. 베커는 이렇게 말했다. "대부분의 직원은 우리 주변 세상에 의미 있는 영향을 미칠 수 있다는 점, 전 세계 사무실에서 매일 일어나는 혁신, 그리고 사람들이 더 나은 세상을 상상하고, 설계하고, 창조할 수 있도록 돕는 기술을 개발한다는 사실에 가장 큰 흥미와 자부심을 느낀다"고 말했다.

설득력 있는 강력한 목적은 명확하게 정의되고 효과적으로 실행될 때 직원들의 참여를 이끌어 내며, 회의적이거나 무관심했던 직원들조차 업무에 더 큰 의미를 부여하도록 만든다. 목적은 조직 내에서 불가피하게 생기는 부서 이기주의 현상을 의미하는 사일로와 분열을 초월하는 원동력으로 작용하며, 가장 다양하고 분산된 인력을 하나로 묶는 역할을 할 수 있다. 항공, 미디어, 관광 사업을 추진하는 버진 그룹 창립자 리처드 브랜슨은 강력한 목적이 직원들을 참여시키는 데 필수적이라고 믿는다. 그는 특히 더 긴 시간 동안 더 헌신적으로 일해야 하는 직원들에게 목적이 중요하다고 강조했다. 브랜슨은 "목적은 더 이상 유행어가 아니다. 필수 요소다" "열정과 목적은 사람들이 주어진 업무에 집중하도록 만들고, 궁극적으로 성공한 사람과 실패한 사람을 구분 짓는다"라고 말했다.

많은 비즈니스 리더가 조직의 목적을 강조해야 한다는 사실을 알지만, 대부분은 이를 잘못된 방식으로 접근한다. 전형적인 미션 선언문은 조직이 무엇을 하고, 무엇을 생산하며, 무엇을 판매하는지 정의하고, 주주 가치를 창출하거나 재무 목표를 달성하겠다는 내용을 담는 데 그친다. 예를 들어 전형적인 미션 선언문은 이렇게 쓰일 수 있다. '혁신적이고 비용 효율적인 방식으로 제약 및 헬스케어 제품, 서비스, 솔루션을 제공함으로써 주주 가치를 창출한다.' 이와 동시에 많은 조직은 브랜드가 지향하는 목적이나 본질을 별도로 설정한다. 이는 그 브랜드가 고객들에게 어떤 이미지를 전달하고 싶은지를 보여 준다. 예컨대 같은 회사가 브랜드 정체성으로 '안전성과 신뢰성'을 강조하고 싶어 할 수 있다. 하지만 두 가지 목적은 모두 의미 있는 목표를 담고 있음에도 불구하고, 서로 연결되지 않는 경우가 대부분이다.

한 서점은 "우리의 미션은 판매하는 제품과 상관없이 미국에서 최고의 전문 소매업체가 되는 것"이라고 주장하면서 브랜드의 목적을 '책과 독서에 대한 사랑을 전파하는 것'으로 설정했다. 이보다 훨씬 더 좁은 관심사를 드러낸다면,

또 다른 예로 비즈니스 측면에서 업계 최고의 수익성을 목표로 삼으면서도 브랜드로서는 모든 고객에게 관대한 서비스를 약속하는 회사도 있다. 이처럼 비즈니스 목적과 브랜드 목적 사이에 불일치가 발생하거나, 특히 두 목표가 서로 상반되는 듯할 때 조직 내 사람들에게 더 큰 혼란을 야기하게 된다.

재무 목표를 설정하고 비즈니스의 활동 범위를 명확히 정의하는 것은 투자자, 비즈니스 파트너, 기타 이해관계자들의 기대치를 설정하는 데 필수적이다. 하지만 이를 고객과 직원, 즉 조직의 핵심 이해관계자들과 소통하고 동기 부여하는 방식과 분리해서는 안 된다. 비즈니스의 목적과 브랜드의 목적은 하나의 통합된 목적 아래 긴밀하게 연결되고 완벽히 조화를 이루며, 일관되게 표현되어야 한다.

전통적인 경영 이론은 조직의 목적(존재 이유), 비전(추구하는 미래), 그리고 미션(비전을 달성하거나 목적을 실현하는 방식)을 구분한다. 하지만 이 세 가지를 각각의 문장으로 표현할 필요는 없다. 이는 직원들에게 혼란을 줄 수 있다. 비즈니스와 브랜드의 단일 목적을 명확히 표현하는 하나의 문장이 가장 효과적이다. 명료하고, 간단하며, 기억하기 쉽기 때문이다.

하나의 통합된 목적을 도출하는 방법 중 하나는 회사의 더 높은 차원의 목적, 즉 단순히 돈 버는 것을 넘어 목적을 탐구하는 것이다. 이는 오늘날 주요 글로벌 리딩 기업의 새로운 세대 리더들이 보여 준 사례와 같이 사회적 또는 환경적 책임을 강조하는 목적을 명시할 수 있다.

예를 들어, 비즈니스 잡지 《패스트 컴퍼니 Fast Company》 기사에서 페이스북(현 메타) 창립자이자 CEO인 마크 저커버그는 사회 속 기업의 역할에 관한 내용으로, "페이스북은 세상을 더 개방적이고 연결된 곳으로 만들기 위한 사회적 미션을 달성하고자 만들어졌다"고 설명했다. 그러나 더 높은 차원의 목적이 반드시 사회적 책임을 강조해야 하는 것은 아니다. 나이키의 목적, '모든 운동선수에게 혁신과 영감을 전한다'와 아마존의 목적, '지구상에서 가장 고객 중심적인 회사가 된다'는 단순한 수익 창출 목표를 넘어서는 가치를 가졌지만, 반드시 전체 사회에 혜택을 준다고 주장하지 않는다.

더 높은 차원의 목적을 추구한다고 해서, 조직이 높은 성과를 내거나 수익성 있는 비즈니스를 구축하는 능력이 약화되는 것은 아니다. 오히려 더 높은 목적을 가진 여러 기업은 그 반대의 결과를 보여 준다. 예를 들어, 아마존은 2006년부터 2016년까지 10년간 시장 가치가 1,934% 증가한 반면, 다른 주요 소매업체들의 시장 가치는 모두 하락했다. 또 '한 사람, 한 잔의 커피, 한 동네씩 인간 정신에 영감을 주고 돌본다'는 목적을 가진 스타벅스는 업계에서 가장 수익성이 높은 기업 중 하나로 자리 잡았다. '한 번에 한 사람씩 세상을 돌본다'는 목적을 내세운 제약 회사 존슨앤드존슨은 이 목적으로 수십 년간 비즈니스와 브랜드를 이끌어 왔다. 이러한 철학은 1944년 상장 *IPO, initial public offering* 이후 꾸준히 미국 주식 시장에서 아웃퍼폼 *outperform* 으로 평가되는 데 기여했다. 아웃퍼폼은 특정 주식의 상승률이 시장 평균보다 더 클 것이라고 예측하기 때문에 해당 주식을 매입하라는 의견을 뜻한다. '중립 *neutral*'보다 강하지만 '매수 *buy*'나 '강력 매수 *strong buy*'보다 약한 매수 의견으로 보면 된다.

세상에 남기고자 하는 발자취를 정의하며 통합된 목적을 선언하는 것만으로 충분하지 않다. 조직은 내부와 외부 모두에서 그 목적이 실질적으로 구현되고 인식될 수 있도록 운영되어야 한다. 마크 저커버그는 '세상을 더 개방적이고 연결된 곳으로 만든다'는 회사의 목적으로 이러한 일관성을 달성했다. 이 목적은 회사 문화의 핵심이자 비즈니스 운영 방식의 근간이 된다. 저커버그는 이렇게 설명했다. "우리는 더 개방된 세상이 더 나은 세상이라고 믿는다. 더 많은 정보를 가진 사람들은 더 나은 결정을 내리고, 더 큰 영향을 미칠 수 있기 때문이다. 이 원칙은 우리 회사를 운영하는 데도 적용된다. 우리는 메타의 모든 직원이 회사의 모든 부분에 대해 가능한 한 많은 정보를 얻을 수 있도록 노력한다. 이를 통해 최고의 결정을 내리고, 가장 큰 영향을 미칠 수 있기를 바란다."

저커버그는 이와 같이 하나의 통합된 목적으로 메타 내부 직원들과 외부 사람들에게 지속적인 영감과 동기를 부여한다. 마찬가지로 자동차 회사 포드 모터 컴퍼니의 창립자 헨리 포드는 '대중을 위한 자동차를 만든다'는 목표로 회사를 시작했으며, 교통수단을 대중화하려는 이 정신은 100년이 넘는 시간 동안 직원과 고객 모두에게 깊이 공감을 받으며 회사의 성장을 이끌었다. 또 《뉴욕 타임스》의 목적인 '뉴스의 권위가 된다'는 160년 넘게 이 회사의 문화와 브랜드를 지탱하는 힘이 되었다.

통합된 목적은 기업이 지속적인 성공을 이루는 원동력이 될 수 있다.

목적을 정확히 정의하라

통합된 목적을 정의하려면 깊이 고민하고 큰 그림을 그려야 한다. 애플 전 CEO 스티브 잡스는 우주에 흔적을 남기고 싶었다고 말했다. 우리는 잡스의 이러한 다짐을 통해 다음과 같은 고민을 남길 수 있다. 나는 세상에 어떤 변화를 만들어야 한다고 느끼는가? 내가 속한 조직이 남길 유산은 무엇이기를 바라는가? 때로는 창립자의 초기 비전을 되돌아보며 그가 왜 이 회사를 시작했는지 다시 탐구하는 것이 도움이 된다. 또 만약 조직이 더는 존재하지 않는다면 무엇이 사라질지, 세상이 어떤 면에서 더 나빠질지를 생각해 보는 것도 유용하다. 통합된 목적을 구체화하기 위해 사용할 수 있는 여러 가지 검증된 방법과 접근법이 있다.

'다섯 번의 왜 why' 연습이 있다. 『성공하는 기업들의 8가지 습관』의 저자인 짐 콜린스와 제리 I. 포라스는 조직의 목적을 찾아내기 위해 다음과 같은 방법을 추천했다. "우리는 X 제품을 만듭니다" 또는 "우리는 X 서비스를 제공합니다"와 같은 서술형 문장에서 시작해, "이것이 왜 중요한가?"라는 질문을 다섯 번 반복하여 답을 깊이 파고드는 것이다. 콜린스와 포라스는 《하버드 비즈니스 리뷰 Harvard Business Review》의 한 기사에서 이 기법을 활용해 한 시장 조사 회사가 더욱 깊고 풍부한 목적을 발견할 수 있도록 도운 사례를 설명했다. 회사의 경영진과 함께한 워크숍에서 그들은 회사의 가장 기본적인 목적을 정의하는 것부터 시작했다. 최고의 시장 조사 데이터를 제공하는 것이다. 그 후, '최고의 시장 조사 데이터를 제공하는 것이 왜 중요한가?'라는 질문을 던졌다. 경영진이 각 질문에 답할 때마다 '왜?'라는 질문을 계속 이어 갔고, 그 결과 경영진은 궁극적으로 회사의 목적을 이렇게 정의했다. "고객이 시장을 이해하도록 도와 고객의 성공에 기여하는 것." 콜린스와 포라스는 덧붙여 이렇게 말했다. "'다섯 번의 왜'는 어떤 산업에서도 회사가 더 의미 있는 방식으로 자신의 일을 정의하도록 돕는 강력한 도구가 될 수 있다."

콜린스와 포라스가 고안한 '랜덤 기업 연쇄 살인마 게임' 연습은 회사가 사라진다면 무엇을 잃게 될지, 그리고 왜 회사가 지속되어야 하는지를 깊이 생각하게 한다. 동료들을 모아 다음과 같은 상황을 상상해 보라고 하자. '회사를 공정한 가격에 팔 수 있으며, 매각 후 직원들의 고용 안정도 보장된다.' 하지만 구매자가 회사를 완전히 폐쇄할 계획이라는 조건도 상상해 보라고 한다. 제품과 서비스는 중단되고 운영은 종료되며 브랜드 이름도 사라지는 상황이다. 그런 다음, '이 조건에서도 회사를 여전히 팔 의향이 있는가? 왜 그렇거나 왜 그렇지 않은가?'라는 질문을 던진다. 콜린스와 포라스는 이 연습이 단순히 주주 가치를 극대화하는 목적을 넘어, 회사의 더 깊은 존재 이유를 발견하는 데 특히 강력한 도구가 될 수 있다고 설명했다.

'생각하고, 느끼고, 행동하는 연습' '무엇을 생각하고 느끼며 하고 있는지'는 심리학의 주제 통각 검사 *TAT, thematic apperception test*에서 차용된 기법으로 내재된 동기, 매력 요소, 우려를 드러내는 데 도움을 준다. 대부분의 TAT는 사람들의 모호한 사진을 보여 주고 참가자들에게 그 이미지에 대한 이야기를 만들어 보라고 요청하는 방식으로 진행된다. 이 기법을 사용해 회사의 목적을 발견하려면 주요 경영진들과 다른 이해관계자들이 참여하는 워크숍을 열어야 한다. 우선 각 참가자에게 '막대기 인간'이 그려진 두 개의 그림을 제공한다. 하나는 브랜드가 존재하기 전의 고객을, 다른 하나는 브랜드가 출시된 후(또는 고객이 브랜드를 인지하고 경험한 후)의 고객을 나타낸다. 참가자들에게 두 그림 속 고객이 무엇을 생각하고 느끼며 하고 있는지에 대해 이야기를 만들어 보라고 한다. 또 브랜드가 고객의 삶에 어떤 변화를 가져왔는지 고민하도록 유도한다. 고객이 자기 자신, 타인, 주변 환경과 어떻게 다르게 관계 맺는지, 어떤 결정을 다르게 내리는지, 그리고 시간이나 돈을 어떻게 다르게 사용하는지를 상상해 보게 한다. 참가자들이 만들어 낸 이야기를 검토하며, 공통된 점과 서로 다른 점을 논의한다. 이러한 논의를 나눔으로써 목적을 명확히 표현하는 데 필요한 주요 주제를 도출할 수 있다.

어떤 방법을 사용하든, 목적을 정확히 정의했다면 이를 명확히 문서화해야 한다. 콜린스와 포라스는 회사의 목적이 곧 '우리가 누구이며, 무엇을 지지하고 무엇을 위해 존재하는지'를 명확히 선언하는 기준이 되어야 한다고 주장했다. 구성원들이 이미 알 것이라고 가정하지 말고, 이를 명확히 글로 작성하고 모두와 공유해야 한다.

존재의 목적을 담은
의미 있는 문장 만들기

회사의 새롭게 정의된 목적을 명확히 문서화하려면, 조직 안팎에 어떤 긍정적인 영향을 미치고자 하는지를 담은 목적 선언문을 작성해야 한다. 이 통합된 목적 선언문은 명확하고 간결하며 외부 지향적이어야 한다. 세계에서 가장 존경받는 브랜드들의 목적 선언문은 짧지만 강렬한 문구로 회사의 존재 이유를 효과적으로 전달할 수 있음을 보여 준다.

자포스(온라인 신발 및 의류 소매업체)
세상에 행복을 전하자.

소니(전자 산업 회사)
사람들이 꿈꾸고 기쁨을 느낄 수 있도록 영감을 주는 기술을 창조하자.

애플(전자 산업 회사)
인류를 발전시키는 도구를 만들어 세상에 기여하자.

이들 기업의 목표는 대담하고 영감을 주지만, 동시에 명확하다. 단순히 더 나은 제품을 만들거나 서비스를 개선하는 것이 아니라 사회에 더 큰 영향을 미치고자 한다. 설득력 있는 목적을 가지기 위해 반드시 대기업이거나 감성적으로 울림을 주는 산업에서 활동할 필요는 없다. 아래 일상적이고 평범해 보이는 제품이나 서비스를 제공하는 기업들의 예를 한번 살펴보면, 회사의 목적이 직원들에게 관련성을 가지며 감정적으로 공감할 수 있도록 하는 것이 중요하다는 것을 알 수 있다.

스퀘어스페이스(웹사이트 구축 및 호스팅 회사)
아이디어에 목소리를 부여하자.

엑스라디아(생명과학 및 현미경 제품 제공업체)
우수한 X선 이미징 솔루션으로 독창적인 통찰력을 제공하여 혁신, 과학, 산업을 발전시키자.

헤거티(자동차 보험 회사)
인생에서 가장 소중한 순간과 연결된 물리적 가치를 보호하자.

콜린스와 포라스는 "좋은 목적은 조직을 이끌고 영감을 주는 역할을 해야 한다"고 말했다. 목적이 직원들의 행동과 의사 결정을 얼마나 잘 이끌 수 있는지 평가하려면, 개별적인 비즈니스 목표와 전략이 그 목적을 달성하는 데 어떻게 기여할 수 있는지를 명확하게 설명할 수 있어야 한다. 목적의 집중성(모든 사람의 노력을 특정 방향으로 얼마나 잘 이끄는지)과 유연성(환경 변화에 따라 새로운 기회를 탐구하고 비즈니스를 발전시킬 수 있도록 얼마나 허용적인지)을 평가해야 한다.

예를 들어 소니의 목적, '사람들이 꿈꾸고 기쁨을 느낄 수 있도록 영감을 주는 기술'은 상상력과 희망을 자극하고 즐거움으로 이끄는 데 초점을 맞춘다. 이 목적은 특정 제품, 서비스, 솔루션을 명시하지 않기 때문에 유연하다. 이는 제품 개발과 마케팅의 방향을 암시하지만 자신을 제한하지 않는다. 마케팅 컨설턴트 힐튼 바버는 강력한 목적의 본질을 정확히 포착하며 이렇게 말했다. "진정한 기회는 허용되는 것을 규정하는 데 있는 것이 아니라, 가능한 것을 정의하는 데 있다."

목적 선언문은 다음과 같은 특징을 가져야 한다.

- 명확할 것
- 간결할 것
- 외부 지향적일 것
- 관련성이 있을 것
- 감정적으로 공감될 것
- 집중성과 유연성을 가질 것
- 지침이 될 것
- 영감을 줄 것
- 지속성을 가질 것

회사의 목적이 직원들에게 진정한 영감을 주는지 평가하려면, 영국의 아스톤 경영대학 레슬리 드 체르나토니 교수가 제안한 질문을 던져 보자.

"만약 직원들이 복권에 당첨된다면, 그들은 일을 그만둘까? 아니면 회사의 목적을 실현하기 위해 계속 일할까?" 이 질문은 직원들이 회사의 목적을 얼마나 진심으로 받아들이고 공감하는지를 측정하는 강력한 도구가 될 수 있다. 또 변화 관리 컨설팅 회사 오다시티 그룹의 창립자 마크 디 소마는 "어느 날 손주들이 당신에게 찾아와 '왜 평생을 일하는 데 쏟아부었는지' 묻는다고 상상해 보라. 손주들이 가장 듣고 싶어 할 대답은 무엇일까? 어떤 이야기를 반복해서 듣고 싶어 할까?" "그들이 듣고 싶어 하는 이야기가 당신의 목적과 일치할까?" 이 질문들은 자신이 설정한 목적이 단순히 나 자신뿐만 아니라 후대에게도 의미와 자부심을 줄 수 있는지 되돌아보게 한다. 그리고 그는 이렇게 결론짓는다. "공유할 가치가 없는 목적은 가질 가치도 없다."

마지막으로 하나 더 강조하자면, 회사의 목적은 지속 가능해야 한다. 즉, 쉽게 바뀌어서는 안 된다. 콜린스와 포라스는 디즈니, 보잉, 소니와 같은 기업들을 연구하며, 이들이 설립 초기와 비교해 제품, 시장, 비즈니스 모델이 크게 변했음에도 불구하고 동일한 목적을 수십 년 동안 추구해 왔음을 발견했다. 이것이 회사의 목적이 특정 제품이나 서비스에 국한되어서 안 되는 또 다른 이유다.

브랜드 전략 컨설팅 회사 미스 디그리의 창립자 겸 CEO인 스티브 모리스는 변화와 전환의 시기를 맞이하면 특히 목적에 주목해야 한다고 조언했다. 이 시기가 바로 목적이 중심을 잡고 올바른 방향으로 나아가게 하는 역할을 가장 필요로 할 때이기 때문이다. 그는 이렇게 말했다. "변화는 혼란을 만든다. 혼란은 두려움을 낳는다. 그리고 두려움은 당신을 목적에서 벗어나게 만들 수 있다."

그러나 때로는 목적에 의도적인 변화가 필요할 때도 있다. 마크 저커버그는 이 점을 새롭게 깨달았다. 그는 한 연설에서 자신의 회사가 성장한 규모와, 글로벌 차원의 기회와 도전 과제가 회사의 목적을 확장해야 하는 필요성을 불러왔다고 설명했다.

그는 이렇게 말했다. "나는 단지 사람들에게 목소리를 주고, 몇몇 사람들을 연결해 주는 것만으로도 세상이 훨씬 더 나아질 것이라고 생각했다. 하지만 주변을 보면 우리의 사회는 여전히 너무 분열되었다. 우리는 더 많은 책임을 져야 한다. 단순히 세상을 연결하는 데 그치지 않고, 세상을 더 가깝게 만드는 것이 필요하다."

따라서 목적을 설정할 때 그것이 시간이 지나도 조직의 방향을 제시하는 북극성처럼 작용할 수 있도록 설정해야 한다. 하지만 내부적으로 재무나 운영 중심의 목적과 달리, 비즈니스와 브랜드를 통합하고 조정하는 통합된 목적은 운영

환경이 변화할 때 결국 자연스럽게 재검토될 필요가 있을지도 모른다.

핵심 가치, 조직의 '어떻게'

회사의 '왜 why'를 표현하는 통합된 목적을 설정했다면, 이제 '어떻게 how'를 표현할 핵심 가치가 필요하다. 핵심 가치는 회사에서 일하는 모든 사람이 가져야 할 바람직한 사고방식과 행동을 규정하는 필수적이고 지속적인 원칙과 우선순위다.

대부분의 비즈니스 리더가 조직의 명확한 목적을 가지는 것이 유용하다는 점을 이해하듯이, 그것에 대한 가치를 설정하는 것의 중요성도 인식하고 있다. 그러나 많은 리더의 경우 조직 내부에서 지켜야 할 가치를 만들고, 별도로 브랜드가 고객들에게 어떻게 인식되기를 원하는지 설명하는 브랜드 속성과 가치를 작성한다. 전자는 흔히 '우리는 정직하게 운영합니다' '우리는 존중과 팀워크를 중요시합니다'와 같은 진부한 문구들로 채워지는 경우가 많다. 후자는 지나치게 추상적이어서(진정성, 신선함, 쿨함과 같은 속성) 대부분의 직원이 자신과 어떤 관련이 있는지 이해하지 못하거나, 너무 이상적이어서 직원들이 믿지 못하는 경우가 많다.

　　직원들과 소통하는 가치를 명시하면서 그것이 직원들이 고객과 소통하는 방식과 연결되지 않는다면, 이는 아무런 의미가 없다. 대신 조직 가치와 브랜드 가치 사이의 간극을 메우기 위해 내·외부에서 운영되는 우리만의 방식을 하나로 표현할 수 있는 통합된 핵심 가치를 사용해야 한다.

　　가치는 조직의 운영 지침(행동 강령)처럼 작동해야 한다. 즉, 직원들의 일상적인 사고방식과 행동에 영향과 영감을 주며 방향을 제시해야 한다. 가치는 모든 직원이 공유하기를 바라는 집단적 태도와 신념을 설명해야 하고, 이를 구체적인 행동과 의사 결정으로 전환해야 한다. 더 나아가, 이러한 행동이 어떻게 고객 경험으로 이어져 브랜드를 정의하고 차별화하는지 보여 줘야 한다.

　　이렇듯 하나의 통합된 핵심 가치를 갖는 것은 실질적인 이점을 가져온다. 비즈니스와 사회 프로그램 연구자들에 따르면, 많은 기업이 핵심 가치를 우수 인재 영입과 이탈 방지를 개선하고 기업 평판을 강화하기 위한 도구로 간주한다. 그러나 가치는 회사의 실제 운영 방식과 연계될 때 수익과 매출 성장에 직접적인 영향을 미칠 수 있다. 이 연구에서 재정적 선도 기업으로 평가된 기업들은 가치를 '구체적이고 명확한' 형태로 설정하고, 이를 회사의 전략과 일치시키며, 조직의 성장과 성과에 영향을 미치는 특정 태도와 행동을 촉진하는 경향이 있다.

외부 정체성과 일치하는 단일한 핵심 가치를 갖는 것은 단순한 이익을 넘어 강력한 이점을 제공한다. 이러한 가치는 위기 상황이나 결정적인 순간이 오면 조직에 명확한 방향을 제시할 수 있다. 이는 오하이오주 신시내티에 있는 대형 교회 크로스로드 교회의 사례에서 잘 드러난다. 2008년, 매년 약 10만 명이 방문하는 화려한 크리스마스 쇼의 개막 첫날 밤, 공중 곡예를 하던 한 젊은 여성이 추락해 목숨을 잃는 비극적인 사고가 발생했다. 이 충격적인 사건은 현장에 있던 모든 사람은 물론, 무대 뒤와 공연장 곳곳에서 일하던 교회의 고위 리더십 팀에게도 큰 충격을 주었다. 그들은 무엇을 해야 할지 몰랐다. 크로스로드 교회의 최고 운영 책임자 다린 예이츠는 이렇게 회상했다. "그런 순간을 맞이할 준비는 누구도 되어 있지 않다."

공연장을 정리하고 사고를 당한 여성의 가족에게 소식을 전한 후, 교회의 리더십 팀은 회의실에 모여 밤새 기도하며 논의했다. 그들은 스스로에게 물었다. '우리가 해야 할 옳은 일은 무엇인가?' 오랜 논의 끝에, 팀은 남은 공연을 모두 취소하고, 다음 날 밤에 삶을 기리는 추모 행사를 열기로 결정했다. 이 추모 행사에는 구성원들의 솔직한 참석을 원하는 모든 사람을 초대했다. 수석 목사 브라이언 톰이 이 행사를 이끌었고, 수백 명이 참여했다. 톰은 행사에서 눈물을 흘리며 이번 사건이 자신의 신앙을 흔들리게 했다고 고백했다. 그는 지역 신문 《WCPO》와의 인터뷰에서 이렇게 말했다. "이 사건은 나를 하나님에 대해 다시 생각하게 만들었다." 톰의 발언은 크로스로드 교회의 핵심 가치 중 하나인 진정성을 강렬하게 드러냈다. 크로스로드 교회의 컬처 북 culture book 에서는 진정성을 이렇게 정의한다. "무대 위에서든, 봉사 팀 안에서든, 우리의 가정에서든, 우리는 자신의 결점과 약점을 솔직하게 공유할 수 있어야 한다."

이어서 톰은 인터뷰에서 "이번 사건으로 신앙이 흔들렸다는 공개적인 고백이 일부 사람들을 크로스로드 교회를 떠나게 했다"고 말했다. 이처럼 비극적인 사건 직후에 나온 그의 솔직한 발언은 교회가 감당하기 어려운 반응을 불러왔다. 하지만 자신의 의심을 솔직하게 공유하기로 한 그의 결정과 조직의 핵심 가치를 지키려는 자세는 교회 안팎의 사람들에게 크로스로드 교회의 진정성을 다시 한번 확고히 각인시켰다. 교회가 진정성을 주장하려면 구성원들이 그 가치를 실천하고 그로 인한 결과를 기꺼이 감수하려는 각오가 필요하다. 사람들이 실제로 그 가치를 따르지 않는다면, 진정성이라는 가치는 단지 공허한 말에 불과할 것이다. 비록 조직이 이러한 극단적인 상황에서 가치를 시험받는 일이 없기를 바라지만, 가치는 언제나 이와 같은 확고함을 가져야 한다.

조직 내·외부에서 효과를 발휘하는 독창적인 가치를 찾아라

핵심 가치를 설정하는 과정은 현재 조직에 자리 잡은 가치를 찾아내는 것과, 앞으로 조직이 추구해야 할 가치를 구체화하는 두 가지 과정을 포함한다. 가치는 직원들이 특정 상황에서 최선의 판단을 내릴 수 있도록 돕는 기준을 제공하지만, 직원들에게 특정한 사고방식이나 행동을 강요할 수는 없다. 직원들은 사람이기 때문에 기계처럼 통제할 수 없다. 특히 젊은 세대처럼 직장의 변화와 방향성에 참여하고 싶어 하는 직원들에게 가치를 강요하는 방식은 효과적이지 않다. 대신 조직 내에서 이미 자리 잡은 긍정적인 태도와 행동을 찾아내고, 내부 문화와 외부 브랜드를 조화롭게 연결하는 데 필요한 새로운 태도와 행동을 구체적으로 상상하고 실현하는 것이 목표가 되어야 한다.

예를 들어, 다국적 기술 회사인 IBM의 전 CEO 샘 팔미사노는 IBM의 문화를 새롭게 정비하기 위해 직원들에게 회사의 지속 가능한 가치를 정의해 보도록 했다. 그는 이 새롭게 도출된 가치를 실제로 조직에서 어떻게 적용할 수 있을지 시험하고, 직원들로부터 그 효과에 대한 의견을 수집함으로써 가치를 활성화했다.

한편, 자포스는 그와 유사한 방식으로 매년 컬처 북을 발행한다. 이는 회사 내에서 작동하는 가치에 대한 구성원들의 솔직한 목소리를 담는다. 자포스의 문화가 실제로 어떤 모습인지, 이는 직원들에게 어떤 의미를 갖는지를 솔직하게 담아낸다. 자포스는 이 컬처 북으로 강력하게 실천되는 핵심 가치를 확인하고, 반대로 충분히 실천되지 않아 다시 검토하거나 강화해야 할 가치를 파악한다. 이로써 회사는 조직 문화를 지속적으로 개선하고 강화할 수 있다.

이번 장에서는 조직에 적합한 핵심 가치를 정의하는 방법을 다룰 것이다. 여기에는 현재 조직에 존재하지 않는 새로운 가치를 설정하는 방법도 포함된다. 또 이를 시작하는 데 도움을 줄 수 있는 온라인 도구인 '브랜드-조직 문화 융합 평가*brand-culture fusion assessment*'도 소개할 예정이다. 하지만 우선 이번 장에서는 현재 조직에 존재하는 가치나, 앞으로 설정할 가치를 어떻게 평가할 것인지에 대해 알아보고자 한다.

효과적인 가치는 몇 가지 공통적인 특징을 가지며, 그중 첫 번째는 독창성이다. 모든 조직에 동일하게 적용될 수 있는 정답과 같은 가치 체계는 존재하지 않는다. 대신 각 조직은 자신이 원하는 문화를 구축하는 데 기여하는 고유한 가치를 가지고 운영해야 한다. 그렇다면 '독창적'이라는 말의 의미는 무엇일까?

첫째, 핵심 가치는 업계 공통의 가치와 구별되어야 한다. 특정 업계에서 경쟁력을 유지하기 위해 모든 브랜드가 당연히 따라야 하는 기본 가치를 핵심 가치로 삼아서는 안 된다. 예를 들어, 기존의 모든 패스트푸드 레스토랑은 '빠른 서비스'와 '편리함'이라는 가치를 기본으로 삼아야 하며, 모든 소프트웨어 회사는 '신뢰성'과 '사용 편의성'을 중요하게 여겨야 한다. 만약 패스트푸드 레스토랑이 '우리는 빠른 서비스를 제공합니다'라는 가치를 표방한다면, 이는 다른 패스트푸드 레스토랑과 차별화되지 않는 평범한 메시지에 불과하다. 차별화는 브랜드 파워를 이끄는 핵심 동력이다. 따라서 회사의 핵심 가치는 회사를 독특하게 만드는 요소를 담아야 한다. 즉 조직만의 정체성과 다른 경쟁자들과 구별되는 특별함을 분명히 드러내야 한다.

둘째, 회사의 가치를 독창적으로 만들기 위해 이를 표현하는 단어나 방식에서 차별성을 가져야 한다. 부즈 알렌 해밀턴과 교육 및 정책 연구 기관 아스펜 연구소의 연구에 따르면, 대부분의 기업 가치는 비슷한 단어와 개념을 사용한다. 90%의 기업이 윤리적 행동을 언급하거나 '정직'이라는 단어를 사용하고, 88%는 고객을 향한 헌신, 76%는 팀워크와 신뢰를 강조한다. 이처럼 진부하게 반복되는 표현에 의존하지 않아야 한다. 핵심 가치를 독특하게 표현하려면 다른 회사와 비슷한 신념을 공유하더라도 이를 설명하는 방식에서 차별화를 만들어야 한다. 조직의 정체성과 목소리를 반영한 고유한 스타일을 사용하라. 이렇게 하면 표면적인 차별화를 넘어 조직의 정신과 개성을 담은 가치를 진정한 차별화 요소로 만들 수 있다. 핵심 가치를 흔히 사용하는 단어나 일반적인 방식으로 표현한다면 직원들이 그 가치를 주목하거나 중요하게 여길 가능성은 낮아질 것이다.

셋째, 핵심 가치는 행동으로 옮길 수 있는 명확한 표현을 포함해야 한다. 사우스웨스트 항공의 전 최고 HR 책임자 앤 로즈는 핵심 가치를 구체적인 동사로 표현해야 한다고 말했다. 로즈는 핵심 가치가 '관찰할 수 있고, 평가할 수 있으며, 교육할 수 있고 채용 기준으로 삼을 수 있으며, 보상할 수 있는' 행동을 명확히 나타낼 수 있어야 한다고 강조했다. 이처럼 구체적이고 명확한 가치는 직원들의 행동에 실질적인 영향을 미치고, 궁극적으로 고객 경험에도 긍정적인 영향을 줄 수 있다.

다음은 대기업과 소규모 기업, B2B와 B2C 기업을 포함해 다양한 회사가 어떻게 직원들에게 명확한 방향을 제시하여 행동을 이끄는지 사례를 통해 나타내고자 한다. 이 기업들은 고객이 브랜드를 어떻게 경험하기를 원하는지 설명하기 위해 핵심 가치를 독창적으로 표현한 사례들이다.

윤활류 스프레이의 대명사로 불리는 회사 WD-40이 명시한 "우리는 모든 관계에서 긍정적이고 오래 지속되는 추억을 만드는 가치를 중요시합니다" "우리는 오늘보다 더 나은 것을 만드는 데 가치를 둡니다"와 같은 표현은 많은 기업이 흔히 내세우는 '헌신'이나 '지속적 개선' 등 상투적인 표현보다 훨씬 더 강한 동기를 부여하고 방향을 제시한다.

구글은 자사의 가치를 "우리가 진실이라고 믿는 열 가지"로 표현한다. 이렇게 묘사하는 방식부터 이미 구글만의 독창성이 드러난다. 예를 들어 많은 기업이 '고객 중심'이라는 평범한 표현으로 고객을 향한 헌신을 언급하는 반면, 구글은 "사용자에 집중하면 모든 것이 따라온다"고 선언한다. 또 구글은 흔히 쓰이는 '즐겁게 일하기' 대신 "정장을 입지 않아도 진지할 수 있다"는 가치를 내세운다. 마찬가지로 단순히 '품질을 중시한다'는 표현 대신, 구글은 "훌륭한 것만으로는 충분하지 않다"고 말한다. 이러한 차이는 단순한 단어 선택 이상의 의미를 담는다. 이는 구글의 가치가 지닌 정신과 개성을 반영하며, 실제로 그 가치를 실천하기 위한 의도를 가진다.

생명 과학 기술 회사인 일루미나는 단순히 팀워크를 가치로 나열하는 대신, 이를 다음과 같이 설명했다. "깊은 협업은 우리가 다른 경쟁자들이 따라올 수 없는 방식으로 경쟁할 수 있게 해 줍니다." 또 일루미나는 투명성을 나열하는 대신, 가치를 이렇게 표현했다. "우리는 물리적으로도, 철학적으로도 열려 있습니다."

전략 기획 컨설팅 및 코칭 회사인 가젤스는 "우리가 말하는 것을 실천하라" "최고의 서비스를 더 적은 비용으로"와 같은 가치를 명시한다. 이처럼 가젤스는 명확하게 표현된 가치를 통해 자사의 우선순위와 독특한 개성을 효과적으로 전달한다.

핵심 가치가 조직의 내부 문화와 외부 브랜드를 형성하는 고유한 원칙을 제대로 반영하는지 확인하기 위해, 스스로에게 다음 질문을 던져 보라. '다른 회사가 이 가치를 자신의 가치로 삼고, 우리와 똑같은 방식으로 실천할 수 있을까?' 많은 회사가 열정, 혁신, 배려를 가치로 내세우며, 새로운 제품을 개발하거나 고객을 세심하게 대하는 등 예상 가능한 방식으로 이를 실천한다. 하지만 자포스처럼 '서비스로 강력한 차별점을 전달한다'를 핵심 가치로 삼는다면, 이는 독창적인 영역을 주장하는 것이다. 차별점은 조직의 개성과 정신을 명확히 전달하며, 직원들은 고객에게 기대를 넘어선 강력한 감정적 반응을 불러일으킬 수 있는 서비스를 제공해야 함을 늘 상기하게 만든다. 그리고 고객들도 자포스만의 특별한 서비스를 기대하게 되는 효과가 있다.

또 다른 방법으로 스스로에게 질문해 보라. '우리 회사의 가치와 정반대되는 가치를 선택할 회사가 있을까?' 예를 들어 어떤 회사는 '완벽함보다 임무 완수가 중요하다'를 신조로 삼을 수 있지만, 구글은 '훌륭한 것만으로는 충분하지 않다'를 핵심 가치로 삼는다. 두 관점 모두 유효하며, 각기 다른 조직에서 가치 있게 여긴다. 만약 조직의 가치와 정반대되는 가치가 다른 조직에게 영감을 주거나 가르침을 줄 수 있다면, 그 가치는 다른 조직의 가치와 강력하게 차별화되는 요소가 될 수 있다.

회사의 핵심 가치는 각각 개별적으로도 중요하지만, 서로 조화를 이루며 함께 어우러져야 한다. H&M의 전 마케팅 디렉터 요르겐 앤더슨은 이렇게 말했다. "가치는 조합으로 작동한다는 점을 기억하는 것이 중요하다." H&M의 가치에는 상식, 주도성, 개인에 대한 신뢰, 비용 의식, 지속적인 혁신 등이 포함되며, 이들은 서로 밀접하게 연결된다. 앤더슨은 이렇게 설명했다. "상식을 적용하지 않는다면, 비용 의식을 갖는 것도 의미가 없다." 핵심 가치는 마치 퍼즐 조각처럼 생각할 수 있다. 예를 들어 겸손과 자신감, 영감과 실용성처럼 서로 대조적으로 보이는 가치도 사실은 균형을 이루며, 통합된 조직 문화를 만드는 데 기여한다.

　핵심 가치는 통합된 목적과 동일하게 조직 문화와 브랜드 모두에 깊이 스며들어야 한다. 앞서 언급된 회사들이 어떻게 내·외부에 동일하게 적용되는 가치를 실천하는지 생각해 보자. 이들은 직원들에게 동료들과 협업할 때와 고객 경험을 창출할 때 서로 다른 태도나 행동을 요구하지 않는다. 예를 들어 WD-40 회사의 직원들은 회의를 진행하거나 팀을 개발할 때, 그리고 고객에게 제품을 설계하고 전달할 때 모두 '긍정적이고 오래 지속되는 추억을 만든다'는 가치를 중요하게 여긴다. 비록 그들의 제품이 흔히 볼 수 있는 윤활제 캔일지라도, 그것이 고객의 불편을 덜어 주는 방식에서 긍정적인 경험을 남긴다면 이 가치는 실현된 것이다. 이 핵심 가치는 회사의 내부 활동과 외부 활동을 하나로 연결하며, 조직 전체에 통합된 정체성을 부여한다.

핵심 가치는 다음과 같은 특징을 가져야 한다.

- 독창적이어야 한다. 다른 조직과 구별되는 우리만의 특별한 가치를 반영해야 한다.
- 능동적이어야 한다. 추상적인 개념이 아니라 실질적인 행동과 연결될 수 있어야 한다.
- 실행 가능해야 한다. 현실에서 직원들이 적용하고 실천할 수 있는 구체적인 형태로 제시되어야 한다.
- 상호 보완적이어야 한다. 각 가치가 서로 조화를 이루며 조직의 목표를 지원해야 한다.
- 고객에게 제공하고자 하는 경험과 연결되어야 한다. 조직이 전달하려는 고객 경험과 가치가 일치할 때, 조직의 정체성이 더욱 강화된다.

핵심 가치를 작성한 후에, 다음과 같은 간단한 질문으로 이를 점검해 보자.

- 이 핵심 가치가 우리 조직 문화와 브랜드의 본질을 담는가?
- 이 가치가 우리를 경쟁사와 차별화할 수 있는가?
- 직원들이 이 가치를 통해 기대되는 사고방식과 행동을 명확히 이해할 수 있는가?
- 직원들이 우리 브랜드를 특별하게 만드는 행동에 영감을 줄 수 있는가?
- 현실적이고 신뢰할 수 있으며, 일관되게 적용할 수 있는가?
- 직원들이 이 가치를 자발적으로 실천하고 싶어 할 만큼 공감할 수 있는가?
- 조직이 성장하고 시장이 변화하더라도 이 가치를 유지하고 싶어 하는가?

아무리 독창적이고 명확하게 핵심 가치를 설정했더라도, 직원들이 그 의미를 자연스럽게 이해하거나 모두가 같은 행동으로 해석할 것이라고 가정해서는 안 된다. 핵심 가치와 연계된 구체적인 행동이나 행동 기준을 명확히 제시하는 것이 중요하다. 이를 통해 직원들은 가치를 실제로 어떻게 실천해야 하는지 분명히 알 수 있다.

아르헨티나 은행인 방코 수페르비에의 회장이자 CEO

파트리시오 수페르비에는 단순히 회사의 핵심 가치를 '민첩함, 단순함, 친근함'으로 설정하는 것만으로 충분하지 않다는 것을 알았다. 특히 이러한 흔한 은행업계의 가치를 차별화된 경쟁 우위로 전환하려면 더 많은 노력이 필요했다. 그래서 그는 동료들과 함께 1년 반 동안 전국을 돌며 모든 관리자와 임원을 만나 핵심 가치의 의미를 구체화하는 로드쇼를 진행했다. 그들은 각 가치에 대해 직원들이 보여야 할 행동을 명확히 정의했다. 예를 들어, '단순함'에 대해서는 "고객에게 최대한 가까운 곳에서 결정을 내린다", '친근함'에 대해서는 "합의된 약속을 존중한다"를 구체적으로 제시했다. 그뿐만 아니라 용납할 수 없는 행동도 정의했다. '민첩함'의 경우, "도전적이지 않은 목표를 설정"하거나 "실수를 무시하고 이를 통해 배우지 않는 행동"은 받아들일 수 없다고 명시했다. 수페르비에는 "모든 상황에서 일관성을 유지하고, 말과 행동을 일치시키는 것은 매우 어렵다"고 인정했지만, 이렇게 명확하게 정의하고 설명함으로써 그 어려움을 조금이라도 줄일 수 있었다고 말했다.

핵심 가치를 실천하라

《하버드 비즈니스 리뷰》에 기고한 저명한 비즈니스 분야의 작가 패트릭 렌시오니는 가치가 조직에 미치는 영향을 다음과 같이 설명했다. "가치를 제대로 실천하면 고통이 따른다." 그는 조직이 가치를 실천하며 직면하게 되는 어려운 결정들을 예로 든다. 예컨대 회사의 가치와 충돌하는 수익성 높은 사업에서 철수하거나, 최고 실적을 올린 영업 직원을 가치에 부합하지 않는다는 이유로 떠나보내는 일이 그것이다. 렌시오니는 이렇게 덧붙였다. "가치는 일부 직원들에게 소외감을 줄 수 있다. 조직의 전략적, 운영적 자유를 제한하고 직원들의 행동에 제약을 가한다. 경영진은 사소한 위반에도 큰 비판에 직면할 수 있다. 그리고 가치는 끊임없는 경계와 주의를 요구한다."

렌시오니는 가치를 실천하는 과정에서 나타날 수 있는 부정적으로 보이는 결과를 일부러 강조했다. 그 이유는 너무 많은 리더가 가치를 가볍게 여기기 때문이다. 이들은 조직이 가치를 진정으로 받아들이고 실천하는 데 무엇이 필요한지 충분히 고민하지 않는다. 하지만 핵심 가치를 설정했다면, 이를 단순히 말로만 내세우는 것, 즉 선언하거나 주장하는 데 그쳐서는 안 된다. 진정한 가치는 행동으로 실천될 때 비로소 완성된다. 심리학에서는 '가치 일치 *value congruence*'라는 용어를 사용해 개인이 자신의 가치관과 자아 이미지에 부합하는 방식으로 직장에서 행동할 수 있는 정도를 설명한다. 이를 조직에 적용하면, '핵심 가치 일치 *core values congruence*'라는 용어를 들 수 있다. 핵심 가치 일치란 회사가 자신의 가치를 실제로 실천하고, 외부 이미지와 일관되게 행동하는 정도를 의미한다. 핵심 가치 일치는 조직 문화와 브랜드를 조화롭고 통합되게 만드는 핵심 요소 중 하나로, 이는 곧 브랜드-조직 문화 융합을 실현하는 데 중요한 역할을 한다.

드 체르나토니 교수는 조직이 핵심 가치 일치를 이루는지, 즉 내부에서의 행동이 외부 이미지와 부합하는지를 확인하려면 세 가지 유형의 불일치를 살펴볼 것을 권장했다.

① 행동의 불일치

회사가 특정 가치를 중요하게 여긴다고 말하지만, 이를 행동으로 뒷받침하지 않는 경우를 말한다.

예) 회사의 리더들이 항상 고객의 중요성을 강조하면서도, 비용 문제를 이유로 고객 불만을 줄일 기회를 거부하는 경우

② 상징적 불일치

회사가 외부적으로 특정 가치를 홍보하지만, 내부적으로는 그 가치를 진정성 있게 실천하지 않는 경우를 말한다.

예) 건강 식품 체인점을 운영하는 회사가 직원 휴게실의 자판기에 정크

푸드만 채워 놓는 경우

③ 이념적 불일치

회사가 특정 이슈에 대해 이념적 입장을 표명하지만, 그 입장에 반하는 행동을 하는 경우를 말한다.

예) 윤리적 투자를 원칙으로 한다고 주장하는 투자 회사가 인권 침해 전력이 있는 기업과의 자문 요청을 수락하는 경우

넷플릭스는 '핵심 가치 일치'의 중요성과 '행동의 불일치'가 가져오는 위험성을 경고하는 대표적인 사례다. 2010년 당시 넷플릭스는 엄청난 성장과 성공을 누리며 한 해 동안 주가가 3배 이상 상승했다. 그러나 불과 1년 뒤, 회사는 위기 상황에 직면했다. 구독자 80만 명을 잃고, 주가는 4개월 만에 77% 폭락했다. 이러한 몰락을 초래한 핵심 원인은 무엇이었을까?

당시 넷플릭스는 회사의 독특한 문화 철학과 실천 방식을 담은 124쪽 분량의 선언문, 「넷플릭스 문화: 자유와 책임」을 발표하며 큰 주목을 받았다. 이 선언문은 회사의 핵심 가치 중 하나로 소통, 특히 경청을 강조했다. 문서에는 이렇게 명시되었다. "더 잘 이해하기 위해 빠르게 반응하기보다 경청하는 것을 중시합니다." 그러나 이 가치 선언이 넷플릭스 리더들이 직원들 사이의 협업에서 기대했던 방식을 설명

할 수 있었지만, 실제 리더들의 행동은 이와 일치하지 않는 모습을 보였다.

넷플릭스의 CEO 리드 헤이스팅스는 인기 있었던 DVD 대여와 스트리밍 서비스를 결합한 구독 플랜을 폐지하고, 이를 각각 별도의 서비스로 분리하며 가격을 인상하겠다는 계획을 발표했다. 이에 고객들은 크게 반발했다. IT 전문 매체 《씨넷 CNET》은 당시 사건을 다음과 같은 명확한 진단으로 보도했다. "리드 헤이스팅스가 경청을 멈췄고, 그때 문제가 시작됐다." 기사는 헤이스팅스가 이러한 변화를 결정하기 전에 고객들의 의견을 듣지 않았으며, 이 계획을 두고 우려를 표했던 동료들의 목소리에도 귀 기울이지 않았다는 사실을 밝혀냈다.

결국 넷플릭스는 고객들의 의견을 수용해 DVD 대여와 스트리밍 서비스 구독을 분리하려던 계획을 철회했다. 하지만 그때는 이미 브랜드가 큰 타격을 입은 후였으며, 회사의 가치 중 3분의 1이 사라진 상태였다. 이후 넷플릭스는 회복에 성공했지만, 이번 사건은 아무리 인기 있는 브랜드라도 핵심 가치를 실천하지 않고 외부 이미지와 일관되지 않은 행동을 할 경우 고객의 신뢰와 수익을 빠르게 잃을 수 있음을 보여 주는 사례로 남았다.

핵심 가치를 정의하는 과정에서 넷플릭스의 교훈을 꼭 기억하기를 바란다. 조직 내에서 이미 존재함에도 아직 명확히 인식되지 않은 가치를 발견할 수도 있지만, 조직이 원하는 브랜드로 변화하기 위해 반드시 실천해야 하는, 현재는 자리 잡지 않은 가치를 새롭게 설정해야 할 가능성도 크다. 이 단계가 바로 '핵심 가치 일치'가 가장 중요한 시점이다. 이상적인 가치를 설정하는 것은 괜찮지만 반드시 신뢰할 수 있고 실현 가능한 가치를 설정해야 한다. 그렇지 않으면 넷플릭스와 마찬가지로 조직이 세 가지 불일치 유형 중 하나에 빠지기 쉽다.

한번은 '우리는 서로를 존중하고 돕는다'를 회사의 핵심 가치로 삼고 싶어 했던 CEO와 의견을 조율했던 적이 있다. 이 회사는 직원들이 서로에게 고함을 지르는 것으로 악명이 높았기 때문에 나는 이 가치가 단지 명목상으로만 존재하고, 직원들은 계속해서 서로를 무시하는 행동을 할 위험이 있다고 우려했다. 이는 명백한 행동의 불일치이며, 윤리적으로도 문제가 있었다. 나는 CEO에게 이상적인 가치를 설정하는 것은 가능하지만, 조직이 이를 실현하기 위해 어떤 노력을 기울일지 구체적으로 보여야 한다고 설명했다. 결국 그는 존중과 서비스 지향적인 문화를 구축하기 위해 변화를 주도하겠다는 개인적인 의지를 천명했다. 회사는 '존중과 서비스'를 핵심 가치 목록에 포함했을 뿐만 아니라, CEO의 비전에 따라 조직 문화를 변화시키기 위해 의사소통 교육과 리더십 코칭을 포함한 실행 계획을 도입했다. 핵심 가치를 일치시키고 이를 지속적으로 유지하는 것은 많은 노력과 규율을 요구한다. 하지만 조직이 하나의 명확한 핵심 가치를 설정하고 이를 계속해서 실천한다면, 조직이 원하는 이미지를 일관적으로 보여 줄 수 있는 운영 방식을 갖추게 된다. 결과적으로 이는 진정성과 투명성을 중시하는 현대 비즈니스 환경에서 신뢰와 존중을 받는 조직으로 자리매김하는 단단한 기반이 될 것이다.

조직 문화를 하나로 통합하라

통합된 목적과 핵심 가치는 각각으로도 회사에 긍정적인 성과를 가져올 수 있지만, 이 두 가지를 함께 적용하면 훨씬 더 높은 수준으로 작동하는 조직을 만들어 낼 수 있다. 그 결과, 비즈니스 성과도 크게 향상될 가능성이 높아진다. 직원들은 자신들의 역할과 기여가 단순한 직무 그 이상으로 더 큰 가치를 지녔다는 것을 느끼게 된다. 조직은 단순히 일하기 좋은 직장을 넘어, 그 업무 자체가 뛰어난 성과를 만들어 내는 곳으로 자리 잡게 된다. 통합된 목적과 가치는 직원들에게 브랜드에 대한 자부심을 심어 주고, 브랜드를 더욱 강하게 만들기 위해 자신의 역량을 키우고 싶다는 의지를 불러일으킨다. 이로 인해 직원들은 동료, 고객, 경쟁사, 그리고 시장 전체를 더 잘 이해하고 효율적으로 협력하게 된다. 관리·감독에 대한 의존도가 줄어들면서 비용이 절감되고, 동시에 주도적으로 일하는 방식을 선호하는 젊은 세대에게도 더 매력적인 조직으로 다가갈 수 있다. 무엇보다 잘 설계되어 실행된 통합적인 목적과 핵심 가치는 직원들을 하나로 묶어 주는 역할을 한다. 이는 점점 더 다양해지고 분리되는 근무 환경에서 자연스럽게 발생하는 분열을 해소하는 데 도움을 준다. 요즘은 서로 잘 알지 못하고 공통점도 거의 없는 사람들, 혹은 대면으로 교류할 일이 거의 없는 팀으로 구성되는 조직을 쉽게 볼 수 있다.

드 체르나토니는 노팅엄 대학의 앤드류 브라운 교수가 수행한 연구를 인용하며, 오늘날 조직 내에서 공통된 경험을 공유하는 사람들로 구성된 세 가지 유형의 하위 문화를 분석했다.

> ① **강화적 하위 문화** enhancing subcultures
> 이 문화는 조직의 전반적인 문화를 따르며 이를 발전시키는 데 기여한다.

② **직교적 하위 문화** orthogonal subcultures

조직의 전체적인 문화와 일치하면서도 별개의 충돌 없는 가치를 받아들인다. 이 하위 문화는 보통 다양한 지역이나 국가에 걸쳐 분산된 회사, 또는 원격 콜센터, 체인점 형태의 레스토랑이나 소매점처럼 다소 독립적으로 운영되는 유닛들로 구성된 조직에서 나타난다.

③ **대항적 하위 문화** counter cultures

조직 전체가 추구하는 문화와 대조되는 가치를 수용한다. 주로 인수합병 이후, 새로운 고위 리더가 임명되고 다른 집단이 서로 상반된 충성도를 보일 때 형성된다.

직교적 하위 문화와 대항적 하위 문화는 직원 생산성을 저하하고, 궁극적으로 회사 성과에 부정적인 영향을 미칠 수 있는 마찰과 혼란을 초래할 수 있다. 명확하고 설득력 있는 통합된 목적과 핵심 가치는 이러한 하위 문화에 효과적으로 대응할 수 있는 강력한 해법이 된다. 통합된 목적은 기능, 지역, 심지어 역사를 초월하는 더 높은 소명으로 사람들을 하나로 묶어 준다. 핵심 가치는 누구나 공감하고 적용할 수 있는 기대치를 전달한다. 특히 인수합병, 대규모 조직 개편과 같은 변화가 있을 때 통합된 목적과 핵심 가치는 변화 과정에서 명확한 방향성을 제시하며, 최종 목표에 대한 조직 내 공감을 형성한다. 통합된 목적과 핵심 가치는 어떤 상황에서도 타협할 수 없는 기준을 세워 모두가 따라야 할 명확한 원칙을 제시한다.

2000년대 중반, 택배 업체 회사 페덱스는 핵심 가치의 통합적 힘을 경험했다. 당시 페덱스는 화물 운송 회사 RPS와 오피스 서비스 센터인 킨코스를 포함한 여러 회사를 인수했다. 그 시기에 페덱스에서 글로벌 기업 커뮤니케이션 부사장으로 근무했던 에릭 잭슨은 당시 상황을 이렇게 설명했다. "회사의 문화는 매우 깊고 독창적이어서 리더들은 이것이 자연스럽게 모든 곳에서 채택될 것이라고 생각했다. 그러나 서로 다른 비즈니스 모델과 작업 환경을 가진 기존·신규 직원과 운영을 일치시키는 데 어려움을 겪었다. 결국 페덱스는 "독립적으로 운영하라. 집단적으로 경쟁하라. 협력적으로 관리하라"라는 슬로건 아래 새로운 핵심 가치를 도입했다. 이 문화 변화 프로그램은 각 사업부가 고객의 고유한 요구를 충족시키는 데 집중하는 동시에, 조직 전체가 '하나의 글로벌 브랜드'로 자리 잡는 방법을 구체적으로 제시했다. 이러한 노력은 페덱스가 업계 리더십을 유지하는 데도 중요한 역할을 했다.

비즈니스 중심 소셜 네트워크 서비스인 링크드인의 기업 커뮤니케이션 수석 디렉터 니콜 레버리치는 회사의 핵심 가치가 수많은 기업 인수를 성공적으로 이끌어 낸 비결이라고 말했다. 레버리치는 이렇게 설명했다. "핵심 가치가 수용되고 이해되면서 직원들로부터 공감을 받지 못하면, 인수 과정에서 그 가치는 쉽게 사라질 수 있습니다." 하지만 링크드인은 모든 인수 과정에서 투명성과 같은 핵심 가치를 일관되게 실천하며, 회사의 비전을 단 한 번도 흔들리지 않게 유지했다. 그리고 이어서 말했다. "핵심 가치와 비전을 일관되게 유지하면, 인수를 성공적으로 이끌 가능성이 훨씬 높아집니다."

아마존의 HR 운영 부사장인 아딘 윌리엄스는 조직의 핵심 가치 역할을 하는 '리더십 원칙'이 직원들이 다양한 사업 부문에서 새로운 역할을 맡는 데 있어 얼마나 큰 도움을 주는지 설명했다. 아마존의 전자상거래 비즈니스 운영 방식은 주문형 클라우드 컴퓨팅 사업인 아마존 웹 서비스의 운영 방식과 전혀 다르지만, 회사의 가치는 두 사업 부문뿐만 아니라 모든 사업에서 동일하게 수용되고 적용된다. 윌리엄스는 다음과 같이 말했다. "각 사업은 매우 다르지만, 우리가 측정하고, 혁신하고, 평가하고, 소통하는 방식은 일관성을 유지합니다." 아마존이 사업 영역을 계속 확장하면서 직원들이 사업 부문 간에 이동할 기회가 점점 더 늘어남에 따라서 통합된 목적과 일관된 가치 체계는 더욱 더 중요한 요소가 되었다.

통합된 목적과 일관된 핵심 가치는 페덱스나 아마존 같은 대기업뿐만 아니라, 모든 규모의 조직이 직원들을 하나로 묶는 데 필요하다. 특히 재택근무나 원격 근무를 하는 직원들이 포함된 조직이라면 더욱 그렇다. 가상 직원 서비스를 제공하는 비레이의 CEO이자 공동 창립자인 브라이언 마일스는 모든 리더가 조직의 목적을 소통하는 데 '광적으로' 집중해야 한다고 강조했다. 특히 원격 근무 직원이 있는 조직에서 더더욱 그렇다. 그는 이렇게 말했다. "우리는 설립 초기부터 조직의 목적에 대해 명확한 방향성을 가졌습니다. 목적은 사후적으로 생각한 것이 아니라, 항상 최우선으로 두고 있죠." 마일스는 모두 원격으로 근무하는 70여 명의 직원을 고용하며, 이들은 클라이언트에 의해 가상 비서로 고용되어 원격 업무를 수행한다. 그는 덧붙여 말했다. "리더가 자리를 비웠을 때 직원들에게 가장 중요한 것은 '왜'입니다. 직원들이 자신이 왜 그 일을 하는지 안다면, '무엇을' 해야 하고 '어떻게' 해야 할지는 스스로 채워 나갈 수 있습니다."

조직 문화는 그 목적과 가치에 의해 형성된다. 결국 '우리가 이곳에서 일을 처리하는 방식'이라고 표현되는 문화는 사람들의 태도(신념과 아이디어)와 행동(행동 방식과 의사 결정)으로 구성되며, 목적과 가치는 이 두 가지에 직접적인 영향을 미친다. 실제로 목적과 가치는 조직 문화의 근본적인 요소로, 저명한 경영 구루 피터 드러커는 자신의 컨설팅 철학을 이 두 가지를 중심으로 설계했다. 그의 저서 『피터 드러커의 다섯 가지 경영원칙』에서 다룬 핵심 질문들도 이와 같은 조직의 목적과 가치를 발견하는 데 초점을 맞췄다.

이번 장에서는 조직 내 브랜드와 문화를 통합하고 조화롭게 만드는 여정을 본격적으로 시작하며 통합된 목적과 단일 핵심 가치를 설정하는 이유와 방법, 그리고 그 중요성을 살펴보았다. 이러한 것들은 조직이 추구하는 문화를 구축하기 위한 토대로 브랜드 정체성을 강화하고 발전시키며, 궁극적으로 브랜드-조직 문화 융합이 가져오는 성장 동력을 실현할 수 있는 기반이 된다. 다음 장에서는 사람들이 추구하는 조직 문화를 구체화하는 방법을 제시하며, 현재 브랜드-조직 문화 융합 목표에 얼마나 가까이 와 있는지 평가할 수 있도록 도울 것이다.

핵심 내용 요약

- 비즈니스 목적과 브랜드 목적은 완벽하게 통합되고 긴밀히 조화되어야 한다.
- 통합된 목적을 드러내는 문장은 명확하고 간결하며 외부 지향적이어야 한다.
- 조직과 브랜드로서의 고유한 방식을 설명하는 데 하나의 핵심 가치를 사용해야 한다.
- 핵심 가치의 일치를 이루려면, 회사의 행동이 외부 이미지와 일관되게 이루어져야 한다.

⋯▸ 통합된 목적과 핵심 가치는 점점 더 다양하고 분산된 근무 환경에서 자연스럽게 발생하는 분열을 해소하는 데 도움을 준다.

CHAPTER 2

브랜드-조직 문화 융합의 현재 상태를 평가하라

이번 장의 핵심 내용

- 조직에 가장 적합한 브랜드와 조직 문화의 융합 방식을 파악하는 방법
- 현재 브랜드와 조직 문화가 얼마나 조화롭게 융합되어 있는지 평가하고, 개선이 필요한 구체적인 영역 검토
- 세 가지 중요한 측면에서 직원들이 얼마나 참여하고 있는지 확인하는 방법

훌륭한 조직의 리더들은 브랜드 정체성에 대한 명확한 비전과 이를 실현할 조직 문화를 어떻게 육성할지 깊이 이해하고 있다. 제프 베이조스는 혁신을 통해 고객에게 감동을 주는 문화를 만들어 아마존을 혁신의 상징으로 자리 잡게 했다. 리처드 브랜슨은 버진을 운영하며 '기존 비즈니스 방식을 뒤집는다'는 독창적인 접근으로 파괴적인 브랜드를 구축했다. 스타벅스는 단순히 커피를 파는 곳 그 이상의 가치를 지닌다. 이는 하워드 슐츠가 스타벅스를 단순한 제품이 아닌 경험으로 정의하며, 직원들이 이 비전에 공감하고 함께 만들어가도록 한 데서 시작되었다.

이러한 조직을 만들기 위해서는 브랜드의 목표를 명확히 이해하고 이를 조직 문화와 조화시키는 방법을 알아야 한다. 그러나 내가 만난 대부분의 리더가 그랬듯 그 확신이 부

족할 수 있다. 목적지가 분명하지 않다면 현재 얼마나 멀리 목적지에서 떨어져 있는지, 그리고 어떻게 도달할 수 있을지도 알 수 없기 때문이다.

이번 장에서는 브랜드의 목표와 문화, 그리고 이 둘의 조화를 명확하게 수립하는 방법을 살펴보자. 우선 브랜드 정체성을 효과적으로 뒷받침할 핵심 가치와 조직 문화, 즉 추구해야 할 이상적인 문화를 어떻게 육성할지 살펴본다. 다음으로 현재 조직 문화가 이상적인 문화와 얼마나 차이가 나는지, 즉 조직 문화와 브랜드 정체성이 얼마나 잘 조화되는지를 평가하는 방법을 알아본다. 마지막으로 조직 내 브랜드와 조직 문화 융합의 현재 상태를 진단해 가장 개선이 시급하게 필요한 영역을 명확히 파악하는 방법을 제시한다.

브랜드 유형 파악하기

조직에 적합하며 단일한 핵심 가치를 정리하는 일은 생각보다 더 까다롭게 느껴질 수 있다. 모든 조직은 이미 어떤 가치를 바탕으로 움직인다. 이 가치는 명시적으로든 암묵적으로든 특정 가치를 바탕으로 운영된다. 또 회사 웹사이트에 자랑스럽게 명시될 수 있고, 명확히 정의되지 않은 채 직원들의 행동과 고객이 브랜드를 경험하는 방식에 스며들듯 영향을 미칠지도 모른다. 그렇다면 이러한 가치들이 회사를 제대로 뒷받침하고 있을까? 조직 문화를 브랜드 정체성과 전략적으로 연결하고 통합하는 데 실제로 도움이 될까? 만약 아니라면, 브랜드와 조직 문화를 통합하기 위해 어떤 가치를 조직 내에서 새롭게 장려해야 할까?

조직 문화와 브랜드를 효과적으로 연결하는 핵심 가치를 찾으려면, 먼저 브랜드가 어떤 유형에 속하는지 파악하는 것이 좋다. 브랜드의 유형을 알게 되면 이를 뒷받침하기 위해 필요한 조직의 핵심 가치를 더욱 명확히 정의할 수 있을 것이다.

브랜드 유형은 비슷한 전략적 접근이나 유사한 포지셔닝 방식으로 묶을 수 있는 브랜드들을 분류한 개념이다. 이는 '브랜드 아키타입 *brand archetypes*'과 다르다. 브랜드 아키타입은 인간의 주요 욕구에 의해 움직이는 인물로 표현한 브랜드 기법으로, 광고나 커뮤니케이션 전략에서 활용할 내러티브나 톤앤매너를 설정하는 데 유용하다. 하지만 여기서 말하는 브랜드 유형은 브랜드가 시장에서 어떻게 경쟁하고 자리 잡는지에 초점을 둔다. 예를 들어 애플과 나이키는 목표 고객, 제공하는 혜택, 브랜드 성격이 서로 다르지만 끊임없이 혁신적인 신제품을 내놓는다는 공통점 덕분에 둘 다 '혁신형 브랜드'

에 속한다. 마찬가지로 호텔 브랜드 리츠칼튼과 금융 서비스 회사 USAA 모두 탁월한 서비스를 안정적으로 제공하는 '서비스형 브랜드'로 묶을 수 있지만, 이들의 정체성과 경쟁 전략은 완전히 다른 모습을 보인다.

25년 이상에 걸쳐 크고 작은 규모, 국내외, B2C, B2B, 스타트업부터 오랜 역사를 지닌 기업까지 다양한 브랜드를 다루면서 내린 결론은 브랜드가 경쟁하고 자신을 자리매김하는 방식에 한정된 유형이 존재한다는 것이다. 아무리 각 브랜드의 정체성이 서로 다르다 해도, 결국 브랜드 유형은 아홉 가지 범주 안에 모두 포함될 수 있다.

① 파괴형 브랜드
기존 방식을 뒤집고 시장에 실질적인 변화를 불러일으킬 새로운 개념을 제안한다.

② 의식형 브랜드
긍정적인 사회 구축과 삶의 질 향상을 목표로 사명감을 갖고 움직인다.

③ 서비스형 브랜드
일관되게 우수한 고객 케어와 서비스를 제공한다.

④ 혁신형 브랜드
꾸준히 진보된 신제품과 혁신적인 기술을 선보인다.

⑤ 가치형 브랜드
기본적인 품질을 갖춘 제품이나 서비스를 낮은 가격에 제공한다.

⑥ 성능 지향형 브랜드

탁월한 성능과 안정성을 갖춘 제품이나 서비스를 내놓는다.

⑦ 럭셔리형 브랜드

높은 품질을 전제로 고가의 제품이나 서비스를 통해 가치를 전달한다.

⑧ 스타일형 브랜드

제품이나 서비스의 기능을 넘어, 디자인과 감성적 요소를 차별화 포인트로 삼는다.

⑨ 경험 중심형 브랜드

제품이나 서비스 자체보다 이를 통해 얻는 경험을 핵심 차별화 요소로 삼는다.

일부 브랜드 유형은 서로 겹치기도 하고, 어떤 특성은 사실상 모든 브랜드가 갖추거나 갖춰야 하는 요소이기도 하다. 예를 들어, 모든 브랜드가 고객에게 좋은 서비스를 제공해야 하는 것은 당연한 일이다. 하지만 '서비스형 브랜드'에 속하는 브랜드는 수준 높은 고객 케어와 서비스를 언제나 최우선으로 삼는다. 이 브랜드는 전략, 운영 방식, 그리고 고객에게 제시하는 가치까지 모두 뛰어난 서비스 경험을 중심으로 전개한다.

브랜드가 두세 가지 브랜드 유형에 모두 속하는 것처럼 느껴질 수 있지만, 그중 하나를 주축으로 삼는 일이 무엇보다 중요하다. 많은 기업이 자신들의 브랜드가 무엇을 대표하는지 결정하지 못한 채 서로 다른 전략적 접근을 지닌 브랜드 유형 사이에서 갈팡질팡하다 보면, 결국 브랜드 정체성이 흐릿하고 평범해질 수밖에 없다.

명확하고 차별화된 브랜드 정체성을 확립하려면, 우선 핵심이 될 브랜드 유형을 하나 선정하는 것부터 시작해야 한다. 이 브랜드 유형은 조직의 궁극적인 목적과 자연스럽게 어우러지고 내부적으로 깊은 공감대를 형성하며, 고객에게도 강렬한 영향을 줄 수 있어야 한다. 고객, 경쟁 상황, 기술 변화 같은 외부 요인에 따라 브랜드 유형이 변동될 수 있다. 하지만 대부분의 브랜드는 오랜 시간 하나의 브랜드 유형에 충실함으로써 브랜드 자산을 쌓는다. 아홉 가지 브랜드 유형은 그만큼 폭넓고 유연한 범주를 갖추었기 때문에 제품이나 서비스의 범위가 달라지거나, 새로운 고객층에 진출하거나, 시장·유통 채널·조직 형태를 확장해도 대개 같은 브랜드 유형 아래 머물 수 있다. 예를 들어 디즈니는 단순한 애니메이션 제작사를 넘어 다양한 영역으로 확장했지만, 여전히 '경험 중심형 브랜드'라는 기본 유형을 유지한다.

아홉 가지 브랜드 유형은 특정 브랜드의 고유한 정체성이나 시장에서의 정교한 포지셔닝을 제한하지 않는다. 예를 들어 '성능 지향형 브랜드'에 속하는 BMW, 페덱스, 아메리칸 익스프레스를 비교해 보면 이들은 목적, 사업 범위, 타깃 고객, 브랜드 개성 면에서 확연히 다르다. 세 브랜드 모두 우수한 성능과 안정성을 추구한다는 공통점이 있지만, 그 유사성은 거기서 끝난다. BMW는 탁월한 주행 경험을 강조하고, 페덱스는 믿을 수 있는 배송 서비스에 주력하며, 아메리칸 익스프레스는 세계적 수준의 신뢰받는 서비스 정체성을 기반으로 한다. 광고 톤앤매너에서도 BMW의 대담한 태도, 페덱스의 절제된 어조, 아메리칸 익스프레스의 세련된 분위기는 각각 완전히 다른 느낌을 전한다. 또 BMW와 아메리칸 익스프레스가 비교적 고급 고객층을 겨냥하는 반면, 페덱스는 주류 소비자와 다양한 기업을 주요 고객으로 삼는다.

아홉 가지 브랜드 유형은 두 가지 핵심 특성으로 구분할 수 있다. 첫 번째는 브랜드가 기준점으로 삼는 요소(참고 기준)이고, 두 번째는 브랜드가 주로 드러내는 톤과 방식(톤앤매너)이다. 각 브랜드 유형별로 어떤 기준점을 가졌고, 어떤 톤과 방식을 지니는지 살펴본 뒤 자신의 브랜드가 어디에 속하는지 고민해 보자. 참고로 몇 가지 예시 브랜드를 함께 제시했지만 본인 소유가 아닌 브랜드 유형을 판별하는 데는 어느 정도 주관적 판단이 개입될 수 있음을 염두에 두면 좋겠다.

    95쪽 표를 통해 아홉 가지 브랜드 유형을 살펴보자.

브랜드 유형	특성	기준점 (브랜드는 어떻게 행동하고 소통하는가)	톤앤매너 (브랜드는 어떻게 행동하고 소통하는가)	기업 예시
파괴형 브랜드	기존의 방식을 뒤집고, 시장에 실질적인 변화를 불러올 새로운 개념을 제안한다.	카테고리 리더 (시장 선도 브랜드)	반항적이고 자신감 넘치며 대담한 어조	- 버진 - 에어비앤비 - 닥터 페퍼
의식형 브랜드	긍정적인 사회적·환경적 영향력을 행사하거나 삶의 질을 개선하겠다는 사명을 지닌다.	더 높은 목적	영감을 주고, 사려 깊으며, 투명한 커뮤니케이션	- 세븐스 제너레이션 - 소울사이클 - 파타고니아
서비스형 브랜드	항상 높은 수준의 고객 케어와 서비스를 제공한다.	고객 니즈	겸손하고 예측 가능하며 친근한 어조	- 노드스트롬 - USAA - 리츠칼튼
혁신형 브랜드	꾸준히 진보적이고 획기적인 제품과 기술을 선보인다.	가능성	모험적이고 상상력이 풍부하며 진보적인 표현	- 애플 - 나이키 - 아마존
가치형 브랜드	기본 품질의 제품이나 서비스를 낮은 가격에 제공한다.	더 높은 가격대의 브랜드	소박하고 실용적이며 직설적인 어조	- 월마트 - 이케아 - 서브웨이
성능 지향형 브랜드	탁월한 성능과 신뢰성을 갖춘 제품을 만들어 낸다.	성능 표준	정확하고 유능하며 신뢰감 있는 표현	- BMW - 페덱스 - 아메리칸 익스프레스
럭셔리형 브랜드	높은 가격대에 걸맞은 고품질을 제공한다.	대중적 브랜드와의 대비	안목 있고 세련되며 화려한 분위기	- 티파니앤코 - 메르세데스-벤츠 - 에르메스
스타일형 브랜드	제품이나 서비스의 기능적 측면뿐만 아니라, 외형과 감성적 요소로 차별화를 이룬다.	기능적 브랜드	창의적이고 스타일리시하며 현대적인 느낌	- 타깃 코퍼레이션 - 제트블루 - 미니
경험 중심형 브랜드	제품이나 서비스 자체보다 제공하는 경험으로 차별화된다.	고객의 감정	신나는 분위기, 활기차고 상상력을 자극하는 표현	- 디즈니 - 아메리칸 걸 - 웨그먼스

두 가지 차원에서 달라지는 브랜드 유형

만약 자신의 브랜드가 어떤 핵심 브랜드 유형에 속하는지 결정하기 어렵다면, 다음 두 가지 차원을 고려해 보는 것이 선택지를 좁히는 데 도움이 될 것이다.

브랜드 유형은 변화를 바라보는 태도에 따라 달라진다. 일부 브랜드 유형은 변화를 적극적으로 받아들인다. '파괴형' '경험 중심형' '혁신형' 브랜드는 늘 새로운 무언가를 추구하고 미래를 지향한다. 반면 '스타일형' '서비스형' '가치형' 브랜드는 변화를 지양하고, 일관성을 유지함으로써 신뢰를 쌓아 나간다. '의식형' '럭셔리형' '성능 지향형' 브랜드는 이 둘 사이의 영역에 자리 잡는 경우가 많다.

브랜드 유형은 고객에게 어떤 가치를 제공하느냐에 따라서도 달라진다. 의식형 브랜드가 창출하는 가치는 특정 제품이나 서비스에 국한되지 않고 더 넓은 의미를 갖는 반면, 성능 지향형 브랜드는 매우 구체적이고 물질적인 가치를 제공한다. 대부분의 럭셔리형 브랜드가 제공하는 가치는 이 둘 사이 어딘가에 자리 잡는다. 97쪽 도식을 보고 자신의 브랜드가 어디에 가장 잘 어울리는지 생각해 보자.

브랜드 유형을 정할 때 가능한 한 객관적인 시각을 유지하는 것이 중요하다. 브랜드 정체성을 구축하는 과정에서

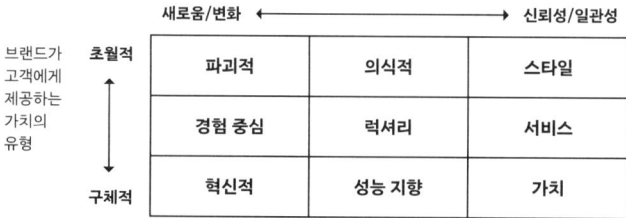

브랜드를 구분하는 변화와 가치 유형

고객이 브랜드를 어떻게 인식하는지는 실제 제품이나 서비스의 속성 못지않게 중요하기 때문이다. 예를 들어 조직 내부에서 혁신적이라고 생각하는 제품을 만든다 하더라도, 고객들이 이를 혁신적으로 받아들이지 않는다면 현재 브랜드를 혁신형 브랜드에 속한다고 보기 어렵다. 따라서 브랜드 유형을 결정할 때는 다른 리더들과 함께 논의하는 것을 추천한다. 또 최근에 고객 조사를 진행했다면, 그 결과를 참고하여 고객들이 브랜드를 어떻게 바라보는지 정확하게 파악해 보자.

이 과정을 거치다 보면, 현재 브랜드가 어떤 브랜드 유형에 속해 있지만 앞으로는 다른 유형으로 변화시키고 싶다는 생각이 들 수 있다. 이때 브랜드 변화를 위한 목표는 현실적이어야 한다. 예를 들어, 기본 품질을 낮은 가격에 제공하는 가치형 브랜드가 한 번에 고품질 고가의 럭셔리형 브랜드로 탈바꿈하기는 쉽지 않다. 하지만 합리적인 방향으로 브랜드 유형을 변화하고, 그에 맞춰 가치와 조직 문화를 조정해 나간다면 성공 가능성은 충분히 있다. 이 평가 과정의 다음 단계에서는 현재 혹은 목표로 하는 브랜드 유형을 가장 효과적으로 뒷받침하는 가치가 무엇인지 파악할 수 있는 방법을 제시한다.

필요한 가치를 결정하라

브랜드 유형마다 그 브랜드가 성장하기 위해 필요한 조직 문화가 다르다. 예를 들어, 혁신형 브랜드를 지향한다면 직원들이 시도하고 학습하는 실험정신을 갖출 수 있도록 문화가 뒷받침되어야 한다. 만약 스타일형 브랜드를 목표로 한다면 디자인적인 요소와 창의성을 조직 문화 전반에 스며들게 해야 한다.

현재 우리가 어떤 브랜드 유형에 속하는지 혹은 어떤 목표로 하는지를 알았다면, 다음 단계는 그 브랜드를 실현하기 위한 조직 문화를 파악하는 것이다. 하지만 브랜드 유형만큼 조직 문화를 명확히 구분하기는 쉽지 않다. 여러 연구 기관과 컨설팅 업체가 조직 문화를 분류할 수 있는 다양한 도구와 개념을 제안해 왔다. 이들 각각은 조직 문화의 공통된 동인이나 지표에 대한 통찰을 제공한다. 하지만 실제로 많은 변수가 조직 문화를 결정하기 때문에 어떤 식으로 분류를 시도하더라도 범주가 지나치게 넓어져 활용하기 어렵다. 게다가 대부분 이러한 접근법은 조직 내부 역학에만 초점을 맞추고, 브랜드 정체성이나 고객 니즈와 같은 외부 요소가 문화에 미치는 중요한 영향은 충분히 고려하지 않는다.

나는 문화 유형을 구분하는 대신 조직의 '가치'에 주목한다. 다양한 문화 유형을 분류하는 것보다 핵심 가치를 통해 문화를 정제하는 방식이 더 견고하고 간결하다. 통합된 목적과 더불어 핵심 가치는 문화의 초석이다. 조직이 무엇을 중요하게 여기고 직원들의 태도와 행동을 어떤 방향으로 이끌며, 세상에 어떻게 드러나고 운영되는지를 결정한다. 특정 브랜드 유형을 실현하기 위해 필요한 핵심 가치가 무엇인지 알게 되면, 그 가치를 중심으로 문화의 다른 요소들을 설계하고 강화할 수 있다. 즉, 원하는 문화를 형성하기 위한 출발점을 확보하게 되는 셈이다.

100쪽 표를 통해 원하는 문화를 뒷받침하는 핵심 가치를 찾아보자. 이 표에서 설명한 브랜드 유형 옆에는 그 브랜드가 성공적으로 성장하는 데 특히 도움이 될 가능성이 높은 각각의 핵심 가치가 세 가지씩 있다. 표를 보고 내가 속한 조직의 핵심 가치는 무엇일지 고민해 보자.

브랜드 유형	가장 중요한 조직 핵심 가치 (회사의 구성원들이 생각하고 행동하는 방식을 형성하는 가치)
파괴형 브랜드 기존의 방식을 뒤집고, 시장에 실질적인 변화를 불러올 새로운 개념을 제안한다.	- 경쟁 - 차별화 - 위험 감수
의식형 브랜드 긍정적인 사회적·환경적 영향력을 행사하거나 삶의 질을 개선하겠다는 사명을 지닌다.	- 목적성 - 높은 참여도 - 투명성
서비스형 브랜드 항상 높은 수준의 고객 케어와 서비스를 제공한다.	- 배려 - 겸손 - 공감
혁신형 브랜드 꾸준히 진보적이고 획기적인 제품과 기술을 선보인다.	- 창의성 - 실험정신 - 지속적 개선
가치형 브랜드 기본 품질의 제품이나 서비스를 낮은 가격에 제공한다.	- 접근성 - 공정성 - 실용성
성능 지향형 브랜드 탁월한 성능과 신뢰성을 갖춘 제품을 만들어 낸다.	- 성취 - 탁월함 - 일관성
럭셔리형 브랜드 높은 가격대에 걸맞은 고품질을 제공한다.	- 세련미 - 독보성 - 품격
스타일형 브랜드 제품이나 서비스의 기능적 측면뿐만 아니라, 외형과 감성적 요소로 차별화를 이룬다.	- 디자인 - 안목 - 창의성
경험 중심형 브랜드 제품이나 서비스 자체보다 제공하는 경험으로 차별화된다.	- 오락성 - 즐거움 - 독창성

브랜드 유형에 맞는 가치가 무엇인지 파악했다면, 이제 조직 안에 이미 존재하는 가치들이 이들과 얼마나 일치하는지 확인해야 한다.

이를 위해 우선 현재 실제로 작동하고 있는 문화, 즉 조직 내에서 매일 작용하는 핵심 가치를 평가해야 한다. 이때 회사의 핵심 가치와 목표를 명확하게 제시하는 '미션 스테이트먼트 mission statement'에 명시된 가치가 아니라 현장에서 실제로 드러나는 가치를 살펴보는 것이 중요하다.

나는 고객사와 함께 조직 문화를 개선할 때 우선 '조직 문화 진단 culture audit'를 실시한다. 이 과정에서 인류학적 연구 방법을 활용해 사무실 곳곳을 돌아다니며 눈에 보이고 귀에 들리는 모든 것을 주의 깊게 관찰한다. 우선 사람들이 서로, 그리고 주변 환경과 어떻게 소통하는지 지켜본 후 비즈니스 전반에서 나온 각종 자료를 수집한다. 그다음 기호학(기호와 상징을 분석하는 학문)을 적용해 숨겨진 의미를 분석한 뒤 직원들과 대화를 나누며 그들이 인식하는 문화를 파악한다.

조직 문화 진단은 다양한 직무를 담당하는 팀원들과 객관적인 관점을 제시할 외부 인원이 함께 참여하는 것이 가장 효과적이다. 이러한 접근 방식은 진단 과정의 객관성과 철저함을 보장한다. 만약 자원을 확보하기 어렵거나 준비하는 동안 어느 정도 진전을 이루고 싶다면, 다음과 같은 요소들을 점검하며 비공식적인 조직 문화 진단을 진행할 수도 있다.

커뮤니케이션

조직이 직원, 이해관계자, 고객 등과 언제, 어디서, 왜, 어떻게 소통하는지 그 문화와 가치를 분명히 드러낸다. 예를 들어, CEO가 직접 손 글씨 감사 카드를 보내는 문화는 개인적이고 다소 비공식적인 분위기를 암시한다. 반면 매주 열리는 전 직원 온라인 회의는 기술 활용에 능숙하고 민주적인 문화를 보여 준다. 창립 당시의 이야기나 사내에서 자주 회자되는 전설, 고객 관련 에피소드도 조직의 가치를 엿볼 수 있는 단서다. 예를 들어 한 직원이 고객 만족을 위해 특별히 노력한 사례를 종종 언급한다면, 그 회사는 서비스 지향적인 문화를 갖췄다고 볼 수 있다.

보상, 복지, 퇴직 제도

직원들에게 어떤 방식으로 급여를 지급하고 보상하는지 살펴보면, 회사가 개인 성과를 팀이나 회사 성과보다 더 중시하는지, 결과보다 노력을, 근속 기간보다 능력이나 성과를 더 중요하게 여기는지 등을 파악할 수 있다.

사무실 위치, 건축 양식, 디자인, 레이아웃

회사들이 자신이 자리 잡은 지역(실리콘밸리의 기술 기업, 뉴욕의 금융사 등)과 정체성을 연결하는 경우가 많다. 미국 본사를 디트로이트가 아닌 다른 도시에 두는 자동차 회사라면, 그것만으로도 기존 관행에 얽매이지 않는 파격적이고 도전적인 정체성과 문화를 암시할 수 있다. 건물의 건축 양식이나 실내 디자인도 회사의 개성을 드러낸다(예: 현대적 vs. 고전적, 화려함 vs. 절제). 사무실 레이아웃은 직원들이 협력하는 방식을 반영한다. 많은 기술 스타트업이 개방형 사무실 구조를 채택하는 것은 그들의 조직 문화가 개방적이고 협력적임을 보여 준다.

리추얼과 관행

조직 내 리추얼과 관행은 연례 시상식, 주간 회의 등 정기적으로 이루어지는 행사나 활동을 의미한다. 언제, 어떤 방식으로 상을 주고, 어떤 이정표를 기념하며 전통을 이어 가는지를 보면 회사가 무엇을 가치 있게 여기는지를 알 수 있다. 예를 들어, 가족 중심 문화를 자랑하는 조직이라면 직원의 근속 기념일에 파티를 열거나, 직원 가족들을 야유회나 휴일 행사에 초대할 것이다. 반면, 건강한 경쟁을 장려하는 조직이라면 매년 영업 대회를 열어 영업사원들이 서로 성과를 겨루도록 할 수 있다.

상징물

조직이 만들어 내거나 유지하고 배포하는 각종 물품(상장, 기념품, 사진, 기기 등)은 그 조직 문화에서 어떤 요소를 중요하게 여기는지를 상징적으로 보여 준다.

이처럼 조직 문화 진단을 통해 얻은 통찰을 바탕으로 현재 자신의 조직에 뿌리내린 핵심 가치를 찾아보자. 이 목록은 넓은 범주의 일반적 가치를 담고 있어, 앞 장에서 언급했듯 각 기업은 고유한 가치를 갖추거나 최소한 독특한 방식으로 표현할 필요가 있다. 가치의 가능성이 무궁무진한 만큼 더 세밀하고 정교한 목록을 제시하기 어렵다. 여기서는 이 목록을 출발점 삼아 조직에 특화된 가치를 이 범용적 가치들 가운데서 찾아내기를 바란다.

105쪽 표는 스물일곱 가지 조직 핵심 가치의 일반적인 예시이다. 각각의 가치는 조직 내에서 어떤 태도와 행동이 강조되는지를 보여 준다. 이 목록은 출발점일 뿐이며, 실제로는 각 조직만의 고유한 가치나 독특한 표현 방식이 존재할 수 있다. 여러 가치가 동시에 드러날 수 있지만, 조직이 가장 강하게 실천하는 세 가지 가치를 추려 내는 데 집중해 보자.

브랜드 유형을 다룰 때와 마찬가지로, 조직 내에서 드러나는 가치가 많더라도 조직이 어떤 가치를 얼마나 강하게 실천하는지를 따져 보고, 가장 두드러지고 영향력 있는 세 가지 가치를 추려 내는 데 집중하자. 조직 문화가 특별히 두드러지지 않거나 너무 부정적이어서 지금 당장 이 목록에서 어떤 가치도 발견하기 어렵다면 걱정할 필요 없다. 그런 상황이라면 이번 연습은 건너뛰어도 괜찮다. 이미 앞서 가장 중요한 준비 단계, 즉 구축하려는 브랜드 유형을 명확히 파악하고 그 브랜드를 실현하는 데 필요한 핵심 가치를 알아냈기 때문이다.

구분	조직 핵심 가치의 예시
접근성	직급이나 역할에 상관없이 누구나 이해하기 쉽고 편하게 소통할 수 있는 환경을 만든다.
성취	노력, 용기, 역량을 바탕으로 목표를 달성하는 데 집중한다.
배려	구성원들이 서로에게 일관된 친절과 관심을 기울인다.
경쟁	다른 이들보다 앞서거나 더 큰 성공을 거두기 위해 노력한다.
일관성	한결같은 원칙과 방식으로 변함없이 운영한다.
지속적 개선	제품, 서비스, 프로세스를 끊임없이 발전시키려 한다.
창의성	상상력과 새로운 아이디어를 적극적으로 활용한다.
디자인	모든 활동과 산출물에 있어 외형, 스타일, 패션을 중시한다.
안목	예리한 판단력과 신중한 분별력을 발휘한다.
독보성	경쟁사와 명확하게 다른 브랜드 정체성을 형성한다.
공감	직원과 고객을 비롯한 타인의 입장에서 생각하고 이해한다.
즐거움	즐거움을 찾고, 기쁨을 느낄 수 있는 경험을 적극적으로 만들어 간다.
오락성	재미와 축하 분위기를 강조하고 활기찬 조직 문화를 조성한다.
탁월함	최고 기준에 맞추거나 그 이상을 추구하며 뛰어난 성과를 낸다.
실험정신	새로운 시도와 접근을 장려하고, 실패 가능성을 받아들인다.
공정성	치우침 없이 공평하게 행동하고 의사 결정을 내린다.
높은 참여도	분명한 목적에 강한 헌신과 열정을 보여 준다.
겸손	자기 중요성을 과도하게 여기지 않고 낮은 자세를 유지한다.
창의성	상상력을 동원해 새로운 것을 만들어 내는 데 주저하지 않는다.
독창성	독립적 사고, 창의적 관점, 신선한 아이디어를 존중하고 장려한다.
실용성	현실적이고 합리적인 시각으로 가장 실용적인 해법을 추구한다.

목적성	명확한 의도를 갖고 목표를 달성하기 위해 꾸준히 나아간다.
위험 감수	목표를 위해 위험을 무릅쓰고 도전하는 자세를 갖춘다.
세련미	사회적·미적 기준을 토대로 품격 있고 정교한 선택과 행동을 추구한다.
차별화	눈에 띄는 독특한 가치를 강조해 경쟁자와 뚜렷이 구분된다.
품격	사람이나 사물의 사회적 지위를 중요하게 여기고 가치 있게 다룬다.
투명성	모든 업무를 개방적이고 정직하게 진행한다.

이 중 조직 내에 뿌리내린 핵심 가치 세 가지를 골랐다면 100쪽 표를 참조해 이들이 해당 브랜드 유형의 주요 가치 세 가지와 얼마나 일치하는지 비교해 보자. 예를 들어 조직 가치가 탁월함, 디자인, 창의성이라고 가정할 경우 100쪽 표를 보면 탁월함은 성능 지향형 브랜드와 관련되고, 디자인과 창의성은 스타일형 브랜드와 연관됨을 알 수 있다.

기존 가치와 현재 또는 목표로 하는 브랜드 유형에 필요한 가치가 얼마나 다른지를 살펴보면, 조직이 지향하는 문화, 즉 브랜드 정체성을 제대로 뒷받침하고 성장시키는 데 필요한 조직 문화와 얼마나 거리가 있는지 알 수 있다.

예컨대, 브랜드 유형이 성능 지향형 브랜드라고 가정해 보자. 100쪽 표를 확인하면 이 유형을 받쳐 주는 핵심 가치는 성취, 탁월함, 일관성이다. 그런데 조직 문화 진단을 통해 확인한 결과, 조직에서는 탁월함을 중요한 가치로 삼지만 나머지 두 가지 중요한 가치는 오히려 스타일 브랜드 유형과 더 잘 맞는다는 사실이 드러났을 수 있다. 그렇다면 현재 조직 문화와 브랜드 유형 간에 분명한 불일치가 있음을 알 수 있다. 이러한 경우 성능 지향 브랜드를 제대로 성장시키려면 조직 문화 속에서 성취와 일관성이라는 가치를 적극적으로 육성하고 강화해야 한다.

원하는 조직 문화를 뒷받침할 핵심 가치가 무엇인지, 이 가치들이 이미 조직에 존재하는지 아니면 새롭게 형성해야 하는지 알게 되었다면, 다음 단계는 이 가치를 조직만의 것으로 만드는 일이다. 세 가지 핵심 가치는 어디까지나 출발점일 뿐이다. 앞서 1장에서 설명했듯이 해당 가치를 조직 현실에 맞게 구체화하고 독특한 표현 방식으로 정의하며, 조직 안에서 어떤 의미를 갖는지 명확히 한 뒤 구체적인 행동으로 연결해 보자. 이렇게 하면 조직만의 고유한 핵심 가치를 갖출 수 있다.

브랜드와 조직 문화 융합 상태 평가하기

목표로 하는 핵심 가치의 유형을 파악했다면, 현재 조직 문화와 브랜드가 잘 조화되고 통합되었는지 점검할 차례다. 얼마나 많은 노력이 필요한지, 그리고 가장 큰 괴리가 어디에 있는지를 진단해야 조직 문화 형성의 초점을 어디에 맞출지 알 수 있다.

브랜드와 조직 문화의 융합 상태를 제대로 파악하려면, 비즈니스 구루인 스티븐 코비가 조언한 대로 "끝을 염두에 두고 시작"하는 것이 중요하다. 조직이 브랜드와 문화 융합에 성공했을 때 어떤 모습인지 이해하면, 현재 조직에 융합이 부족한 부분이 어디인지 그리고 어떻게 개선해야 할지 명확해진다.

브랜드와 조직 문화가 완벽하게 어우러지면, 그 조화는 크게 네 가지 핵심 영역에서 뚜렷하게 드러난다.

- 목적과 가치의 통합
- 직원 경험과 고객 경험의 일체화
- 내부 브랜드 정렬
- 직원들의 브랜드 참여 수준

각 영역을 살펴볼 때 각각의 지표가 조직 내에서 실제로 드러나고 있는지 생각해 보자. 가능하다면 다양한 부서에 속한 리더와 직원을 초대해 이 과정에 참여시키고, 그들이 바라보는 관점과 경험을 반영하는 것도 좋다.

목적과 가치의 통합

목적과 가치의 통합은 회사의 통합된 목적과 핵심 가치가 비즈니스와 조직 운영 전반에 얼마나 깊이 녹아 있는지를 의미한다. 다음은 목적과 가치의 통합 상태가 선명하게 드러나는 대표적인 지표들이다.

- 회사의 단일 통합 목적이 비즈니스적 야망과 브랜드 목표를 하나로 연결한다.
- 내부 문화와 원하는 브랜드 이미지를 하나의 핵심 가치 세트로 표현한다.
- 목적과 가치가 실제 운영 방식에 실질적인 영향을 미친다.
- 대부분의 직원이 회사가 무엇을 추구하는지, 왜 존재하는지, 어떤 가치를 중요시하는지를 명확히 이해한다.
- 회사가 표방하는 가치와 직원들이 매일 실천하는 가치 사이의 차이가

매우 작다.
- 리더들은 대개 회사의 목적과 핵심 가치에 부합하는 방식으로 행동하고 의사 결정을 내리며, 커뮤니케이션한다.
- 구성원들은 채용, 교육, 평가 시 목적과 핵심 가치를 기준으로 삼는다.
- 공급망, 제품 개발, 인력 관리 등 운영 프로세스가 목적과 가치에 맞춰 설계되고 실행된다.
- 조직 구조(부서 구성, 계층, 역할)가 목적과 가치를 반영한 업무 방식과 성과를 지원한다.
- 고객들이 회사를 바라보는 시각이 실제 조직 모습과 일치한다. 즉, 브랜드 이미지는 실제 조직 문화와 어긋나지 않는다.
- 회사는 목적과 가치를 브랜드 차별화 요소로 삼아 경쟁사와 구별되거나 고객에게 특별한 가치를 제공한다.

만약 목적과 가치 통합이 부족하다고 느껴진다면, 1장을 다시 살펴보며 하나의 통합된 목적과 핵심 가치를 개발하고 실천하는 방법을 돌아보는 것이 좋다.

직원 경험과 고객 경험의 통합

다음으로 살펴볼 영역은 직원 경험과 고객 경험이 얼마나 잘 일치하고 통합되는지다. 브랜드와 조직 문화가 상호 보완적으로 작용하면 조직에 근무하는 동안 직원들이 채용, 교육, 업무 환경, 업무 관련 도구와 정보 등에 이르는 모든 과정에서 경험하는 것과 고객들이 브랜드를 경험하는 방식 사이에 긴밀한 연결이 생긴다. 즉, 직원에게 기대하는 고객 대우 방식을 실제로 직원에게도 적용한다는 뜻이다. 이러한 통합을 보여 주는 지표는 다음과 같다.

- 관리자가 직원들을 대하는 방식과 직원들이 고객을 대할 때 보여 줘야 하는 태도 사이에 일관성이 유지된다.
- 원하는 고객 경험을 설계하는 원칙을 직원 경험 설계에도 똑같이 적용한다.
- 조직을 설계하고 운영할 때 협업과 공동 책임을 활성화해, 탁월한 고객 경험을 구현하고 전달하는 데 필요한 환경을 조성한다.
- 직원 경험에 중요한 영향을 미치는 물리적 업무 환경이 브랜드의 특성을 잘 반영한다.
- 회사는 리추얼, 관행, 상징 요소를 통해 통합된 목적과 핵심 가치를 구현하고, 이를 통해 직원들의 참여를 유도한다.

만약 지금의 조직 문화가 회사가 기대하는 고객 경험을 이끌어 내지 못한다면, 뒤에 나올 5장을 참고하자. 5장은 선도적인 기업들이 어떻게 직원 경험과 고객 경험을 유기적으로 결합해 탁월한 고객 경험을 제공하는지 살펴보고, 조직 내에서 직원 경험과 고객 경험 통합을 실현하는 방법을 제안한다.

내부 브랜드 정렬

내부 브랜드 정렬은 브랜드와 관련된 사안에 대해 조직 내 사람들이 서로 얼마나 일치된 관점을 갖는지를 나타낸다. 조직 문화가 브랜드와 완전히 일치하기 위해서는 모든 구성원이 브랜드 정체성에 대해 공통된 이해를 공유해야 한다. 이 정렬은 다음 두 가지 방식으로 조직 문화에 드러난다.

① 조직 내 모든 구성원에게 브랜드 정체성과 포지셔닝이 명확하게 전달된다.
② 조직의 주요 이해관계자들이 무엇이 '브랜드에 부합하는지'와 '부합하지 않는지'를 일관되게 합의한다.

조직이 이 두 가지 중 하나라도 부족하다면, 뒤에 나올 7장을 참고하자. 우선 이번 장에서는 내부 브랜드 정렬을 강화할 수 있는 다양한 경험과 도구의 사례를 소개하고, 이를 효과적으로 개발하는 방법을 자세히 설명한다.

브랜드 내재화는 직원들이 조직의 브랜드와 얼마나 잘 연결되고 적극적으로 참여하는지를 나타낸다. 브랜드와 조직 문화가 일치하지 않고 통합되지 않은 상태는 조직 내 참여 부족의 주요 원인 중 하나다. 조직의 전반적인 문화와 마찬가지로, 직원 참여도 단순히 일반적인 방식으로 접근해서는 충분하지 않다. 만약 직원 참여의 목적이 단지 직원들이 자신의 역할에서 가치와 만족을 느끼게 하는 것에 그친다면 직원들이 업무를 더 잘 수행할 수 있겠지만, 조직의 목적을 실현하거나 핵심 가치를 실천하며 고객 경험을 창출하는 데 필요한 구체적인 행동으로 이어지지 않을 수 있다.

직원들이 브랜드와 명확히 연결되면 그들은 조직이 기대하는 구체적인 결과를 만들기 위해 깊이 생각하고 행동하게 된다. 일반적인 직원 참여는 관리자와 동료와의 관계, 업무에 대한 관점, 그리고 업무 활동에 참여하는 방식에서 나타난다. 그러나 브랜드 내재화는 아래 세 가지 브랜드 중심의 방식으로 드러난다.

① 브랜드에 대한 개인적·감정적 참여

- 직원들의 개인적 가치와 회사의 핵심 가치가 잘 부합한다.
- 직원들이 브랜드 홍보 대사처럼 행동하며, 친구와 가족, 지역 사회에 긍정적인 정보를 공유하고 추천한다.
- 직원들은 회사가 약속한 브랜드 가치를 실제로 실현한다고 믿는다.
- 직원들은 회사와 브랜드에 감정적으로 연결되었다고 느낀다.
- 조직의 통합된 목적이 직원들에게 자신의 업무가 중요하다는 의미를 부여한다.
- 직원들은 경쟁사가 아닌 현재 회사에서 일하기를 선호한다.

② 일상적 브랜드 참여

- 리더들은 마케팅 부서만이 아니라 모든 직원이 브랜드 구축에 기여해야 한다고 기대한다.
- 직원들은 경쟁사 대비 시장에서 브랜드가 어떻게 인식되는지, 관련 데이터와 도구를 적절히 활용할 수 있다.
- 직원들은 단기적 성과보다 회사 브랜드에 장기적으로 이로운 선택을 우선한다.
- 직원들은 매일, 모든 접점에서 브랜드를 키우고 강화할 책임이 자신들에게 있다고 믿는다.

③ 브랜드 전략에 대한 참여

- 직원들은 회사 내에서 맡은 역할과 그것이 브랜드 성공에

어떻게 기여하는지 분명히 이해한다.
- 직원들은 고객 관점에서 회사 브랜드가 왜, 어떻게 특별한지 이해한다.
- 직원들은 회사의 타깃 고객군이 누구인지, 그리고 그들이 주로 원하는 것과 필요로 하는 것이 무엇인지 명확히 안다.
- 직원들은 브랜드 약속을 실현하기 위해 필요한 역량과 자원을 갖추었다.
- 직원들은 브랜드 약속을 고객에게 지키도록 적극적으로 권한을 부여받았다고 느낀다.
- 직원들은—직접 고객을 상대하지 않는 경우라도—훌륭한 고객 경험을 만드는 데 자신이 어떻게 기여하는지 안다.
- 직원들은 고객과의 지속적인 유대 관계를 형성하는 데 도움이 되는 행동을 일관되게 보여 준다.

무엇보다 브랜드와 조직 문화가 정렬되는 이 영역에서는 직원들의 관점을 평가에 반영해 현재 브랜드 내재화 수준을 정확히 파악하는 것이 중요하다. 만약 이미 직원 참여도 조사를 실시했다면, 그 조사에 이러한 브랜드 특화 참여 항목을 포함하는 방안을 고려해 보자. 만약 그렇지 않다면 5장에서 소개할 다양한 조사 기법을 활용해 직원들의 인식과 생각을 수집할 수 있다. 이를 통해 위와 같은 이슈뿐만 아니라 다른 중요한 주제에 대해서도 직원들의 통찰을 얻을 수 있다.

만약 조사 결과 브랜드 내재화가 기대만큼 높지 않다고 드러났다면, 이 책의 2장 전반에서 관련 통찰과 실행 단계를 찾아볼 수 있다. 특히 7장에서는 브랜드 내재화를 이끌어 내고 원하는 조직 문화를 키우기 위한 경험, 커뮤니케이션 전략, 브랜드 툴킷을 만드는 방법을 자세히 다루니 필요하다면 집중해서 살펴보기를 바란다.

아울러 통합 영역을 살펴보면서 조직 문화와 브랜드가 기대했던 만큼 긴밀하게 통합·정렬되지 않았다고 느꼈다면, 이는 결코 혼자만의 문제가 아니다. 이 책이 출간되기 전 250여 명의 비즈니스 리더들이 온라인 평가 도구를 사전 테스트했고, 이들은 브랜드-조직 문화 융합의 네 가지 영역 각각에 대해 조직 상황을 평가했다. 그런데 대부분의 기업이 모든 영역에서 강력한 브랜드-조직 문화 융합을 이루고 있다고 답한 경우는 극히 드물었다. 예를 들어 B2C 조직이 B2B 기업보다 브랜드 내재화가 상대적으로 더 높다는 긍정적인 사례도 있었지만, 대체로 각 영역의 주요 지표들은 절반 정도나 그 이하의 응답자들만이 호의적으로 평가했다.

네 가지 영역에서 조직의 브랜드-조직 문화 정렬과 통합 상태를 진단했다면, 앞으로는 브랜드-조직 문화 융합의 남은 여정을 안내할 로드맵과 도구, 그리고 접근법을 제시하려고 한다. 조직에서 가장 크게 괴리가 드러난 통합 영역이 어디인지 파악했다면, 그에 해당하는 장을 중점적으로 참고하며 2장을 읽어 나가기를 바란다.

나만의 고유함을 포착하라

이번 장에서는 원하는 조직 문화를 구축하기 위해 브랜드 목표를 가장 잘 뒷받침해 줄 핵심 가치를 찾아봤다. 현재 문화를 원하는 모습으로 바꾸기 전에 한 가지를 재차 강조하고 싶다. 옳거나 그른 단 하나의 문화만 존재하는 것이 아니다. 회사에 가장 잘 맞는 브랜드 유형의 추천 가치만 골라서 적용하는 것으로 그치고 싶을 수 있지만, 결국 중요한 것은 회사만의 독특하고 강력한 사내 문화를 만들어 줄 구체적인 핵심 가치들을 모두 찾아내고 구체화하는 것이라는 점이다.

예를 들어 아마존은 혁신형 브랜드 유형에 속해 창의성, 실험정신, 지속적 개선과 같은 보편적 가치를 공유한다. 하지만 아마존은 이를 '발명하고 단순화하라' '배우고 호기심을 가져라'와 같은 독특한 핵심 가치로 구체화해 직원들에게 혁신을 실천하는 아마존만의 방식을 요구한다. 또 아마존이 내세우는 다른 핵심 가치들도 조직 전체가 혁신을 이루는 방식에 고유한 색깔을 부여한다. 예를 들어 '결과에 책임져라'라는 가치를 가졌다면, 직원들에게는 '소유자이자 리더로서, 주

말에 잠깐 빌린 차가 아니라 내 차를 모는 것처럼 사업을 이끌라'라는 메시지가 전해지는 것이다. 이는 과거 아마존 임원이었던 존 로스먼의 설명이며, 이 핵심 가치는 아마존의 독특한 혁신 브랜드를 뒷받침할 뿐 아니라 다른 회사와 차별화되는 아마존만의 조직 문화를 만든다.

이처럼 아마존의 조직 문화가 아마존 브랜드만큼 독특하듯, 조직 문화는 브랜드를 따라가야 한다. 사내 문화가 따뜻하든 경쟁적이든, 배려 중심이든 분석 중심이든 그것은 문제가 되지 않는다. 브랜드 유형에 정해진 정답이 없는 것처럼 조직 문화도 마찬가지다. 컴퓨팅 서비스 기업 세일즈포스는 '영감을 주는' 조직 문화로, 사우스웨스트 항공은 '즐거움을 추구하는' 문화로, 스타벅스는 '진정성을 강조하는' 문화로 알려졌다. 이 세 회사는 각각의 분야에서 선도적인 위치를 차지하며, 그 배경에는 독특한 통합된 목적과 특징적인 핵심 가치, 그리고 이를 견고히 함께 만든 차별화된 브랜드가 있었다.

이들의 사례에서 알 수 있듯이 우리의 목표는 원하는 브랜드 정체성을 실현하는 데 필요한 문화적 요소들을 정확히 찾아내고, 이를 의도적으로 육성하는 것이다. 이번 장에서는 이를 가능하게 할 토대를 마련했다. 다음 장에서는 브랜드-조직 문화 융합의 기초 요소, 리더십을 다룰 예정이다.

핵심 내용 요약

- 아홉 가지 브랜드 유형이 있으며, 각각 필요한 조직 핵심 가치가 다르다.
- 원하는 브랜드 유형과 해당되는 가치를 확인해, 브랜드와 완전히 정렬되고 통합된 원하는 조직 문화를 설정해야 한다.
- 성공적인 브랜드-조직 문화 융합은 다음 네 가지 영역에서 드러난다.

    ① 목적과 가치의 통합

    ② 직원 경험과 고객 경험의 통합

    ③ 내부 브랜드 정렬

    ④ 브랜드 내재화

- 브랜드 내재화는 세 가지 브랜드 특화 방식으로 나타난다.

    ① 브랜드에 대한 감정적·개인적 참여

    ② 일상적인 브랜드 참여

    ③ 브랜드 전략에 대한 참여

CHAPTER 3

변화를
이끌어라

이번 장의 핵심 내용

- 브랜드-조직 문화 융합을 촉진하고 발전시키기 위해 리더는 어떻게 커뮤니케이션하고 행동하는가
- 특정 직원 그룹이 브랜드와 조직 문화를 통합하려는 노력을 어떻게 가로막을 수 있는가
- 채용과 해고와 관련된 결정이 핵심 가치를 실천하는 데 있어 왜 가장 중요하고 가시적인 수단이 되는가

미국에서 가장 오래된 자동차 회사 중 하나인 포드 모터 컴퍼니가 2008년 글로벌 금융 위기에서 살아남아 역사적인 회생을 이뤄 낸 이야기는, 미국 기업 역사에서 손꼽히는 성공적인 기업 회생 사례로 꼽힌다. 포드는 회복에 그치지 않고, 미국 자동차 회사로서는 불가능해 보였던 수준의 성장과 성공을 이뤄 냈다.

2008년 글로벌 금융 위기는 치솟는 유가와 금융업계의 붕괴로 인해 미국 자동차 업계에 80년 만에 맞이한 최악의 위기를 몰고 왔다. 포드의 주가는 2000년에 주당 57달러를 기록했던 것에서 1달러까지 추락했고, 2008년에는 146억 달러의 손실을 기록했다. 하지만 단 3년 뒤, 포드는 연간 66억 달러의 이익을 내며 세계에서 가장 수익성 높은 자동차 회사가 되었다. 주가는 주당 12~14달러 선으로 회복됐고 미국 시

장 점유율은 3년 연속 증가했으며, 이전에 포드를 밀어내고 미국 2위 자리를 차지했던 토요타 자동차의 판매량도 다시 앞질렀다. 무엇보다 주목할 점은 제너럴 모터스와 크라이슬러가 정부 구제 금융에 의존해 살아남았던 것과 달리, 포드는 정부의 구제 금융 없이 스스로 이 놀라운 회복을 이루어 냈다는 사실이다.

그렇다면 회사가 파산 직전까지 몰렸던 상황에서 포드를 회생시킨 주인공은 누구일까? 항공기 제작 회사 보잉 출신의 앨런 멀러리다. 포드는 그를 영입해 회사를 구해 내도록 했다. 멀러리는 자동차 업계 거인을 이끌며 업계 최고 수준의 제품을 개발하고, 기술·소비자 전자 기업과의 협력 관계를 구축했다. 그는 토러스 브랜드를 부활시켰고, 전 세계 사업을 하나의 단일 비즈니스 유닛으로 통합했으며, 정부 구제 금융도 받지 않기로 결정했다. 그러나 그의 수많은 선택 중에서도 회사의 내부 문화를 바꾸어 브랜드를 되살린, 이른바 '브랜드로부터 영감받은 조직 문화 혁신'을 이끈 것이 가장 결정적인 변곡점이었다.

멀러리가 포드에 부임했을 때 그는 회사 내부에 만연한 부정적 문화를 가장 먼저 해체하려고 했다. 기자이자 작가인 브라이스 호프먼은 저서 『아메리칸 아이콘 *American Icon*』에서 포드 내부에 투명성이 결여되고 각 사업부가 분열되었으며, 임원들이 자기방어에만 급급한 문화를 지적했다. 회의는 서로 상대방의 약점을 찾아내려는 전쟁터를 방불케 했다고 한다.

이처럼 내부 상황이 엉망이었으니, 포드가 고전할 수밖에 없었다. 정치 싸움과 영역 다툼에 매달린 리더들 아래에서, 포드는 생기가 없고 방향성도 희미해졌다. 연비를 중시하는 고객에게 내놓을 만한 차량 라인업을 갖추지 못했고, 지역별로 서로 다른 자동차 구성에 집중하면서 세계 시장에서 브랜드 정체성이 더더욱 희석되었다.

멀러리는 이러한 혼란을 정면으로 돌파하며, 회사 전체가 한 가지 명확한 비전을 공유하도록 만드는 '원 포드 *one ford*'를 최우선 과제로 삼았다. 《포춘》의 보도에 따르면, 멀러리가 말하는 원 포드란 "포드다운 것을 결정짓는 핵심 요소들이 무엇인지 분명히 규정하고, 이를 바탕으로 세계 시장에서 훌륭한 자동차를 만들어 내는 하나의 팀으로 협력한다"는 뜻이다.

원 포드의 근간은 포드 창립자 헨리 포드가 회사를 세울 당시 품었던 '대중을 위한 자동차를 만든다'는 초기 목적에 있었다. 멀러리는 회사를 둘러보던 중 88년 전 광고에 쓰인 그림에서 영감을 얻었다. 이 그림은 잡지사 《더 새터데이 이브닝 포스트 *The Saturday Evening Post*》에 실린 광고이다. 초원 위에서 멀리 보이는 도로와 포드 공장을 바라보는 중산층 젊은 가족 모습을 친근하게 묘사하는 것으로 유명했던 노먼 록웰 풍으로 그려 냈다. 멀러리는 이 그림을 본 순간, '헨리 포드의 원대한 비전을 지금의 포드를 이끌어 갈 비전으로 삼을 수 있겠다'고 직감했다. 그는 한 잡지사와의 인터뷰에서 이 비전이 모든 사람(직원, 공급업체, 포드가 영업하는 지역 사회의 이해관계자)이 "포드가 무엇을 의미하는지 이해하고, 모두가 흥미롭고 지속 가능하며 수익성 있고 성장하는 회사를 만드는 데 한마음으로 나아가도록 할 수 있다고 믿었다"고 밝혔다. 멀러리는 이 비전으로 전 세계에 "최고 수준의 품질을 가진 자동차 라인업을 갖추고, 이를 통해 모든 사람을 만족시키는 완벽한 가족 차를 제공하는 기업"으로서 포드를 다시 자리 잡게 했다고 설명했다.

멀러리는 원 포드를 통해 포드의 목적과 가치를 조직 중심에 두고 회사의 인력, 계획, 운영, 제품을 하나로 묶어 자동차 업계 리더십을 회복했다. 그는 주간 비즈니스 성과 리뷰 미팅을 도입해, 회사 임원들에게 이전과는 다른 수준의 엄격하고 면밀한 분석을 요구했다. 처음에는 임원들이 그의 요구 사항에 반감을 갖고 변화를 거부했지만, 시간이 흐르면서 그가 강조하는 투명성이 회사의 비즈니스와 브랜드 목표를 달성하기 위해 모두를 하나로 단결시키는 효과적인 방법임을 깨닫게 되었다. 임원들은 멀러리가 요구하는 헌신이 결국 멀러리 자신이 아니라 '엄청난 잠재력을 지닌 포드 브랜드'를 위해 필요한 것이라는 사실을 깨달았다고 한다.

또 그는 당시 포드 글로벌 제품 총괄을 담당했던 데릭

쿠잭이 말한 대로 포드의 'DNA'를 정의하는 작업을 추진했다. 이 DNA는 품질, 혁신, 스타일을 담아낼 수 있는 유전자인데, 《포춘》에 따르면 포드 임원들은 최첨단 전자키의 알림음부터 문 닫히는 소리까지 삼백 가지가 넘는 요소를 꼽아 브랜드 차량의 개성을 규정했다고 한다. 이렇게 공통된 설계 언어를 확립하면 전 세계 시장에서 판매할 단일 제품 라인업을 만들기도 수월해지고, 결과적으로 포드 브랜드 강화에도 기여한다. 멀러리는 전 세계 어디서든 '포드 차량이 보이는 순간, 강렬하고 직관적인 감정적 반응을 불러일으키는' 그러한 브랜드가 되기를 바랐다.

이와 동시에 멀러리는 이전에 크게 훼손됐던 정직성과 책임을 다시 세우는 데도 집중했다. 그는 임원진이 이 가치를 진정성 있게 받아들이고 실천하면, 조직의 다른 구성원들도 자연스럽게 뒤따를 것이라고 믿었다. 그렇게 되면 회사 전체가 이전처럼 파벌 싸움에 시간을 빼앗기지 않고, 운영 효율화를 추진하고 새로운 기술을 개발하며, 넓은 고객층을 만족시키는 자동차를 설계하는 일에 전념할 수 있으리라 확신했다.

결과는 성공적이었다. 1년 만에 포드 최고 임원진은 원 포드 비전을 받아들였고, 회사 전반의 관리자들은 멀러리의 초점이 명확한 데이터 기반 접근 방식을 모방하기 시작했다. 무엇보다 그가 포드에 대한 모든 구성원의 열정을 되살렸다는 점이 결정적이었다. 마침내 2010년,《모터 트렌드*Motor Trend*》는 포드의 신차 '포드 퓨전'을 '올해의 차'로 선정했다. 회사는 다시 수익성을 회복했고, 포드는 과거의 위상을 뛰어넘는 명성을 되찾았다.

포드의 회생 사례는 통합된 목적과 브랜드가 융합된 조직 문화가 얼마나 강력한 변화의 힘을 발휘하는지를 잘 보여준다. 하지만 더 중요한 사실은 이 모든 변화가 결국 리더십에 의해 좌우된다는 점이다. 멀러리는 조직 전체가 어떤 속도와 방향으로 변화를 수용해야 하는지 분명히 제시하며, 포드를 과거의 영광이 아닌 새로운 미래로 이끌었다.

전혀 다른 문화, 전혀 다른 결과

포드에서 발휘된 리더십과 폭스바겐 임원들이 조직과 브랜드를 파괴한 방식은 극명한 대조를 이룬다. 폭스바겐 기술자들이 미국 정부의 배기가스 테스트를 속이도록 엔진 시스템을 조작한 일로 인해, 폭스바겐은 수십만 대의 차량을 리콜하고 147억 달러의 벌금을 지불해야 했다. 하지만 이 사건은 브랜드와 전혀 어울리지 않는 조직 문화를 폭로하기도 했다.

전직 폭스바겐 임원은 이 사태가 불거졌을 때, 평소 폭스바겐 브랜드에 공감하여 '부족*tribes*'처럼 뭉쳐 있던 미국 고객들이 회사의 기만 행위에 배신감을 느꼈다고 설명했다. 마치 "사촌이 내 물건을 훔쳐 간 걸 알게 된 기분" 같았다는 것이다. 특히 디젤 차량 구매자들은 자신을 '독특한 부류'라고 여기며, 폭스바겐의 아웃사이더 브랜드 정신에 매력을 느꼈다. 그들은 이번 사태로 한층 더 심각하게 기만당했다고 느꼈다. 이 스캔들은 과거 폭스바겐 브랜드를 차별화했던 정직성과 겸손이라는 가치가 단지 껍데기에 불과했음을 드러냈다. 광고에서 보여 주던 자기 비하적 유머나, 자동차 디자인에 깃든 반문화적 정신은 실제 조직 문화와 전혀 어울리지 않는 '가짜' 표현이었던 셈이다.

실제로 회사 리더들은 광고와 달리 정직하고 투명하며 직설적인 브랜드 이미지를 전혀 반영하지 못하는 문화를 키워 왔다. 이 같은 브랜드-조직 문화 괴리는 1993년부터 2002년까지 폭스바겐 CEO였던 페르디난트 피에히와 2007년부터 배기가스 스캔들이 공개된 직후 사임하기까지 CEO였던 마틴 빈터코른이 만들어 낸 결과로 볼 수 있다. 비평가들은 피에히와 빈터코른이 오만과 우월주의 문화를 조장했다고 지적했다.

사건을 추적해 온 예일 경영대학원의 데이비드 바흐는 "자신만이 옳고 우월하다고 믿는 아집과 독선적인 태도가 지나쳤고, 그것이 이런 끔찍한 사태로 이어졌다"고 말했다. 폭스바겐에서 근무한 적이 있는 아른트 엘링호르스트는 《파이낸셜 타임스 *Financial Times*》 기고 글에서 이를 뒷받침하며, "폭스바겐은 '세상을 지배하고 물 위를 걷는(지나치게 자신만만한) 방식으로 생각하며' 오만으로 가득 차 있었다"고 설명했다. 그가 최근 인터뷰에서 덧붙인 말에 따르면, 특히 폭스바겐의 독일 임원들은 미국 소비자를 깔보는 경향이 강했다. 그들은 "미국 소비자들은 우리의 우수한 자동차를 얻을 수 있다는 사실에 감사해야 한다"고 생각했다는 것이다. 임원들이 내부적으로 이러한 태도를 품는 것은, 외부에서 '자유의 상징'과도 같았던 폭스바겐을 애정하던 미국 소비자들을 정면으로 무시하는 행동이나 다름없었다. 1960년대 문화 혁명 시대에 미국이 폭스바겐을 자유의 아이콘으로 받아들이며 판매량이 크게 늘었는데, 사실 폭스바겐 입장에서는 이러한 고객 충성도에 감사해야 마땅했다.

현재 글로벌 투자 은행이자 자문 회사인 에버코어에서 자동차 산업 애널리스트로 활동 중인 엘링호르스트는 배기가스 스캔들이 폭스바겐에 특히 치명적이었던 이유로, 회사 전체에 '부정행위를 해도 된다'는 조직 문화가 뿌리내리고 있음을 드러냈기 때문이라고 지적했다. 경영층만의 비밀스러운 사안이었다면 달랐겠지만, 하위 엔지니어부터 이사회까지 수많은 사람이 연루되어 있었다. 즉, 회사 전체가 근본적으로 잘못되었음을 보여 준 사례였다는 것이다.

폭스바겐 리더들은 회사 전반에 오만한 분위기를 조성했고, 이로 인해 기준을 낮추거나 고객을 속이는 행위가 용인되었다. 결국 그 결과가 스캔들로 폭발한 셈이다. 리더십은 이러한 방식으로 작동한다. 폭스바겐 리더들은 자신들이 생각한 우선순위, 결정, 그리고 본보기가 되는 행동으로 조직 문화를 만들어 나갔으며, 그로 인해 회사의 운명을 결정지었다.

앞서 1~2장에서 원하는 브랜드 정체성과 조화를 이루어 브랜드-조직 문화 융합을 실현할 조직 문화를 구상하도록 안내했다. 다음 단계는 리더 스스로 그 문화를 적극적으로 만들어 가는 책임을 지는 것이다. 브랜드-조직 문화 융합은 결국 리더로부터 시작된다. 이를 HR 관리 부서나 마케팅 부서에 위임할 수 없다. 구성원 모두가 리더를 통해 그 문화를 주도하고 실행해야 한다.

이번 장에서는 리더와 임원이 어떤 말을 하고, 어떤 행동을 하느냐가 원하는 문화를 구현하는 데 얼마나 중요한지 살펴본다. 이 두 요소의 일치도가 브랜드-조직 문화 융합의 성패를 좌우하는 핵심 지표가 된다. 그리고 중간 관리층 리더들이 조직 내 다수의 직원들에게 어떤 막대한 영향을 미치는지, 그들이 조직 문화를 함께 가꿔 나가는 데 왜 필수적인 역할을 하는지도 살펴볼 것이다. 아울러 인력에 관한 결정(채용, 해고, 승진 등)이 브랜드-조직 문화 융합의 초석이 되는 이유를 알아본다. 결국 리더들이 말과 행동으로 보여 주는 본보기에서 모든 변화가 시작된다.

끊임없는 커뮤니케이션이 핵심이다

'아하라이 *aharai*'는 이스라엘 군 장교들이 전투에 나설 때 사용하는 구호로, '나를 따르라'라는 뜻이다. 이 외침은 위대한 리더라면 누구나 받아들이는 리더십 원칙을 담는다. 역사책에 기록되고, 동료들에게 존경받으며, 많은 이를 이끄는 뛰어난 리더들은 앞장서서 본보기를 보이는 것이 리더십이라는 사실을 잘 안다. 나는 훌륭한 비즈니스 리더들이 어떤 비전을 제시한 뒤, 그 비전을 추진하기 위해 열정과 결단력을 어떻게 몸소 보여 주는지를 지켜보며 이를 실감했다.

리더십과 경영 분야 전문 강연가인 에두아르도 브라운-메넨데스는 "리더십이란 현실을 어떤 식으로든 변화시키는 것"이라면서, "비전을 설정한다는 것은 우리가 현실을 바꿀 수 있음을 분명히 인정하고, 어떻게 바꾸고 싶은지 명확히 밝히는 것"이라고 설명했다. 그는 리더가 비전을 소통하는 세 가지 단계를 제시했다. 첫 번째는 아이디어와 정보를 전달하는 수준으로, 일상적인 비즈니스 운영에서 다루는 내용이다. 두 번째는 감정을 전달하는 단계로, 다른 사람들과 공감하고 그들에게 영감을 주는 것을 포함한다. 세 번째는 구체적인 행동으로 소통하는 단계인데, "스스로 말한 바를 실천하고, 약속을 지키며 말과 행동을 일치시키는 것"이라고 그는 말했다.

물론 강력한 커뮤니케이션이 뛰어난 리더십의 핵심이라는 사실에는 많은 사람이 동의한다.* 그러나 대부분의 비즈니스 리더는 효과적인 커뮤니케이션을 잘하지 못한다. 최소한 리더를 따르는 직원들은 그렇게 생각한다. 인재 관리 회사 에이온 휴잇에 따르면, 경영진이 의사소통을 잘한다고 응답한 직원은 46%에 불과하다. 세계 최대의 HR 컨설팅 회사 타워스 페린의 조사에서도 직원의 51%만이 리더들이 대체로 솔직하게 말한다고 응답했다. 이 결과가 놀랍지 않은 이유는 대부분의 리더가 커뮤니케이션에 대한 체계적인 훈련을 받은 적이 없어서, 무엇을 어떻게 말해야 직원들이 효과적으로 반응하는지 모르기 때문이다.

---

* 커뮤니케이션의 중요성을 핵심 리더십 역량으로 인식하는 리더 중에는 제너럴 일렉트릭 전 CEO인 잭 웰치와 컨테이너 스토어 공동 창립자인 킵 틴델이 있다. 웰치는 리더란 "성공적으로 소통할 수 있는 사람"이라고 정의했고, 틴델은 "커뮤니케이션과 리더십은 사실상 같은 것"이라고까지 말했다.

브랜드 정체성과 일치하고 통합된 조직 문화를 만들고자 할 때 리더십 커뮤니케이션에 성공하기 위해 특히 중요한 열쇠는 일관성, 단순성, 스토리텔링, 그리고 관련성이다.

일관성

원하는 문화를 조직의 일상적 분위기에 스며들게 하려면, 가장 먼저 회사의 통합된 목적과 핵심 가치가 왜 중요한지 꾸준히, 그리고 끊임없이 소통해야 한다. 이것을 조직 문화가 처음 형성될 때나 1년에 한 번만 이야기하는 것으로 부족하다. 발표, 문서, 직원 및 이해관계자와의 대화 속에서 목적과 가치를 정기적으로 언급하며 조직 생활 곳곳에 녹여 내야 한다. 같은 말을 반복한다고 스스로 지겨워할 수도 있지만, 반복과 일관성이야말로 구성원들이 내용을 이해하고 실제로 실천하게 만드는 핵심이다.

간결함

커뮤니케이션을 쉽고 간결하게 만드는 데 집중해야 한다. 일부 리더들은 카리스마를 뽐내려다 복잡한 표현이나 전문 용어를 사용해, 정작 핵심 메시지는 희미해지는 경우가 많다. 그러나 모든 사람이 빠르게 이해할 수 있는 실질적이고 명확한 메시지가 훨씬 효과적이다. 한 예로, 모건 스탠리의 한 애널리스트는 포드의 앨런 멀러리에 대해 "목표와 진척 상황을 매우 단순하고 일관성 있게 전달해, 이사회부터 현장 노동자까지 전 조직에 영감을 주었다"고 평했다. 메시지는 최대한 간단명료하게 전달하되, 수준을 낮춰 '지루하고 밋밋한' 방식으로 만들 필요는 없다.

스토리텔링

메시지를 구체적인 예시나 스토리로 뒷받침해야 한다. 추상적인 개념인 문화나 가치를 이야기할 때 어려운 상황에서 큰 성공을 거두거나 역경을 극복한 사람들의 이야기가 공감대를 형성하는 데 효과적이다. 이런 이야기들은 끈기나 탁월한 성과 같은 가치를 조직 내에 심어 준다. 생생한 스토리텔링은 사람들의 관심을 높이고 진정성을 느끼게 해 준다. 또 매력적인 서사는 사람들이 자신을 그 이야기 속에 투영하도록 만들어 '나도 이 비전을 함께 이끌어 가야겠다'는 의욕을 고취시킨다.

관련성

회사에서 이루어지는 커뮤니케이션을 언제나 통합된 목적과 핵심 가치에 연결해야 한다. 다룰 주제를 신중히 고르는 것만으로도 조직 내 어떤 문화를 형성하려는지 강력하게 드러낼 수 있다. 예를 들어, 가족처럼 가깝고 편안한 문화를 원한다면 직원들의 개인 생활을 인간적으로 언급하며 소통하는 편이 좋다. 혁신과 창의성을 강조하고 싶다면, 첨단 아이디어나 전설적인 천재들의 사례를 인용해 조직 분위기를 띄울 수 있다. 또 원하는 문화를 촉진하기 위해 사용하는 커뮤니케이션 방식도 가치와 조화를 이뤄야 한다. '실험정신'을 강조한다면, 새로운 소통 채널이나 기술을 활용해 볼 수 있다. '정성을 더한다' 같은 핵심 가치를 내세운다면, 직접 손 글씨로 쓴 메모를 보내는 것도 한 방법이다.

리더십 커뮤니케이션은 말하기 못지않게 듣기도 중요하다. X(전 트위터)에서 글로벌 학습과 조직 개발을 이끌었던 멜리사 다임러는 《하버드 비즈니스 리뷰》에 기고한 글에서 세 단계의 '듣기'를 제시했다.

① 내부적 듣기
상대방의 말을 듣는 척하지만, 사실은 자기 생각과 고민, 우선순위만 신경 쓰고 있는 상태

② 집중적 듣기
상대방에게 주의를 기울이지만, 여전히 완전히 연결되지 못한 상태

③ 360° 듣기
상대방이 말하는 내용뿐 아니라 말하는 방식, 말하지 않는 부분까지 파악하는 수준

다임러는 360° 듣기가 "진짜 마법이 일어나는 곳"이라고 말했다. "여기에는 에너지가 있고, 상대방이 말하는 것에 집중하면 무엇이 가능해지는지 다시금 깨닫게 된다." 직원들과 360° 듣기로 진정성 있게 소통하는 것은 일관성, 단순성,

스토리텔링, 관련성을 갖춘 말하기 만큼이나 원하는 문화를 정착시키는 데 큰 힘이 된다.

에두아르도 브라운은 그의 저서 『사람 중심의 리더십 *People First Leadership*』에서 "커뮤니케이션은 회사 문화의 DNA를 전파하는 역할을 담당한다" "커뮤니케이션은 조직 구성원들을 서로 연결해, 서로를 신뢰하고 같은 비전을 향해 나아가게 만든다."고 말했다. 그러나 커뮤니케이션이 원하는 문화를 조성하는 데 결정적으로 중요하더라도, 여기서 그칠 수 없다. 행동과 의사 결정을 통해 리더로서 원하는 문화를 몸소 실현하고 보여 줘야 한다.

행동이 말보다 더 큰 힘을 가진다

리더의 말도 중요하지만, 무엇을 실천하느냐가 조직원들에게 더 강력한 행동 모범이 된다. 또 리더가 브랜드와 조직 문화를 일치시키고자 하는 의지가 얼마나 강한지를 행동으로 알 수 있다. 리더로서 원하는 조직 문화를 직접 실천하는 본보기가 되어야 한다.

미국경영협회와 기업생산성연구소가 공동 진행한 연구

에 따르면, 관리자 중 61%가 "리더들의 행동이 조직 내 다른 사람들의 행동에 가장 큰 영향을 미친다"고 답했다. 사우스웨스트 항공의 앤 로즈는 리더가 직원들에게 "리더를 따르려는 매우 강력하고도 지속적인 성향"을 적극 활용해야 한다고 강조했다.

포드의 앨런 멀러리는 이를 훌륭히 보여 줬다. 멀러리는 임원진과 주간 비즈니스 성과 리뷰 미팅을 하면서 모든 프로그램과 프로젝트 상태를 색으로 표시하는 보고 체계를 도입했다. 일정대로 혹은 그 이상 앞서가는 경우는 초록색, 잠재적 위험이 있는 경우는 노란색, 일정에서 뒤처지거나 목표에서 벗어난 경우는 빨간색으로 표시하도록 한 것이다. 이는 변동 상황을 쉽게 파악하고 문제를 정확히 집어내기 위한 목적이었고, 포드가 중요시하는 '정직'과 '투명성'과도 맞닿아 있었다. 멀러리는 임원들에게 이 회의가 안전한 환경이니 문제가 있으면 함께 논의하자고 격려했지만, 초기에는 임원들이 몇 주간 모든 보고서에 초록색만 붙일 정도로 거부감이 있었다.

그러던 중, 미국 사업부 사장이었던 마크 필즈가 멀러리의 말을 시험해 보기로 결심했다. 『아메리칸 아이콘』에 따르면, 필즈는 "누군가는 이 사람이 정말 진심인지 알아봐야 한다"고 생각했다. 그리고 다음 미팅에서 그는 새 제품 출시가 지연 중이라는 보고서에 빨간색 표시를 붙여 발표했다. 과거

경영진 아래에서 일했다면, 문제를 드러내는 순간 질책받거나 해고될 수도 있는 상황이었다. 회의실엔 정적이 흘렀다. 그런데 멀러리는 박수를 치며 "이렇게 문제를 명확하게 보여 줘서 고맙다"고 했다. 그리고 다른 임원들에게도 "누가 필즈를 도와 이 문제를 해결할 수 있겠는가?"라고 물으며, 함께 해결책을 찾도록 대화를 이끌었다. 이 회의는 멀러리와 임원들에게 중요한 전환점이 되었다.

리더의 '사소해 보이는' 행동이 조직에 큰 메시지를 주는 경우도 있다. 미국의 백화점 체인점인 JC페니의 기업 회생을 맡았던 마빈 엘리슨은 JC페니 매장에서 판매하는 옷을 직접 입고 다녔다. 브랜드 품질과 스타일을 스스로 증명함으로써 직원, 고객, 그리고 대중에게 브랜드에 대한 강한 신뢰를 표현한 것이다. 또 임원들이 매장을 방문할 때는 모두 JC페니의 옷을 입도록 해 회사 전체가 한마음으로 위기 극복에 나선다는 메시지를 보냈다.

이처럼 리더에게 행동은 말보다도 큰 울림을 가진다. 그리고 반대로, 리더가 아무런 행동을 하지 않는 것도 강력한 메시지가 될 수 있다. 직원들에게 리더가 하지 않는 행동을 하라고 기대하는 것은 무리다.

한번은 어떤 고객사의 '브랜드 참여' 세션을 진행하던 중 쉬는 시간에 직원 한 명이 다가와 "회사에서 안전을 최우선 가치로 내세우는 건 좋지만, CEO가 안전 교육에 전혀 참여하지 않는다"고 말했다. CEO가 직접 '안전을 핵심 가치'라고 선언하며 전담 강사를 고용하고, 현재 우리가 쓰는 시설도 현장 안전 교육을 위해 별도로 지었지만, 정작 그 자신이 한 번도 교육에 참석하지 않았다는 것이다. 그런 태도를 보면 직원들은 '아, 안전 교육은 중요하지 않구나'라고 받아들이게 된다. 단지 '핵심 가치'라고 주장하는 것만으로 부족하고, 리더 자신이 '말한 것을 직접 실천'해야 구성원들로부터 신뢰를 얻을 수 있음을 보여 주는 사례다.

모든 리더를 참여시켜라

회사의 핵심 가치를 직접 말하고 행동으로 옮기는 건 최고경영진에게 필수적이지만, 어느 직급이든 리더 역할을 맡은 모든 이가 동참하지 않으면 조직 전반의 문화와 브랜드를 통합하기 어렵다. 조직 전반의 정렬은 브랜드-조직 문화 융합의 핵심이다. 최고경영진이 원하는 조직 문화를 조성하도록 직속 보고라인에게 책임을 묻고, 그들도 본인의 보고라인에게 같은 방식으로 책임을 부여해야 한다. 작은 부서나 멀리 떨어진 지사라도, 그곳의 리더가 주변 직원들의 태도와 행동에 미치는 영향은 무시할 수 없을 만큼 크다.

'직원들은 회사를 떠나는 것이 아니라, 매니저를 떠난다'는 말은 상사와 직원 간의 관계가 얼마나 중요한지 잘 보여 준다. 특히 최고 경영진과의 직접 소통이 거의 없는 일선 직원에게는 중간 관리자나 매장·부서 책임자 같은 리더들의 영향이 매우 크다. 이들은 일상에서 직원 경험을 좌우하는 대표적인 존재이므로, 조직 문화를 바꾸려 할 때 가장 중요한 그룹 중 하나다.

하지만 많은 회사에서 중간 관리자층은 최고경영진만큼 참여도가 높지 않다. 보험 중개 및 컨설팅 회사 에이온 휴잇의 조사 결과에 따르면, 이른바 '최고의 고용주'로 평가된 기업들에서는 예상대로 직급이 낮을수록 참여도가 점차 낮아지는 추세를 보였다. 하지만 그만큼 최고경영진이 가장 높은 참여도를 보이고, 팀원들이 가장 낮으며 그사이 계층은 직급이 내려갈수록 직선적으로 감소했다. 반면 다른 기업 대부분은 중간 관리자와 팀 리더 수준에서 참여도가 급격히 떨어지는 양상을 보였다. 왜 이러한 현상이 벌어질까?

하버드 대학교 경영대학원인 하버드 비즈니스 스쿨의 조지 세라페임과 클로딘 가튼버그는 한 논문에서 이렇게 설명했다. "회사 비전에 공감하는 관리자들은 매일 내리는 의사 결정을 통해 조직을 올바른 방향으로 이끌 수 있다" "조직 중간층이 이 비전에 충분히 공감하지 못한다면, 비전(목적)은 아무리 좋아도 별 소용이 없다"고 결론지었다. 조직의 중간 관리자층이 원하는 문화를 구현하고자 하는 노력에 적극 공감하지 못하면, 한 고객사가 말했던 대로 "얼어붙은 중간층 *frozen middle*"이 되어 브랜드와 조직 문화의 정렬·통합 노력을 가로막을 가능성이 크다.

이 고객사는 다양성·형평성·포용성 *DEI, diversity·equity·inclusion* 강화에 더욱 더 탄력을 주고, 가시적인 성과를 내고자 나를 컨설턴트로 고용했다. CEO는 DEI를 우선순위로 삼았고, 임원팀과 함께 커뮤니케이션에서도 적극 지지하는 모습을 보였다. 또 사내 전반에 걸쳐 여러 직원이 자발적으로 친목 모임, 포럼, 교육 프로그램 등을 통해 DEI를 진전시키려 힘썼다.

그런데 중간 관리자층은 뒤처져 있었다. 주로 백인 남성으로 구성된 중간 관리자층은 DEI의 가치를 내면화하기가 특히 어려웠다. 머리로는 이해해도 일상에서 이 가치를 어떻게 적용해야 하는지 모르는 경우가 많았다. 이 때문에 조직이 DEI를 통해 기대할 수 있는 '혁신'이나 '새로운 사고방식'의 효과가 가로막혔다. 결과적으로 브랜드가 활동하는 시장 환경이 변화하고 있음에도 회사가 충분히 대응하지 못하게 된 것이다.

이 '얼어붙은 중간층'을 녹이려면, 중간 관리자의 관점에서 DEI의 가치를 재해석하고 전달할 필요가 있었다. 우선 이들이 책임지는 성과 지표와 DEI가 어떻게 연결되는지 구체적인 데이터와 사례를 제시하며 비즈니스 측면의 타당성을 설득했다. 감정적인 측면에 동기를 부여하기 위해 동료 관리자들이 성공적으로 DEI를 적용한 사례를 모아 보여 줬다. 그리고 DEI를 일상 업무와 결합해 이점을 얻을 수 있도록 다양성 액션 플랜(다양성을 증진하고 포용성을 강화하기 위한 구체적인 계획과 실행 방안) 같은 도구도 제공했다. 이렇게 중간 관리자의 참여도를 높이자, 조직 전체가 DEI에 더 긍정적인 태도를 갖게 됐다. 일선 직원들은 관리자의 본보기에서 영감을 얻었고, 임원들은 각 부서의 성과가 개선되는 걸 보면서 한층 더 적극적인 관심을 보였다. 조직의 모든 리더는 문화와 성과를 연결하는 리더십의 사슬고리가 된다.

적합한 HR 결정으로 조직 문화를 강화하라

모든 계층의 리더들에게 원하는 문화를 형성·유지하도록 권한을 부여해야 하는 이유 중 하나는, 조직에서 가장 중요한 업무(채용, 해고, 승진)를 책임지는 주체가 바로 리더들이기 때문이다. 이처럼 사람에 관한 결정은 리더들이 조직 문화를 만들고, 그 조직 문화를 회사의 브랜드 정체성과 일치시키는 가장 가시적인 방법일 수 있다.

직원 채용 시 핵심 가치를 우선순위로 삼아야 한다. 조직이 원하는 문화를 만들고 유지하고자 한다면, 핵심 가치를 단지 지원서 검토에서 참고하는 수준이 아니라 채용의 최우선 기준으로 삼아야 한다. 예를 들어, 미국에서 연 매출 90억 달러를 기록하는 편의점 체인 퀵트립은 '팀과 함께 지속적으로 개선하기' '끊임없이 자기 발전 장려하기' 같은 회사 핵심 가치를 채용 과정에 적극 반영한다. 그러나 보이지 않는 자질(가치관, 태도 등)을 정확하게 평가하기가 쉽지 않다는 점을 인지하고, 지원자의 성향을 드러내기 위해 성격 검사와 같은 '엄격하고 구조화된 선발 과정'을 운영한다. 아울러 면접에서도 같은 질문을 다양한 방식으로 반복해서 물어본다. 이렇게 해야 지원자가 쉽게 둘러댈 수 없고, 결과적으로 퀵트립 가치에 적합한 사람을 선발할 수 있다는 것이다.

채용 의사 결정에 핵심 가치를 반영하려면, 우선 이것이 리더십의 핵심 책임임을 모든 리더가 인식해야 한다. 사우스웨스트의 앤 로즈는 이를 두고, "아마 다른 어떤 것보다도 전략적 비즈니스 책임이며, 결코 HR 부서만의 일이 아니다"라고 강조했다. 로즈는 저서 『가치에 기반한 구축 *Built on Values*』에서, 한 조직이 A급 인재를 채용·유지하는 비율을 리더 보너스의 기준으로 삼았던 사례를 소개한다. 이렇게 하자 직원 이직률이 급격히 줄고, 동시에 고객 만족도도 큰 폭으로 올라

가는 효과를 얻었다고 한다.

해고와 승진 과정을 거칠 때도 핵심 가치로 결정해야 한다. 핵심 가치를 채용뿐 아니라 해고와 승진에도 적용하면 조직에 '조직과 알맞은 사람들'을 남길 수 있고 가치가 얼마나 중요한지를 전체 구성원에게 뚜렷이 인식시킬 수 있다.

제너럴 일렉트릭의 잭 웰치는 회사의 핵심 가치와 어긋나는 행동을 한 임원들을 '공개 처형 *public hanging*'이라는 용어로 부르며 직접 지적했던 것으로 유명하다. 웰치와 그의 아내이자 비즈니스 파트너인 수지 웰치는 《포춘》에 기고한 글에서 "조직 문화가 의미 있으려면, 그 문화를 파괴하려는 사람들을 공개적으로 처리해야 한다"고 썼다. 이후, 직원들을 네 가지 유형으로 분류하라고 제안했다.

① **회사 핵심 가치와 일치하며, 좋은 성과를 내는 직원: 승진 대상으로 키워야 한다.**
② **회사 핵심 가치와 맞지 않고, 성과도 부진한 직원: 해고가 바람직하다.**
③ **회사 핵심 가치와 일치하지만, 성과가 미흡한 직원: 재교육과 코칭을 통해 개선의 기회를 줘야 한다.**
④ **회사 핵심 가치와 어긋나지만, 뛰어난 성과를 내는 직원: 해고해야 한다.**

웰치 부부는 네 번째 유형, 즉 핵심 가치와 동떨어진 방식으로 큰 성과를 내는 사람들이야말로 조직에 가장 위협적이라고 지적했다. 관리자들은 이들의 탁월한 성과에 눈이 멀어 방치하기 쉽지만, 그 결과 '우리 회사의 가치는 농담에 불과하다'는 부정적 메시지가 조직 전체에 퍼지고 만다는 것이다. 언뜻 과격한 표현 같지만, 회사 내 인재를 둘러싼 리더의 결정이 왜 그토록 중요한지를 단적으로 보여 준다. 그들은 "가치의 표류 *values drift*는 어느 회사에서나 만연하며, 직원들은 조직의 가치를 모르거나, 알더라도 그 가치를 실천해도 되고 하지 않아도 된다고 여기기 쉽다. 그 결과 내·외부에서 공격받을 취약점을 초래한다"고 경고했다.

리더의 HR 결정이 회사 내 조직 문화를 가장 명확히 말해 준다. 결국 핵심 가치에 맞춰 누구를 채용하고, 누구를 내보내며, 누구를 승진시킬지를 결정하는 과정이야말로 '이 조직의 리더가 원하는 문화를 정말로 지향하느냐'를 판가름하는 가장 확실한 시험대가 된다.

브랜드-조직 문화 융합은 리더로부터 시작된다

에두아르도 브라운은 리더십과 관련해 "21세기에 성공적인 리더가 되려면 조직 문화를 강화하는 방식으로 움직여야 한다는 사실을 깨달았다"라고 요약했다.

실제로 뛰어난 문화를 만드는 데 리더십은 매우 중요하다. 하지만 현 조직 문화가 제 역할을 못하거나, 애초에 의도적으로 만들어지지 않았고 새롭게 개선해야 한다면 리더십은 더욱 결정적이다. 외부 브랜드와 완전히 조화를 이루고 통합된 내부 문화를 구축하는 과정은 결국 리더로부터 시작된다. 브랜드-조직 문화 융합을 우선순위로 삼고, 그 목표를 이루기 위한 책임을 온전히 져야 한다. 이를 당연하게 여기거나 다른 부서에 넘기거나, 잠시라도 소홀히 하면 안 된다.

리더는 회사 전체가 높이 도약하도록 돕는 로켓 부스터와 같은 역할을 한다. 리더가 강력한 추진력을 제공해 조직을 들어 올리고, 브랜드-조직 문화 융합이라는 목표로 나아가게 만든다. 초기 추진력이 없다면 회사는 그 목표에 도달할 기회를 잡기 어렵다. 그러나 일단 조직이 자체 동력을 갖추면 더 높은 곳까지 스스로 비상할 수 있게 된다. 리더가 조직이 스스로 비상할 수 있도록 장비와 권한을 부여해야 한다. 다음으로 이어질 이 책의 2부에서는 브랜드-조직 문화 융합을 달성하기 위한 다섯 가지 핵심 전략을 제시하며, 조직을 비상점으로 이끄는 구체적인 방법을 설명한다.

핵심 내용 요약

- 조직 문화와 브랜드를 통합하는 것은 핵심적인 리더십의 책임이다.
- 조직의 목적과 가치를 지속적으로 소통하고, 왜 그것들이 중요한지를 강조하되 이들이 지닌 독특한 의미를 강화할 수 있는 방식으로 커뮤니케이션해야 한다.
- 리더의 사소한 결정과 행동이 조직의 브랜드-조직 문화 융합에 얼마나 헌신하는지를 보여 주는 신호가 되므로, 조직 전체가 따라야 할 행동을 직접 실천해야 한다.
- 브랜드와 조직 문화를 통합하려는 노력이 '얼어붙은 중간층 frozen middle'에서 막힐 수 있으니, 중간 관리자들도 최고경영진만큼 적극적으로 참여하고 권한을 행사하도록 만들어야 한다.
- 채용, 해고, 승진 등의 HR 결정 시 핵심 가치를 기준으로 삼아야 한다.

"브랜드-조직 문화 융합을 이루려면, 브랜드를 통해 원하는 조직 문화를 키우거나, 혹은 그 반대로 조직 문화를 통해 브랜드를 키우는 전략들을 종합적으로 활용해야 한다."

PART 2

브랜드-조직 문화 융합을 실현하는 다섯 가지 전략

CHAPTER 4

브랜드에 적합한 조직을
설계하고 운영하라

이번 장의 핵심 내용

- 조직 설계와 운영 전반에 문화를 적용해야 하는 이유
- 원하는 문화에 맞춰 조직 설계를 조정하기 위해 '디자인 사고'를 활용하는 방법
- 브랜드의 목적과 핵심 가치를 활용해 운영 방식을 구축하는 방법

포토샵, 인디자인 등 인기 소프트웨어로 유명한 어도비의 리더들은 몇 해 전 회사의 현황을 돌아보다가 고객 서비스와 지원이 부족하다는 사실을 깨달았다. 경쟁이 치열한 시장에서도 어도비가 큰 성공을 거둔 이유는 뛰어난 창의력을 지닌 인재를 적극 채용하고, 그들의 성장과 발전을 이끌어 냈기 때문이다. 이로 인해 우수한 제품이 탄생했지만, 당초 어도비 제품은 대부분 컴퓨터 제조사나 소매업체 같은 유통 채널 파트너를 통해 판매되었기 때문에 고객을 직접 지원하는 기능은 회사의 핵심 우선순위가 아니었다.

그러나 비즈니스 모델이 달라져 고객에게 직접 판매하는 비중이 커지자 브랜드 정체성도 변화가 불가피해졌다. 어도비는 '창의력을 실현시키는 뛰어난 제품'으로 알려진 데서 한 발 더 나아가, '뛰어난 고객 지원'을 제공하는 회사로도 인

식되어야 했다. 이를 위해 모든 직원이 역할과 상관없이 고객을 중심에 둔 사고방식을 가져야 했다. 당시 수석 부사장이었던 도나 모리스는 "직원들이 일하기 좋은 회사가 되려면 고객 입장에서도 함께 일하기 좋은 회사가 되어야 한다는 사실을 깨달았다. 그리고 그것은 곧 조직 문화의 변화가 필요함을 의미했다"고 말했다.

우선 모리스와 동료들은 그동안 서로 분리되어 있던 조직의 일부 기능들을 하나로 합쳤다. 각각 독립적으로 운영하던 개인용 제품과 기업용 제품 지원 부서를 통합했다. 이를 통해 회사 전반에서 고객을 더 거시적이고 종합적으로 바라볼 수 있게 되었다.

다음 단계로, 고객 경험과 직원 경험을 하나로 묶는 새로운 부서를 만들었다. 즉, 고객을 직접 돕는 최일선 지원 부서와 직원을 지원하는 HR 부서를 한 조직으로 결합한 것이다. '고객·직원 경험' 부서를 이끌게 된 모리스의 역할은 고객과 직원 모두가 어도비와 상호 작용하며 긍정적인 경험을 할 수 있도록 돕는 것이었다. 조직 개편 당시 모리스는 "사람들이 성공을 거둘 수 있게 돕고, 그들과 우리의 관계를 발전시키는 것이 내 역할"이라며, "직원에게는 채용부터 역량 개발까지 다양한 지원이 해당될 것이고, 고객에게도 사실상 비슷한 접근 방식이 필요하다"고 설명했다. 직원 경험을 높이면서 쌓은 역량을 고객 경험으로까지 확장하겠다는 의도가 담긴 조직 개편이었다.

마지막으로 어도비가 클라우드 기반 구독 모델로 전환하면서, 고객의 새로운 니즈에 대응하기 위해 직원들의 일하는 문화가 더욱 민첩하고 유연해져야 했다. 이에 모리스와 동료들은 어도비의 사업장을 80개에서 68개로 줄였다. 사업장이 너무 많으면 직원들의 협업 방식이 복잡해지고, 원하는 문화 형성에도 걸림돌이 될 수 있다고 판단했기 때문이다. 모리스는 "직원들이 가까운 거리에 모여 함께 일할 수 있는 기회를 마련하기 위해 의도적으로 이러한 결정을 내렸다"고 말했다.

말로만 하는 조직 문화가 아니라 실제로 작동하는 조직 문화

어도비의 리더들은 조직 문화 변화를 전략적 비즈니스 변화로 접근하지만, 대부분의 경영자는 그렇지 않다. 글로벌 인재 채용 서비스 회사 콘페리의 조사에 따르면, 72%의 임원들이 조직 성과에 있어 문화가 '매우 중요하다'고 인정했지만, 실제로 비즈니스 전략과 조직 문화가 일치한다고 말하는 임원은 32%에 불과했다.

이 불일치는 컨설팅 업체 부즈 앨런 해밀턴과 애스펀 연구소의 연구로도 설명할 수 있다. 연구소의 공동 연구에 따르면, 대다수 임원은 핵심 가치(조직 문화를 확장한 개념)가 기업 평판과 인재 채용·유지에만 영향을 미친다고 봤다. 반면 환경 변화에 대한 조직의 적응력, 운영 효율과 생산성, 리스크 관리, 매출과 이익 성장 같은 영역까지 조직 문화가 영향을 미친다고 믿는 임원은 훨씬 적었다.

이는 '닭이 먼저냐, 달걀이 먼저냐' 하는 문제와 같다. 많은 경영자가 조직 문화가 비즈니스 성과에 어떻게 기여하는지 이해하지 못하므로 핵심 가치를 사업 전반에 실제로 적용하지 않는다. 그렇게 되면 가시적인 결과가 나오지 않아 '역시나 조직 문화는 별 소득이 없다'고 여기게 된다. 연구진은 이를 두고 "이제 경영자들은 값어치가 있는 가치를 사내 방어용 차원에서만 바라보지 말고, 기업의 성과와 변화를 추진하기 위한 동력으로 바라봐야 한다"고 결론지었다.

즉, 조직에 통합된 목적과 핵심 가치를 설정해 놓고, 실제로 이를 어떻게 추구할지 고려하지 않는다면 아무 소용이 없다는 뜻이다.

- 목적이 조직을 어떻게 성장하게 만드는가?
- 직원들이 가치를 실천하도록 하려면 어떤 운영상의 변화가 필요한가?
- 구성원들이 일하는 방식을 어떻게 달리해야 하는가?

⋯ 회사가 비즈니스를 수행하는 방식 가운데, 목적과 가치를 일상적으로 녹여 내기 위해 시작하거나 중단해야 할 일은 무엇인가?

브랜드와 완전히 정렬된 조직 문화가 가진 잠재적 가치와 성장을 끌어내려면, 조직 문화 자체를 구체적인 사업 전략(비즈니스 목표·예산), 경영(리더의 책임과 지원), 커뮤니케이션(내·외부 메시지), 직원 경험(일상 속 직원들의 상호 작용), 조직(구조), 운영(시스템) 전반에 적용해야 한다.

이 중에서도 조직 설계(부서 구성·계층·역할)와 운영(각종 업무 기능과 일상 프로세스)은 다른 모든 요소를 떠받치는 핵심 기반이므로 특히 중요하다. 만약 조직 설계와 운영이 원하는 문화와 브랜드를 지지·발전시키지 못한다면, 오히려 그것을 약화시키고 혼선을 줄 가능성이 크다.

바로 이것이 이 장의 핵심 주제다. 4장에서는 우선 HR 업무만으로 원하는 조직 문화를 만들 수 없고, 반드시 조직 문화가 사업 전반에서 실제로 작동하도록 만들어야 한다는 사실을 설명할 것이다. 그리고 '디자인 사고'를 적용해 원하는 조직 문화에 맞춰 조직 구조를 재설계한 실제 사례들을 소개하고자 한다. 이어서 브라질의 퍼스널케어 기업 나투라를 예시로 들어 운영 프로세스를 어떻게 바꾸었으며 통합된 목적과 핵심 가치를 어떻게 뒷받침했는지 살펴본다. 마지막으로 '브랜드 터치포인트 휠'이라고 부르는 도구를 활용해 중요한 브랜드 접점을 찾아내고 평가한 뒤 조직의 사람과 프로세스를 하나로 묶는 방법을 다룰 예정이다. 이 통찰과 방법들로 조직 문화 변화를 성공적으로 이끌 준비를 갖출 수 있을 것이다.

의도적으로 조직을 설계하라

사우스웨스트 항공의 문화는 많은 이가 부러워하는 대상이지만, 사실 그 기민하고 효율적이며 즐거운 조직 문화는 독특한 조직 설계에 뿌리를 둔다. 이 회사는 직원 수가 높고 리더십이 분산되었으며, 서로 다른 운영 부서 간의 정보를 연결해 주는 '경계 연결자 *boundary-spanner*' 역할을 두는 방식으로 설계되었다.

실제로 브랜다이스 대학의 조디 호퍼 기텔은 저서 『사우스웨스트의 방식 *The Southwest Airlines Way*』에서 사우스웨스트 항공이 성공을 거둔 주요 이유로 "관리자-일선 직원, 직원-직원, 그리고 대외적 이해관계자와 맺는 조직적 관계"를 꼽았다. 사우스웨스트 항공은 이러한 관계를 좋을 때나 나쁠 때나 변함없는 핵심 경쟁 우위의 기반으로 본다. 기텔에 따르면 "이 회사는 이러한 관계의 품질을 단순한 성공 요인이 아니라 가장 필수적인 성공 요인"이라고 간주한다. 이는 조직 설계를 통해 독특한 조직 문화를 구축할 수 있음을 보여 준다. 그러나 대부분의 기업 리더는 이처럼 조직을 의도적으로 재설계하지 않는다.

《하버드 비즈니스 리뷰》에 기고한 길 코킨데일은 조직들이 전략을 재구상하고 운영 방식을 자주 바꿔야 하는 요즘, 큰 그림을 놓치기 쉽다고 지적했다. 그 결과 "파편화된 변화"만 일어나고, 전체적인 조직 설계를 재정비하려는 리더는 거의 보지 못했다는 것이다. "사람들이 조직 개편을 전면적으로 시도하거나, 이를 통해 직원과 비즈니스를 지원하려고 하는 사례는 드물다"고 설명했다.

컨설팅 회사 스트래티지앤드는 조직을 원하는 방향으로 통제하고, 직원들에게 활기를 주면서 고유 역량을 구축하려면 몇 가지 조직 설계 원칙을 지켜야 한다고 조언했다. 그 중에는 '과거에서 사면을 선언하라'가 있다. 즉 '현재 상태에 묶이지 말고 원하는 결과에 집중하라'라거나 '대담한 방향을 설정하라' '뛰어난 인재에게 최대한 힘을 실어 줘라' 같은 것이 있다. 다음 세 가지 원칙은 특히 브랜드와 조직 문화의 정렬·통합을 돕는 조직 설계 측면에서 주목할 만하다.

① 벤치마킹을 최소화하거나, 아예 하지 마라

다른 기업의 '모범 사례'를 무작정 흉내 내기보다 조직이 가진 유일무이한 역량에 집중해 조직을 설계해야 한다. 아마 지금까지의 브랜드 우위가 바로 그러한 고유 역량에서 나왔을 것이다. 조직 설계도 이 점을 강조하도록 만들어야 한다.

② **조직의 목적에 맞춰라**
관리 범위와 계층을 설정할 때 회사의 전략과 원하는 차별화 지점, 그리고 비전을 반영해야 한다. 조직 설계는 기업이 목표로 삼는 목적을 추구하는 데 도움이 되어야 한다.

③ **비공식 요소를 강조하라**
사람들이 생각하고, 느끼고, 소통하고, 행동하는 비가시적·비공식적 요인들을 인정해야 한다. 다시 말해, 현재 조직 설계가 구성원들에게 어떤 핵심 가치를 형성·실천하게 했는지 돌아봐야 한다. 그리고 원하는 브랜드 유형에 부합하는 가치는 장려하고, 바꾸고 싶은 가치는 줄여 나갈 수 있는 새로운 설계를 마련해야 한다.

이러한 설계 원칙을 적용하면 업계에 흔히 통용되는 방식 그대로 조직을 구성하거나 단순히 기능적으로만 운영되는 조직을 만들고 끝나는 실수를 피할 수 있다. 또 어떤 회사에서 효과가 있던 조직 설계를 다른 회사에서도 그대로 가져오면 된다는 잘못된 가정도 피하게 해 준다.

과거 소매점 브랜드인 시어스와 케이마트를 소유한 시

어스 홀딩스 CEO 에디 램버트는 이러한 교훈을 힘겹게 깨달았다. 램버트가 시어스와 케이마트를 운영하면서 매장 부문을 크게 분산시켜, 여성복·신발·가구 등 30개 이상의 사업부로 나누어 각각 독립 리더십과 이사회를 두었다. 이는 램버트가 그전까지 운영하던 헤지펀드에서는 효과적이었을지 몰라도, 백화점 업계에서는 대참사를 낳았다. 그 이유는 서로 다른 부서 간의 협업과 통합된 고객 경험이 중요한 백화점 구조에서 오히려 부서 간 경쟁만 심해져, 어떤 매장에서는 '직원들에게 옆 부서 고객 요청은 돕지 말라'고 지시하기까지 했다는 것이다. 이처럼 파편화된 조직 설계는 회사 몰락의 한 원인이 되었고, 시어스는 파산 절차를 밟았다.

결국 목표는 남의 회사가 아닌 바로 '나'의 회사에서 원하는 문화를 구현하도록 설계된 조직을 구축하는 것이다. 그렇게 해야 궁극적으로 브랜드-조직 문화 융합을 실현할 수 있다. 이를 염두에 두고 조직 설계의 세 가지 기본 요소인 구조, 표준, 역할을 어떻게 활용할지 고민해 보자.

① 조직 구조

조직 구조는 조직의 계층, 부서 구성, 그리고 업무를 조직하는 논리를 말하며, 누가 어떤 방식으로 협업하는지를 결정한다. 원하는 조직 문화와 그 문화가 구현하려는 우선순위를 촉진하기 위해 조직 구조를 적극 활용할 수 있다.

대표적인 예로, 비영리 학술 의료 센터 클리블랜드 클리닉은 원하는 조직 문화와 브랜드를 뒷받침하고 강화하기 위해 독특한 조직 구조를 갖췄다. 이 병원은 당뇨나 심장 질환 등 질환별 전문 센터 형태로 조직을 구성했다. 하버드 비즈니스 스쿨의 프랜시스 프라이는 클리블랜드 클리닉이 유난히 중증 환자들이 많이 찾아오고, 혁신적인 해결책이 필요한 극도로 까다로운 환경에서 진료한다는 점에 주목했다. 그리고 "전통적이고 좁은 분과(신장, 혈액 등)로 세분화하는 대신 질병 중심으로 조직을 편성하면, 여러 분야가 한곳에서 협력하게 되어 새로운 시각과 아이디어를 낼 수 있다"고 설명했다.

② 조직 표준

조직 표준은 부서나 팀 단위가 형성될 때 전사적으로 적용되는 규칙을 뜻하며, 원하는 조직 문화를 구현하는 조직을 만드는 데 도움이 된다. 예를 들어, 구글 리더들은 회사 전체에 '7의 법칙'을 도입했다. 구글 전 CEO 에릭 슈미트와 제품 담당 수석 부사장이었던 조너선 로젠버그는 저서 『구글은 어떻게 일하는가 How Google Works』에서 그들은 '스마트 크리에이티브(기술 전문성, 비즈니스 감각, 창의성을 모두 갖춘 다재다능한 인재)'가 성과를 잘 내도록 조직을 설계하고 싶었다고 말했다. 스마트 크리에이티브들은 일을 빠르게 해내고, 의사 결정권자와 직접 소통하기를 원하므로 그사이에 여러 관리 단계를 두지 않는 것이 핵심이었다. 그래서 최소한 7명 이상의 직원을 직접 관리하도록 권장해, 관리·감독을 줄이고 직원들에게 자유를 부여했다. 이것이 구글의 '7의 법칙'이 자리 잡게 된 배경이다.

③ 조직 역할

조직을 설계할 때, 특정 역할을 새로 만들어 원하는 조직 문화를 발전시키는 전략을 고려해 볼 수 있다. 예컨대, 어도비의 도나 모리스는 고객 경험과 HR 관리 조직을 동시에 이끄는 독특한 역할을 맡아, 전 직원이 고객 중심 사고방식을 갖도록 하는 문화를 이끌었다. 또 다른 예는 링크드인이다. 이 회사에는 '조직 문화 챔피언'이라는 자발적인 직원 조직이 있어, 전 세계 30여 개 지사에서 연간 평균 48건의 직원 행사를 주도한다. 여기에는 매달 직원들이 자신, 회사, 그리고 세상에 투자하는 시간을 갖도록 하는 프로그램도 포함된다. 링크드인의 커뮤니케이션 리더인 니콜 레버리치는 링크드인의 브랜드 정체성이 기회 창출에 있다고 말하며, "그렇다면 당연히 직원들에게도 놀라운 기회를 제공해야만 한다. 그렇지 않으면 우리가 말만 앞서는 것에 그칠 뿐"이라고 언급했다. 링크드인에서는 조직 문화와 브랜드가 긴밀히 결합되어야 하므로, 조직 문화 챔피언 역할이 조직 설계의 핵심 요소가 된다.

샌디에이고 지역 공항 오소리티도 원하는 문화를 지원하기 위해 새로운 역할을 만들었다. 과거에는 마케팅과 HR 부서로 나뉘었던 업무를 하나로 합쳐, '비전·목소리·참여'와 '인재·문화·역량'을 통합한 부서를 둔 것이다. 제프 린더맨은 이 공공기관에서 해당 부서를 이끌며, 샌디에이고 국제공항의 일상 운영과 문화 혁신을 동시에 담당했다. 그는 공항을 국제 게이트웨이로 자리 잡게 하면서 'Let's Go'라는 캠페인을 대내외로 실행해 규모감 있고 단일화된 정체성을 구축했다. 동시에 내부 직원들에게는 공항당국이 국가·지역 단위가 아니라 글로벌 수준의 경쟁력을 갖춰야 한다는 메시지를 주어, 의사결정도 그에 맞추도록 장려했다. 린더맨은 "이 캠페인이 조직 내부에서 좀 더 나은 모습으로 나아가는 촉매 역할을 했다"고 말했다. 이러한 성과는 내·외부 노력을 한데 묶은 그의 특별한 역할이 있었기에 가능했다.

조직을 새로 설계하거나 재설계할 때 고려해야 할 핵심 요소는 크게 구조, 표준, 그리고 역할 세 가지다. 물론 이 외에도 정보 흐름(조직이 어떻게 데이터와 지식을 처리·공유하는지), 의사 결정 권한과 책임(누가 어떤 결정을 내리고, 누가 무엇에 책임지는지), 네트워크(공식 조직도 밖에서 이뤄지는 연결과 협업), 행동 규범(기대되는 행동과 습관) 등 여러 블록을 조합해 조직을 만들 수 있다.

첫 설계안이 나오면 중복 업무가 있는지 점검해 보고, 각 업무가 가장 적합한 사람이나 팀에게 배정되었는지 확인해야 한다. 또 문화와 브랜드가 진화함에 따라 조직 구조가 유연하게 따라갈 수 있는지도 살펴본다. 그리고 현실적 제약(현재 이용 가능한 기술)도 고려해 실현 가능성을 시험해야 한다. 마지막으로 브랜드 성과 지표(고객·직원 이탈률, 순추천지수 등)나 문화 건강 지표(직원 참여도 등)에 대한 책임이 조직 전반에 골고루 배분되도록 만들어야 한다.

무엇보다 중요한 것은 이 설계가 원하는 조직 문화와 얼마나 잘 맞아떨어지는지 살펴보는 일이다. 이 조직 설계가 회사의 통합된 목적과 핵심 가치, 그리고 지향하는 문화를 뒷받침하는지 반드시 확인해야 한다. 직원들이 회사의 목적과 가치를 실천하는 데 도움을 주는 구조인지, 혹은 오히려 가로막고 있는지 점검해 보자. 예컨대 더 민주적이고 덜 온정주의적인 문화를 원한다면, 현재 계층 구조가 그 목표에 부합하는지 따져 봐야 한다. 사람들에게 더 큰 창의성을 발휘하도록 영감을 주는 것이 목적이라면, 창의성 업무를 특정 부서에만 제한함으로써 그 의도를 저해하고 있지 않은지도 점검이 필요하다.

조직 설계의 한 측면으로 마케팅 부서와 HR 부서의 관계를 주목할 필요가 있다. 컨설팅 회사 글로벌 브랜드 리더를 맡았던 힐튼 바버는 이 두 그룹 간에 잠재적 충돌이 생길 수 있다고 지적했다. 그는 마케팅과 HR이 임직원을 놓고 경쟁할 수 있다고 예측했다. "세계적 수준의 브랜드 경험을 만드는 것이 최고 마케팅 책임자의 역할이라면, 직원들이 적극적으로 참여하지 않고서는 불가능하다. 그렇다면 직원 경험과 참여도 마케팅에서 담당해야 하는 것 아니냐"라는 주장이다. 물론 바버는 자신이 오랫동안 마케팅에 몸담은 만큼 편향된 시각일 수 있다고 인정하며, 결국 마케팅과 HR을 결합해야 한다고 결론을 내렸다.

실제로 미국 지역 은행인 엄프콰 은행에서는 마케팅과

HR이 어떻게 협업 관계를 맺는지 보여 준다. 타일러 레어드 메이지는 박사 학위 논문에서 엄프콰의 조직 배치를 설명했다. '조직 문화' 담당 임원과 '브랜드' 담당 임원이 임원층 양 끝 모서리에 각각 자리 잡고, 그사이 공간에서 그들의 직원들이 함께 근무한다는 것이다.

'조직 문화' 책임자는 다음과 같이 말했다. "여기서는 사실 두 부서가 따로 존재하지 않는 셈이다. 브랜드가 곧 조직 문화이고, 조직 문화가 곧 브랜드이기 때문이다. (중략) 우리는 같은 팀이라고 본다. 함께 일하고, 아이디어도 공유한다."

한편 '브랜드' 책임자는 이렇게 덧붙였다. "나는 (조직 문화 책임자가 하는) 일을 적극 지원해야 하고, 그도 내 일을 지원해야 한다. 우리 둘은 서로에게 의존하면서 시너지를 내는 관계다. 내가 하는 일은 훌륭한 인재를 채용하는 데 도움을 주고, 회사 평판을 만든다. 반면 그녀가 하는 일은 고객에게 실제 서비스를 제공해 구전 효과를 만드는 것이다. (중략) 부서 간 경계 같은 건 없다. (중략) 우리는 늘 서로의 영역을 넘나든다."

이 사례는 브랜드와 조직 문화를 결합하기 위해 마케팅과 HR이 경쟁하기보다 협업 관계를 맺는 편이 더 효과적일 수 있음을 잘 보여 준다.

조직의 '무엇'을
'왜'와 '어떻게'에 맞춰라

조직 문화와 브랜드를 온전히 통합하고 정렬하려면 어떻게 조직을 운영하느냐도 조직 설계만큼이나 중요하다. 안타깝게도 많은 회사가 문화를 실제로 작동하게 만들겠다고 나설 때, 대개 HR 과정(채용, 온보딩, 교육, 보상 등)만 손본다. 물론 이같은 HR 프로세스는 원하는 문화를 형성하는 데 핵심 역할을 하지만 회사의 핵심 운영, 즉 비즈니스 기능과 일상적인 프로세스와 관행도 조직 문화가 자리 잡고 브랜드 정체성과 조화를 이루도록 하는 데 큰 영향을 미친다.

문제는 직원들이 매일 접하는 기획, 예산, 영업, 제품·서비스 제공 같은 운영 프로세스가 오히려 직원들이 핵심 가치를 실천하는 것을 막을 때가 많다는 것이다. 예를 들어, 지나치게 많은 예산 승인 절차와 프로젝트 승인 절차는 위험을 덜 무서워하고 도전하는 문화를 만들기 어렵게 한다. 세밀한 전략 계획에 매달리는 회사에서는 신속하고 유연한 문화를 기대하기 힘들다.

하지만 운영 프로세스를 제대로 설계한다면, 조직이 원하는 조직 문화를 오히려 촉진할 수 있다. 예를 들어, 성과 지향 브랜드 정체성을 갖추고 싶다면 전 직원이 회사의 핵심 성과 지표나 경쟁사 동향 정보를 언제든 확인할 수 있게 하고, 이를 정기적으로 분석·토론하도록 설계할 수 있다. 혁신 브랜드 정체성에 걸맞은 실험정신 문화를 키우고 싶다면, 빠른 시제품 제작을 위한 프로세스를 만들 수도 있다.

회사의 현재 운영 방식이 원하는 문화와 얼마나 잘 맞는지를 살펴볼 때, 예컨대 제품 프로세스(설계, 엔지니어링, 제조, 납품, 서비스)는 어떤 문화를 드러내는지 고민해야 한다. 이 프로세스는 민첩하고 독창적이며 예측 가능한 문화 이미지를 보여 주는지를 고민해야 한다. 또 영업 프로세스(목표 설정, 잠재 고객 발굴, 거래 성사, 성과 귀속 등)나 연간 기획·예산 프로세스도 마찬가지다. 이들이 원하는 문화, 즉 브랜드와 조직 문화를 일치시키려는 방향에 부합하지 않는다면, 그 프로세스를 재설계해야 한다.

원하는 문화와 조화로운 운영은 다양한 수준에서 이루어질 수 있다. 전술적 관점으로 보면, 예를 들어 JC페니 회생에 나선 마빈 엘리슨은 '프로젝트 심플' 체계를 도입해 매장 직원들이 고객 서비스에 더 집중하도록 했다. 매장 관리자들이 받아 보는 이메일 양을 줄이고, 매주 필요한 업무 지시 사항을 간소화해 서류 작성에 시간을 빼앗기지 않고 고객에게 더 많은 시간을 쏟도록 했다.

전략적 관점으로는 브라질 기업 나투라가 새로운 혁신 프로세스를 도입해 원하는 조직 문화를 추진한 사례를 들 수 있다. 창립자 안토니오 루이스 다 쿠냐 세아브라가 1969년 상파울루 차고에서 시작한 이 기업은 독특한 방식의 운영을 통해 40억 달러 규모 글로벌 뷰티 브랜드로 성장했다. 경쟁이 치열해지자, 나투라는 '혁신'을 조직 문화의 핵심 역량이자 핵심 요소로 다시 강조하기로 결정했다. 그리고 기업가 정신을 발휘하고 앞장서며, 이전에 없던 일을 시도하고 위험을 감수하는 식으로 혁신 문화를 정의했다.

이를 위해 나투라는 기존 제품 개발 프로세스를 전면 재설계하고 새로운 절차들을 도입했다. 예를 들어, 신소재와 대체 실험 방법, 환경 영향 측정 방법 등을 찾기 위한 '기술 퍼널 technology funnel'과, 고객 니즈와 시장 기회를 발굴하는 '혁신 퍼널 innovation funnel'을 결합해 새로운 역량을 확보했다. 또 포트폴리오 관리 프로세스를 새로 만들어 신제품이 창출하는 무형 가치를 더 중시했고, 이를 평가하기 위한 투입·처리·산출 지표도 새로 만들었다. 이러한 프로세스 변화는 직원들이 더욱 혁신적인 사고방식과 의사 결정 과정을 수용하도록 만들었고, 실제로 나투라의 혁신 문화를 한층 강화했다.

그 결과, 2007년부터 2011년까지 나투라의 매출은 30억 헤알에서 50억 헤알로 증가했다. 나투라의 세 명의 매니저들은 회사 사례 연구에서 "혁신은 회사 전체에 깊숙이 스며 있고, 내부 프로세스와 기업 문화의 큰 영향을 받는다"며 이 성과가 조직 전반의 혁신 관점 덕분이라는 결론을 내렸다.

이처럼 프로세스 변화와 문화 변화는 단순히 어느 한쪽이 다른 쪽을 일방적으로 야기하는 관계가 아니라 상호 작용하는 관계다. 운영 프로세스는 사람들이 일하는 방식을 결정해 문화를 형성하고, 조직 문화는 다시 그 운영 방식을 효과적이고 효율적으로 만들거나 그 반대가 될 수 있다. 운영과 문화가 서로 조화를 이룰 때 원하는 비즈니스와 브랜드 목표를 달성하기 위한 선순환을 만들어 낸다.

브랜드 터치포인트를 점검하라

조직의 어떤 영역이나 운영 프로세스·관행이 문화 변화를 위해 손볼 여지가 있는지 알아보려면, 브랜드 터치포인트를 살펴보는 방법이 있다.

브랜드 터치포인트*brand touchpoints*란, 외부 사람들이 브랜드와 접촉하게 되는 모든 지점이다. 단순히 제품 하나나 광고물처럼 개별 요소일 수도 있고, 장비 설치나 고객 이벤트 참여처럼 여러 요소가 결합된 상호 작용이자 경험일 수도 있다. 터치포인트는 고객이 경험할 과정 전반에 걸쳐 존재한다. 예를 들어 '발견' 단계에는 이메일 초대장과 매장 디스플레이, 명함 등이 있고, '구매' 단계에는 계산대 직원, 웹사이트 결제 프로세스, 인보이스 발행 등이 포함된다. '사용' 단계에는 기기 버튼, 프로젝트 계획서, 모바일 애플리케이션이 해당하며, '서비스와 지원' 단계에는 콜센터 상담원, 대기실 가구, 고객 대상 프로그램 등이 해당된다.

대부분의 조직은 수백 개의 브랜드 터치포인트를 갖는다. 예컨대 소니 전자 부문에서 브랜드와 전략을 총괄하던 시절, 우리가 파악한 브랜드 터치포인트만 240여 개가 넘었다(이는 제공하는 모든 제품을 포함하지 않은 수치다). 페덱스는 고객 접점이 200개 이상이라는 연구 결과를 얻었고, 존 디어 파이낸셜은 여러 상품군을 아우른 결과 무려 529개에 달하는 터치포인트를 찾아냈다.

백 오피스 기능이나 고객 대면 업무가 아닌 부서 직원들이 브랜드 터치포인트에 미치는 영향은 종종 간과되거나 과소평가된다. 예를 들어, 한 대형 건설사는 까다로운 하도급업자 청구 절차가 건물 품질에 직접적인 영향을 준다는 사실을 뒤늦게 깨달았다. 지불 주기를 짧게 조정하고 서류 제출 양을 줄였더니 더 뛰어난 하도급업자를 유치할 수 있었고, 이들이 지은 주택 품질도 개선되었다. 고객 관계 관리CRM, customer relation management 소프트웨어 회사인 라이트나우는 계약서 내용 중 고객과의 협상 과정을 지나치게 길어지게 만드는 부분들을 찾아내 정리함으로써, 기업과 고객 모두에게 이익이 되는 방식으로 판매 사이클을 단축했다.

이처럼 브랜드 터치포인트를 식별하고 평가하면, 어떤 터치포인트가 브랜드 인식에 가장 큰 영향을 미치는지 파악할 수 있다. 브랜드에 부정적 영향을 주는 터치포인트를 개선하고, 가장 긍정적인 터치포인트를 극대화하려면 해당 터치포인트를 담당하는 조직 내부의 사람과 프로세스가 무엇인지도 파악해야 한다. 다음 장에서는 이를 어떻게 해낼 수 있는지 구체적인 방법을 알아보자.

브랜드 터치포인트 휠로 시각화하기

'브랜드 터치포인트 휠*brand touchpoint wheel*'은 회사 내 모든 브랜드 터치포인트와 각각을 온브랜드*on-brand*로 유지하기 위해 필요한 조직 요소들을 한눈에 파악하고 시각화하는 도구다. 내부 운영과 외부 브랜드 정체성을 통합하고 정렬하는 데 매우 큰 힘을 발휘한다. 브랜드 터치포인트 휠의 예시는 172쪽 그림과 같다.

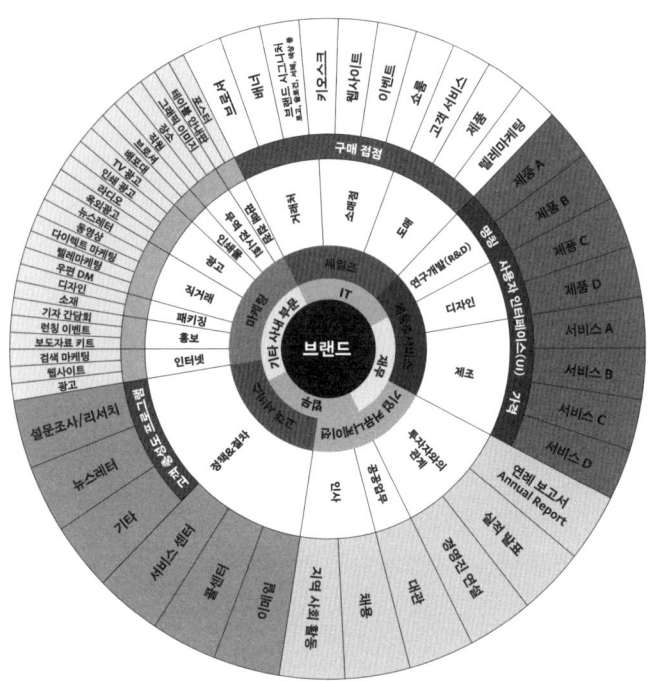

브랜드 터치포인트 휠 예시

1단계: 진단

우선 회사가 외부와 소통하는 모든 방식과 고객 및 기타 이해관계자에게 제공하는 모든 경험을 실사한다. 터치포인트가 방대할 수 있으니, 업무 협의 팀을 구성해 함께 진행하면 범위를 나누어 맡을 수 있고, 더욱 포괄적인 결과를 얻을 수 있다.

2단계: 분류

다음으로, 앞서 실사한 터치포인트를 한 가지 기준에 따라 묶는다. 예컨대, 다음과 같은 방법이 가능하다.

1. 고객 여정의 단계별로 분류하기
   - 예: 구매 전, 구매, 구매 후 터치포인트
   - 연례 보고서나 사무실 빌딩, 협력사 인보이스 등 고객이 아닌 이해관계자와의 터치포인트도 추가한다.
   - 단, 모바일 애플리케이션처럼 여러 단계에서 사용되는 터치포인트는 여러 곳에 중복해 표시해야 할 수 있다.
2. 대상 유형에 따라 크게 세 그룹으로 나누기
   - 객체: 광고, 포장 등
   - 사람: 콜센터, 세일즈 직원 등
   - 상호 작용/경험: SNS, 웹사이트 등
3. 회사가 영향을 미치고 통제·공유하는 정도에 따라 나누기
   - 회사가 통제하는 터치포인트: 서비스 요청 양식, 쿠폰, 직원 대면 서비스 등

- 회사가 공동 책임을 지는 터치포인트: 배송 서비스, 스폰서십 등
- 회사가 간접적 영향을 미치는 터치포인트: 리뷰 사이트, 직원 구전word of mouth 등

어떤 방식을 택하든 제품 자체를 빼먹지 않아야 한다. 제품은 대개 브랜드 인식에 가장 큰 영향을 주지만, 이 같은 작업에서 자칫 누락되기 쉽다.

3단계: 맵핑

각 터치포인트마다 이를 개발·제공하는 내부 부서, 그룹, 담당자와 그들이 사용하는 프로세스·관행을 적어 둔다. 그런 뒤 공통점이나 중첩 영역을 찾아 함께 묶고, 이를 계층 형태로 정리한다.

예를 들어 제품의 가격 책정·포장·유통·마케팅 등은 제품 프로젝트 팀이 담당한다. 이 팀이 해당 영역의 터치포인트를 총괄한다면, 이를 휠에서 서로 가깝게 배치한 뒤 '제품 팀'이라는 별도의 계층을 추가해 하나로 묶을 수 있다. 또 영업 프로세스 안에 제품 브로슈어, 참고 자료, 인보이스 등이 포함된다면 이들을 하나의 영업 프로세스 계층 아래 묶는다.

이 과정을 진행할 때, 단지 내부 부서별로만 레이어를 만들려는 유혹을 떨쳐 내고 여러 부서가 어떻게 협업해 특정 터치포인트에 관여하는지 주목해야 한다. 이렇게 해야 각 터치포인트에 누가 어떻게 참여하는지 명확히 파악될 뿐 아니라, 부서 간 협력이 꼭 필요한 지점도

자연스럽게 드러나 사일로를 허무는 효과가 있다. 가령 앞서 말한 브로슈어는 마케팅 부서, 레퍼런스는 세일즈 부서, 인보이스는 회계 부서의 담당일 수 있다. 이들을 같은 계층에 묶으면 영업 프로세스에서 이 세 부서가 유기적으로 공조해야 한다는 사실이 한눈에 보인다.

4단계: 배열

터치포인트, 담당 인력, 프로세스를 휠 형태로 배치한다. 가운데에는 브랜드를 두고, 휠의 테두리에 터치포인트를 배치한다. 그리고 3단계에서 만든 사람과 프로세스 레이어들을 휠 중심에서 터치포인트까지 이어지는 부챗살처럼 그린다.
브랜드 터치포인트 휠을 완성하면, 조직 내·외부를 연결하는 모든 터치포인트와 이를 만들어 내는 사람·프로세스가 한눈에 보인다. 이는 내부 운영과 외부 브랜드 정체성을 통합하고 정렬하는 데 강력한 도구가 될 것이다.

브랜드 터치포인트 분석, 우선순위 설정, 최적화하기

브랜드 터치포인트를 모두 시각화했다면, 각 터치포인트가 원하는 브랜드 정체성을 얼마나 잘 반영하는지 평가해야 한다. 이를 위해 고객 조사나 내부 진단, 업계 리포트 등을 활용해 각 터치포인트가 사람들의 브랜드 인식에 미치는 중요도를 파악한다. 그 후 오늘날 우리가 얼마나 잘 실행하고 있는지(현재 상태)와 어떻게 실행해야 하는지(목표 상태) 사이의 간극을 평가하고, 그 간극을 줄이는 데 필요한 비용과 시간을 고려해 재점검이 가장 시급한 터치포인트부터 우선순위를 정한다.

마지막으로 우선순위에 오른 터치포인트를 최적화하기 위해 조직 설계나 운영 프로세스를 변경할 필요가 있는지, 둘 다 필요한지 결정한다. 앞의 영업 프로세스 예시를 살펴보면, 사우스웨스트 항공이 두 부서 간 정보를 연결해 주는 '경계 연결자' 역할을 두었듯이, 새로운 직무를 만들어 부서 간 우수 사례 공유를 촉진할 수 있다. 이는 더 나은 영업 프레젠테이션과 협업 문화를 구축할 수 있다. 혹은 청구서 발행 프로세스를 더 투명하게 만들면 업무 중복을 줄이고, 회사가 강조하는 투명성이라는 핵심 가치를 강화할 수 있을지도 모른다.

이처럼 시각화 → 평가 → 우선순위 설정 → 최적화의 과정을 거쳐 브랜드 터치포인트를 개선하는 일은 조직 내부가 하는 일과 외부에서의 브랜드 인식을 유기적으로 연결하기 때문에 브랜드-조직 문화 융합을 실현하는 데 특히 유용하다. 내부 프로세스와 관행이 원하는 조직 문화와 더욱 잘 조화되면, 각 터치포인트는 브랜드가 지향하는 명확하고 일관된 정체성을 더욱 선명히 보여 줄 것이다. 또 브랜드 터치포인트 휠 제작부터 운영 개선 작업에 직원들을 참여시킴으로써, 조직 전체가 이 변화에 함께 동참하도록 유도할 수 있다.

조직 문화는 사소하거나 추상적인 영역이 아니다

조직 문화가 단지 운영의 투입 요소로만 취급될 때 문화 변화 노력은 종종 실패로 끝난다. 즉, '좋은 문화가 생기면 조직이 완벽하게 돌아갈 것이다'라고 리더들이 잘못 믿는다는 뜻이다. 물론 좋은 문화가 사일로를 없애거나 회사 운영상의 단절을 해소하는 등 조직 효율성을 높일 수 있다. 하지만 문화는 조직을 움직이는 입력이자, 그 조직 설계와 운영 기능, 프로세스, 관행에서 비롯되는 결과물이기도 하다.

조직 행동 전문가 제이 W. 로르시와 동료 에밀리 맥테이그는 《하버드 비즈니스 리뷰》에서 "문화는 '고쳐지는' 것이 아니다"라고 주장했다. 그들은 "오래된 전략이나 비즈니스 모델을 개편하는 등의 어려운 과제를 해결하기 위해 새로운 프로세스나 구조를 도입하면, 그 결과로서 조직 문화가 변한다"고 말했다.

조직 컨설팅 전문가 존 카첸바흐는 "톱다운 메시지와 교육·훈련 프로그램, 눈에 보이는 변화 신호들만으로 사람들의 믿음이나 행동을 바꾸기 어렵다"고 말했다. 뇌과학 연구 결과에 따르면 사람들은 머릿속으로 생각해서 행동으로 옮기기보다 행동하면서 믿음이 생기는 경향이 강하다고 시사한다. 따라서 조직 설계와 운영 방식을 달리하여 회사가 실제로 다른 행동을 할 수 있도록 만들어야 한다.

그동안 조직 문화는 '소프트 스터프 *soft stuff*'*로 치부되어, 딱딱한 전략과 지표에 비해 우선순위가 낮거나 단순히 기분 좋게 만드는 노력에 머무는 경우가 많았다. 이 때문에 문화 변화를 시도하는 기업 중 19%만이 성공한다는 통계가 나온다. 그러나 기업을 설계하고 운영하는 데 더욱 포괄적인 접근을 택해 원하는 문화를 정착시키는 리더들은 결국 성공을 거둔다. 그리고 시간이 흐름에 따라 그들은 결국 브랜드-조직 문화 융합을 이루게 된다.

원하는 문화의 큰 구조적·운영적 요소를 갖춘 뒤로 행해야 할 다음 단계로 직원 경험에 문화를 더욱 깊이 스며들게 해야 한다. 다음 장에서는 그 구체적인 방법을 집중적으로

---

* 보통 기업에서 하드 전략 *hard strategy*이나 성과 지표 같은 '눈에 보이는 것'에 집중하고, 상대적으로 조직 문화처럼 '눈에 잘 보이지 않고, 덜 중요하다고 여겨지는 요소'를 '소프트 스터프 *soft stuff*'라고 부르는 경우가 많다.

다룰 예정이다.

핵심 내용 요약

- 조직 문화를 실제로 작동하게 하려면, 조직 설계(부서 구성, 계층 구조, 역할)와 운영(업무 기능, 일상 프로세스·관행)을 통해 구체화해야 한다.
- 조직 설계의 세 가지 요소인 구조, 표준, 역할을 활용해 원하는 문화와 맞는 조직을 만들거나 재설계할 수 있다.
- 종종 회사의 운영 프로세스·관행 때문에 직원들이 핵심 가치를 실천하기 어려워진다.
- 운영을 문화에 맞춰 조정하는 방식은 다양한 스펙트럼으로 이루어질 수 있다. 특정 프로세스·관행을 개선하는 전술적 접근부터, 전사적 프로세스를 통합·향상하는 전략적 접근까지 선택 가능하다.
- 브랜드 터치포인트 작업으로 회사 내부에서 하는 일과 외부에서의 브랜드 인식을 유기적으로 연결할 수 있다.

CHAPTER 5

조직 문화의 변화를 이끄는 직원 경험을 만들어라

이번 장의 핵심 내용

- 직원 경험이 전통적인 HR 활동 그 이상으로 훨씬 더 큰 결과를 만들어 내는 이유
- 원하는 문화를 만들기 위해, 직원 경험을 의도적으로 설계하는 방법
- 직원 경험과 고객 경험을 떼어놓을 수 없이 긴밀히 연결해야 하는 이유

에어비앤비가 내세운 회사의 최종 목적이 '누구나 어디에서든 소속감을 느낄 수 있는 세상을 만들자'라면, 당연히 에어비앤비 구성원들부터 조직 안에서 소속감을 느껴야 한다고 이 회사의 리더들은 믿는다. 그리고 바로 이 믿음이 직원 경험을 무엇보다 중요하게 여기는 이유다.

실제로 창업 이후 10년이 채 되지 않아 기업 가치 310억 달러를 돌파한 이 숙박·호스피탈리티 스타트업은 브랜드를 구축하고 목적을 추구하기 위한 핵심 전략으로 직원 경험을 활용해 왔다. 에어비앤비는 브랜드 정체성을 담은 슬로건으로 누구나 어디에서나 속해 있다는 뜻의 'Belong Anywhere'를 발표하고, '#belonganywhere' 해시태그 캠페인을 시작했다. 하지만 에어비앤비 리더들은 이것이 외부 고객만을 위한 아이디어가 아니라, 회사 내부에서도 적용되어야 한다

고 믿었다.

당시 에어비앤비의 글로벌 직원 경험 총괄이었던 마크 레비는 이렇게 말했다. "직원들 스스로 조직 내에서 '내가 여기 속해 있다'고 느끼도록 만들어야 해요. 소속감은 여기서부터 시작하죠. 내부에서 먼저 소속감을 확실히 구현해야, 그다음에 (고객과) 벽을 허무는 작업도 할 수 있어요."

마크 레비의 직책 자체가 존재한다는 사실만으로도 에어비앤비가 직원들의 일상적 경험을 회사의 목적과 가치에 맞추려는 의지가 얼마나 강한지 알 수 있다. 레비가 합류하기 전, 회사의 인재 담당 부서(작은 규모의 전통적 HR 팀)와 채용 담당 부서(사업 확장에 필요한 인력을 빠르게 확보해야 하는 더 큰 팀), 그리고 '그라운드 컨트롤*ground control*'이라는 조직 문화 관련 팀(업무 공간, 내부 커뮤니케이션, 직원 행사, 기념·포상 프로그램 등으로 조직 문화를 구현하는 부서)은 서로 다른 조직에 속해 있었다.

레비와 에어비앤비 창립자들은 '회사가 직원들이 성공하고, 소속감을 느끼도록 돕는 다양한 방식을 모두 한데 모으면 어떨까?'라는 질문을 던졌다. 그들은 고객 경험 부서의 접근법을 참고해 직원 경험 그룹을 출범하기로 했다. 즉, 기존에 분산되어 있던 HR과 조직 문화 업무를 통합하는 동시에 시설·안전·보안·식사·글로벌 사회 공헌, 다양성과 소속감 같은 기능까지 합쳤다. 또 총 보상, 학습, 인재 설계, 인재 시스템 등 특정 전문 영역을 더 세분화해 레비 표현대로 '직원 경험 전체 여정에 걸쳐 필요한 모든 것'을 담당하도록 만들었다.

이렇게 새로 만들어진 직원 경험 팀은 여러 부서 사이를 가로지르며, '직원들을 위한 원활한 서비스 모델'을 제공한다. 그리고 이 활동 전반에 깔린 공통된 초점이 에어비앤비의 사명, 가치, 문화다. 레비는 이것을 "모든 것을 하나로 묶는 접착제"라고 부른다.

에어비앤비의 직원 경험은 공식 입사 전부터 시작되었다. 에어비앤비는 일부 기업처럼 인재를 끌어들이기보다 필요한 인재만을 추려 내는 것이 핵심 과제였다. 이를 위해 에어비앤비는 면접 과정에서 지원자가 해당 직무뿐 아니라 회사 문화에도 잘 맞는지 철저히 살핀다. 구직자는 에어비앤비 핵심 가치와의 '적합도'만을 전담 평가하는 인터뷰를 두 차례 진행한다. 창립자들이 직접 선발한 인터뷰어들이 이 면접을 진행하며, 이들은 지원 부서와 무관한 소속이지만 최종 채용 여부에 대한 거부권을 갖는다.

이 까다로운 면접 프로세스는 다른 기능도 한다. 레비에 따르면, 지원자에게 에어비앤비의 독특한 문화를 처음으로 체험하게 만드는 것이다. 면접관들이 지원자의 가치관과 인성을 알아보는 과정 자체가 에어비앤비의 핵심 가치 중 하나인 '호스트가 되어라. 다른 사람을 배려하고, 그들이 소속감을 느끼도록 해 줘라'를 직접 실천하는 모습이기 때문이다.

에어비앤비의 주간 온보딩 프로그램은 신규 입사자에게 회사의 통합된 목적과 핵심 가치, 사업 전략과 부서별 기능, 그리고 독특한 업무 방식을 소개한다. 예컨대, 신입사원들은 고객 지원 담당자를 며칠간 따라다니며 실제 고객(호스트·게스트)이 어떤 어려움을 겪고 있고 회사가 이를 어떻게 지원하는지를 몸소 체험한다. 이렇게 함께 온보딩에 참여한 신입사원들은 자연스럽게 친밀해져, 에어비앤비 안에서 쭉 이어질 동료 집단을 형성하게 된다. 레비는 이것이 직원들에게 초반부터 소속감을 심어 주고, 서로가 함께 성장할 수 있는 기반을 만든다고 강조한다.

에어비앤비 직원들은 입사 후에도 브랜드 정체성, 목적, 가치가 녹아든 일상적 경험을 누릴 수 있다. 가령, 사내 카페에서는 매일 다른 여행지를 테마로 한 음식을 제공한다. 회의실은 실제 에어비앤비 호스트의 숙소를 본떠 만들었고, 복도에는 호스트들의 대형 사진이 걸려 있다. 이를 통해 직원들은 곳곳에서 '호스트 정신'을 체감하게 된다.

또 에어비앤비 사무실은 직원들에게 소속감을 느낄 수 있는 '집 같은 공간'이 되도록 설계되었다. 부엌, 도서관, 명상이나 요가를 할 수 있는 공간부터 벽에 낙서할 수 있는 공간까지 마련되어 있으며, 3층 높이의 녹색 아트리움은 마치 집 정원을 연상시킨다. 직원들은 지정 좌석 없이 '랜딩 스테이션'에서 충전과 간단한 물건 보관만 하고, 마음이 편한 곳 어디에서나 일할 수 있다.

'그라운드 컨트롤' 팀은 전 세계 커뮤니티 축제나 명절에 맞춰 깜짝 이벤트, 테마 행사를 열어 직원들에게 소속감을 지속적으로 심어 주고 직원들도 고객에게 소속감을 전하는 문화를 키우도록 돕는다. 에어비앤비는 직원들을 브랜드 홍보 대사로 보고, 이들이 직접 회사를 체험하고 소속감을 느낄 때 주변 사람들에게 에어비앤비의 가치를 정확히 전달할 수 있다고 믿는다. 실제로 이러한 직원 경험을 통해 에어비앤비는 꾸준한 매출 성장(4년간 3,400% 이익 증가 예측), 브랜드 지지자 규모 1위(유고브 브랜드 인덱스), 그리고 구직사이트 글래스도어 선정 최고의 직장 등의 성과를 내는 중이다.

직원 경험이란 무엇인가?

에어비앤비는 직원 경험이 여러 면에서 조직 성과에 긍정적 영향을 줄 수 있다는 사실을 발견한 많은 기업 중 하나다. 단지 직원 만족도, 생산성, 이직률 개선을 넘어 브랜드 가치, 경쟁 우위, 지속 가능한 성장 영역에서도 효과가 있다는 점을 깨달은 것이다. 직원 경험을 통해 조직이 확고한 문화를 만들면 그 효과가 기업 전반에 뻗어 나가기 때문이다. 실제로

《포브스 Forbes》는 HR 트렌드 1위로 '매력적인 직원 경험 만들기'를 꼽고, 딜로이트 휴먼 캐피털 그룹의 조사에서도 전 세계 임원의 70%가 직원 경험을 '중요하거나 매우 중요한' 트렌드라고 응답한 결과를 내놓은 적이 있다.

하지만 직원 경험이 정확히 무엇인지를 두고 혼동과 오해가 많다. 예를 들어 직원 경험이 단지 기존 HR 업무를 개선한 버전인지, 직원들이 즐겁게 일하도록 만드는 재미 요소만을 뜻하는지, 아니면 직원들을 내부 고객처럼 대하는 개념인지 등 서로 다른 시각이 존재한다.

몇 가지로 구분해 볼 수 있는데, 우선 직원 경험은 '고용주 브랜딩'과 다르다. 고용주 브랜딩은 회사 외부 사람들을 대상으로 기업 이미지를 만들고 우수 인재를 유치하기 위한 특정한 평판을 구축하는 데 집중한다. 만약 노력의 초점이 회사 밖 지원자에게만 맞춰졌다면, 기존 직원들을 끌어들이거나 그들이 원하는 브랜드 정체성을 지지하도록 고무할 수 없다. 이뿐만 아니라 조직이 지향하는 브랜드 정체성을 실현하기 위해 필요한 직원들의 사고방식과 행동까지 이끌어 내는 데도 실패할 가능성이 크다.

글로벌 컨설팅 회사 딜로이트에 따라, 과거와 달라진 직원 경험 규칙은 188쪽 표와 같다.

직원 경험은 직원들에게 기분만 좋게 해 주는 혜택을 제공하는 일이 아니다. 직원 경험은 직원 참여과 동일하지

구분	과거 규칙	새로운 규칙
직원 경험 정의	연간 직원 참여 조사로 정의함.	업무에서 겪는 전체적 삶의 경험을 통합적으로 바라봄. 끊임없는 피드백과 실천, 모니터링이 필요함.
직원 경험 관리	채용, 보상, 직원 참여, 기타 HR 프로그램 등 HR 리더들이 업무를 분산해 담당함.	직원 경험 전체를 책임지는 전담 리더(또는 팀)가 필요함. 직원 여정, 경험, 참여, 문화를 종합적으로 다룸.
직원 건강/복지	안전과 보험료 관리 중심의 건강·복지 프로그램을 운영함.	직원과 가족, 그리고 생활과 일 전반을 고려한 통합 복지 프로그램 운영.
보상	급여, 초과 근무 수당, 보너스, 복리후생, 스톡 옵션 등을 포함함.	재정적 보상 외에도 식사·휴가·휴직 제도·피트니스·웰니스 프로그램 등 다양한 비재정적 보상을 포함함.

과거와 달라진 직원 경험 규칙

않지만 밀접한 관련성도 가진다.*

---

* 직원 경험과 직원 참여의 차이를 두고 혼란이 있는 것은 전문가들 간 견해도 엇갈린다는 점에서 드러난다. 예를 들어, 고객 경험 컨설팅사 템킨 그룹의 매니징 파트너인 브루스 템킨은 조직이 직원 참여에 집중해야 한다며 다음과 같이 주장했다. "직원 경험은 직원들이 자신의 일이나 근무 환경을 얼마나 즐기는지에 초점을 맞추고, 일상을 즐겁게 만드는 데 관련된다."
반면, 직원 참여는 직원들이 조직의 미션에 얼마나 헌신하는지와 관련이 있다. 한편 『직원 경험의 이점 The Employee Experience Advantage』의 저자인 제이콥 모건은 "직원 참여는 기업이 일하는 방식을 개선하기 위해 시도했던 단기적인 화장술에 가까웠다"며 직원 경험이 더 근본적인 조직 재설계를 뜻한다고 본다. 그는 다음과 같이 말했다. "직원 참여가 단기적 아드레날린 주사라면, 직원 경험은 장기적으로 조직을 재설계하는 일이다. 페인트나 시트 교체가 아니라 엔진 자체에 집중하는 것에 가깝다."
즉, 템킨은 직원 참여가 조직의 목표·미션에 대한 직원의 '헌신도'를 높이는 개념이라는 시각이고, 모건은 직원 참여가 그저 '단기적' 처방으로 활용돼 왔다고 비판하면서 직원 경험이 더 근본적이고 장기적인 접근 방식이라는 입장이다. 두 시각 모두 뛰어난 직원 경험이 결국 직원 참여로 이어진다는 점에서 그동안 많은 회사가 결과(직원 참여)에만 집중했고, 정작 그 결과를 어떻게 만들어 내는지(직원 경험)는 제대로 이해하지 못했다.

직원 경험은 직원을 고객 대하듯이 대하는 일도 아니다. 직원과 고객은 중요한 차이가 있기 때문이다. 다만 고객 경험이 회사와 고객 사이 모든 상호 작용의 총합이듯, 직원 경험은 직원이 조직과 맺는 모든 접점에서 겪는 일의 총합으로 볼 수 있다. 즉, 입사 지원자였을 때의 첫 접촉부터 퇴사 후 마지막 상호 작용까지 직원이 경험하는 모든 것을 직원 경험이라 부른다.

HR 자문·리서치 회사인 퓨처 워크플레이스 설립 파트너인 지니 마이스터는 직원 경험을 이해하기 위해 "직장도 하나의 경험이 되어야 한다"는 표현을 썼다. 이어서 "'직장도 하나의 경험'이라는 개념은 물리적·감정적·지적·가상적·미래지향적 측면 등 업무를 이루는 모든 요소를 정교하게 조율해 직원에게 영감을 주는 것"이라고 설명했다. 어쩌면 에어비앤비의 마크 레비가 이보다 더욱 간결하게 설명했을 수 있다.

"직원들이 성공할 수 있게 돕고, 문화를 개선하는 데 기

직원에 대한 관심이 필요하다는 점은 공통적이지만, 직원 경험이 기업의 전면적 재설계와 장기적 변화를 다룬다는 면에서 직원 참여보다 더욱 광범위하고 조직 자체를 바꾸는 개념임을 강조한다.

여하는 모든 것이 직원 경험에 포함된다."

에어비앤비의 사례에서 보듯 직원 경험은 의도적이고 분명하며, 신중하게 설계해야만 통합된 목적을 뒷받침하고 핵심 가치를 드러낼 수 있다. 이 장의 남은 부분에서는 그 방법을 구체적으로 살펴볼 것이다. 직원 경험 프로그램을 잘 운영한 여러 기업 사례를 소개하며, 효과적인 직원 경험 설계 방식이 무엇인지 알아보고자 한다. 여기서 배울 수 있는 핵심은 다음과 같다.

- 직원들을 세분화하고 우선순위가 높은 상호 작용을 선정하며, 설계 모델을 채택하고 원하는 문화를 지원하기 위한 경험을 설계하는 네 단계 프로세스
- 직원 경험 설계 과정에 어떻게 직원들을 참여시키는가
- 직원 경험과 고객 경험을 결합해 직원·고객 만족, 그리고 브랜드-조직 문화 융합을 함께 높이는 방법

이 장에서 소개하는 기업들은 직원 경험을 최우선 과제로 삼는다는 공통점이 있다. 해당 기업들에 소속된 리더들은 직원 경험을 단순히 HR 부서에 위임해야 할 프로젝트가 아니라, 비즈니스를 운영하는 핵심 수단으로 간주하고 필요한 자원과 관심을 아낌없이 투자한다.

직원 경험을 최우선 과제로 삼아라

딜로이트 산하 컨설팅 그룹 버신 바이 딜로이트에 따르면, 조직들은 직원 참여율를 높이기 위해 해마다 10억 달러 이상을 투자한다. 하지만 갤럽 조사에 따르면 직원 중 오직 13%만이 회사에 참여하며, 이는 전 세계적으로 '직원 참여 위기' 상태라는 평가를 받는다.

앞서 조직은 직원 경험에 집중하는 것이 중요하다고 주장한 제이콥 모건은 이와 같은 불일치는 조직 리더들이 직원에 대해 단기적 관점으로 접근하기 때문이라고 지적했다. 대부분의 기업은 '당근과 채찍'에 의존해 직원 참여를 높이려 하지만, 모건은 대신 직원들이 조직에서 하루하루 어떤 경험을 하는지에 주목하고, 그에 맞춰 업무 환경과 일하는 방식을 재설계하라고 조언했다.

모건의 연구에 따르면, 직원 경험에 적극적으로 투자한 조직들은 여러 방면에서 높은 성과를 거둔다. 이들 기업은 글래스도어의 '일하기 좋은 기업' 목록에 11.5배 자주 이름을 올렸고, 링크드인의 '가장 주목받는 북미 고용주' 목록에 4.4배 빈도로 선정되었다. 이뿐만 아니라 패스트컴퍼니의 '가장 혁신적인 기업'에 28배 자주 선정되고, 《포브스》의 '세계에서 가장 혁신적인 기업'에 2.1배 자주 선정되었다. 그리고 미국 고객 만족도 지수 조사에서도 2배 자주 상위에 오른 성과를 보였다.

무엇보다도 "직원 경험에 투자한 기업들은 평균 대비 4배 이상의 이익과 2배 이상의 매출을 기록"했으며, 조직 규모는 25%가량 더 작게(생산성과 혁신 수준이 더 높아졌다는 의미) 운영되는 것으로 나타났다.

결국 직원 참여가 저조하다고 단순히 '당근과 채찍'을 늘리는 방식만으로 부족하다. 직원 경험을 기업 차원의 핵심 우선순위로 삼고, 직원들이 매일 어떤 경험을 하는지 관찰·분석하며 업무 환경과 방식을 재설계해야 좋은 성과를 얻을 수 있다.

모건의 연구 결과에서 보듯, 직원 경험에 적극 투자하는 것이 회사에 상당한 이점을 가져다 준다는 사실은 분명하다. 그렇다면 어떻게 직원 경험을 기업의 핵심 우선순위로 삼을 수 있을까? 핵심 우선순위는 다음과 같이 세 가지가 있다.

① 직원 경험에 자원 투입하기

우선 인적 자원, 재무 자원, 기술 자원 등을 직원 경험에 배분해야 한다. 일부 회사에서는 직원 경험 강화를 위해 추가 예산이 필요할 수도 있다. 하지만 대개는 기존 자원을 새로운 방식으로 활용함으로써 충분히 탁월한 직원 경험을 구현할 수 있다. 예컨대 보육 시설이나 사내 헬스장 등 회사 핵심 가치와 직접 연관된 복지 혜택을 제공하고 싶지만, 예산이 부족하다면 서비스를 직접 운영하기보다 중개인 역할을 맡아 직원들이 할인된 가격으로 혜택을 이용하도록 하는 방법도 있다. 모건은 "대부분의 직원 경험 우수 기업들은 사실상 '컨시어지·편의 서비스'에 가깝다"고 설명했다. 즉, 외부 서비스 업체와 제휴해 직원들이 합리적 비용으로 더 쉽게 서비스를 이용할 수 있도록 연결해 주는 방식이다.

② 사고방식 전환하기

자원을 배분할 뿐 아니라, 직원-회사 관계에 대한 인식도 새롭게 가져야 한다. 딜로이트의 한 연구 보고서는 이를 "고용주와 직원 간 새로운 암묵적 사회 계약"이라고 부른다. 전통적으로 오랜 기간 한 회사에서 안정적으로 근무하던 시대는 지났으며, 직원들은 잦은 이직과 다양한 커리어 경로를 추구하는 경향이 강해졌다. 이러한 환경에서 회사는 "직원들에게 더 신속하게 성장 기회를 제공하고, 더 자주 보직을 이동시키며, 끊임없는 승진 사이클을 마련해 주고, 직원들이 스스로 커리어를 관리할 수 있는 도구를 제공해야 한다"며 이 보고서는 결론짓는다.

③ 가치 중심의 직원 경험 설계하기

무엇보다 중요한 점은 조직의 핵심 가치가 직원 경험 전체에 스며들어야 한다는 것이다. 직원이 회사를 처음 접하는 순간부터 퇴사 이후까지 이어지는 모든 접점에서 회사가 원하는 문화와 핵심 가치를 일상 경험으로 느낄 수 있어야 한다. 그래야 직원들은 그 가치를 자연스럽게 흡수하고, 업무 태도와 행동을 통해 되돌려 표현하게 된다. 결국 핵심 가치를 실제로 살아 숨 쉬는 요소로 만들어 가면 원하는 문화가 자리 잡고, 브랜드 정체성도 그만큼 강력해진다. 회사가 직원 경험을 어떻게 설계하고 운영하느냐에 따라, 직원들은 '회사가 강조하는 가치가 무엇인지, 이를 진정 실천하고 있는지'를 몸소 체험하게 된다. 이는 곧 더 나은 문화와 더욱 탄탄한 브랜드 정체성을 만드는 지름길이 된다.

원하는 직원 경험을 만드는 네 단계

고객 경험을 성공적으로 이끄는 방법과 도구는 직원 경험을 설계하는 데도 적용할 수 있다. 전체적으로 아래 네 단계를 밟는 것이 핵심이다.

① **직원 세분화하기**
② **우선으로 설계해야 할 직원 상호 작용 파악하기**
③ **디자인 모델 채택하기**
④ **원하는 문화를 뒷받침할 수 있는 경험 설계하기**

1단계: 직원 세분화하기

마케팅과 운영 팀이 고객 경험을 설계할 때 고객을 세분화하는 작업으로 출발하듯이 직원 경험 설계에서도 마찬가지로 직원을 서로 다른 그룹으로 나누는 접근이 중요하다. 사람마다 원하는 것과 필요로 하는 것이 다르기 때문이다. 예를 들어, 고객 경험 설계 시 패스트푸드 체인은 '가격에 민감하게 반응하는 고객' vs. '신제품에 관심이 많은 고객' vs. '단순히 편리함을 원하는 고객'으로 구분할 수 있다. 또 고객이 회사에 기여하는 가치도 다르다. 예컨대 대규모 기업 고객은 복잡한 통신 시스템이 필요해 회사에 더 큰 가치를 줄 수 있지만, 소규모 업체는 단순 전화 시스템만 필요할 수 있다. 조직은 세분화를 통해 다양한 고객(또는 직원) 집단을 이해하고 우선순위를 설정한다.

직원도 마찬가지다. 직원 개개인은 서로 다른 필요와 욕구를 지니고 회사에 기여하는 가치도 다르다. 이러한 차이는 직급이나 부서만으로 제대로 파악하기 어려울 수 있으니 조직도에만 의존하지 말고, 직원 집단 내 의미 있는 구분을 찾아서 서로 뚜렷이 다른 세그먼트를 정의해야 한다. 여기서 세그먼트는 특정 특성별로 나눈 그룹을 의미한다. 세분화하는 방법은 여러 가지가 있겠지만, 도움이 될 만한 네 가지 접근법은 다음과 같다.

우선 첫 번째로, 직장의 '일'이 직원 인생에서 어떤 의미를 갖는지 살펴보는 방법이 있다. 《하버드 비즈니스 리뷰》 기사에 따르면, 다음과 같이 여섯 가지 유형으로 직원들을 나눌 수 있다.

① 가치 추구형
일을 통해 오래 남을 가치를 만들어 내는 것을 중시하는 유형

② 안정적 성장형
예측 가능한 경로를 따라 안정적으로 발전하며 생활 수준을 높이는 것에 집중하는 유형

③ 개인 역량을 통한 팀의 성공 추구형
개인 역량을 발휘해 성공적인 팀을 만드는 데 기여하는 것을 중요시하는 유형

④ 모험을 즐기는 성취형
변화와 흥미가 가득한 삶을 지향하며, '일'도 그 일부로 삼고 싶어 하는 유형

⑤ 우연한 생계형
생계 수단으로서의 '일'이 필요하지만, 최우선 순위는 아닌 유형

⑥ 단순 수입 추구형
일을 즉각적인 금전적 보상 수단으로 여기며, 조직에 대한 책임감이 낮은 유형

이러한 방식으로 직원들을 세분화하면, 그들이 개인적

으로 가장 중요하게 여기는 가치가 무엇인지 명확히 파악할 수 있다. 그에 맞춰 직원 경험을 설계함으로써, 각 그룹이 원하는 환경과 동기 부여 방식을 더욱 효과적으로 제공할 수 있다.

두 번째로, 직원이 회사에 기여하는 가치를 기준으로 세분화하는 것이다. 글래스고 대학교 연구진은 직원이 회사에 들이는 비용이나 고용 형태(정규직 vs. 계약직), 회사에 대한 소속감을 얼마나 느끼는지 등을 종합적으로 고려해 아래 네 가지 잠재 세그먼트를 제시한다.

① 핵심 지식형

회사 전략과 핵심 기능에 대한 높은 이해도와 전문성을 갖춰 조직에 큰 가치를 창출하는 유형

예: 고위 관리자, 재무 분석가, 펀드 매니저, 고급 설계 엔지니어, 선임 의료진 등

② 필수적·전통적 인적 자본형

운영에 꼭 필요한 역할을 담당하며, 안정적·전통적인 고용 형태를 유지하는 유형

예: 시설 유지 보수 인력, 기술자, 소프트웨어 엔지니어, 중·하위 관리자, 행정 업무자 등

③ '특수 역량 보유' 또는 사업 파트너형

특정 프로젝트나 전문 분야에서 독특한 지식·기술을 제공하며, 조직 내부 또는 외부 파트너로 활동하는 유형

예: 컨설턴트, 프로젝트 매니저, 학술 연구원 등

④ 부차적 인적 자본·계약직형

조직 내에서 상대적으로 범용적이거나 일시적인 업무를 수행하며, 고용 안정이나 조직 충성도가 비교적 낮을 수 있는 유형

예: 콜센터 직원, 낮은 직급의 HR 스페셜리스트 등

연구진이 사용한 용어가 다소 단순하게 들릴 수 있지만, 이 분류 방식은 직원들이 조직에 얼마나, 또 어떤 방식으로 기여하는지를 파악하는 데 의미 있는 차이를 보여 준다. 따라서 각 세분화된 유형마다 어떤 형태와 수준의 투자가 필요한지를 판단하는 근거가 될 수 있다.

세 번째로, 조직의 전략과 목표에 직원들이 얼마나 공감하는지(정신적 측면과 감정적 측면으로 구분)를 기준으로 세분화하는 방법도 있다. 리즈리 드 체르나토니는 이를 두 차원, 즉 직원들이 회사 전략을 얼마나 인지하고 자신이 어떻게 기여할 수 있는지 알고(지적 참여), 회사 목표 달성에 얼마나 헌신하는지(감정적 참여)에 따라 구분한다.

이 두 축을 기반으로 2×2 매트릭스를 구성하면 다음 네

가지 세그먼트가 나타난다.

> ① **약한 연결: 지적 참여 낮음 / 감정적 참여 낮음**
> ② **방관자: 지적 참여 높음 / 감정적 참여 낮음**
> ③ **불안정한 열정가: 지적 참여 낮음 / 감정적 참여 높음**
> ④ **챔피언: 지적 참여 높음 / 감정적 참여 높음**

이 분류 방법을 사용하면, 우선 챔피언 그룹을 대상으로 직원 경험 전략을 강화하고, 다른 세 그룹에게는 그들의 약점(낮은 지적 참여 혹은 감정적 참여)을 보완할 기회를 제공하는 맞춤형 직원 경험 프로그램을 고안해, 결국 더 많은 직원이 챔피언으로 전환되도록 유도할 수 있다.

일부 기업에서는 직원들이 전략적 변화를 얼마나 기꺼이 받아들이고 실행할 수 있는지(즉, '수용 곡선'상 어디에 위치하는지)에 따라 세분화하기도 한다. 예를 들어, 직원들을 '의심하는 이, 지켜보는 이, 지지자, 참여자, 주도자'와 같이 구분한 뒤, 각각의 집단을 목표로 삼아 그들이 '변화 곡선'상에서 더 나아가도록 돕는 맞춤형 전략과 커뮤니케이션을 전개해 원하는 변화를 달성하는 방식이다.

직원 세분화는 모든 직원 경험 전반에 걸쳐 단일 기준을 적용할 수도 있지만, 특정 직원 경험 상호 작용을 설계할 때 그에 맞춰 별도의 세분화를 적용할 수도 있다.

예컨대 ATM, POS 시스템과 기타 관련 장비를 제조·판매하는 NCR은 온보딩 프로그램을 새로 설계할 때 이 방식으로 세분화를 도입했다. NCR은 핵심 가치를 매우 중요시하는데, 특히 "고객 헌신 *customer dedication* : 내·외부 고객의 성공에 진심으로 관심을 갖고 그들의 비즈니스를 이해하며, 최상의 품질·서비스·가치를 제공하는 솔루션을 함께 개발한다"라고 명시된 가치가 눈에 띈다.

NCR의 HR 담당자들은 온보딩 프로그램을 만들면서 바로 이 '고객 헌신' 가치를 직원에게도 적용하기로 했다. 즉 직원들이 어떤 필요와 기대를 가졌으며, 각각에게 가장 높은 가치를 제공하려면 어떻게 해야 할지 고민한 것이다.

그 결과 신입사원을 직무나 직급만으로 나누지 않고 이들이 어떤 경력 배경을 지녔는지(예를 들어 갓 졸업한 학생인지, 혹은 군 복무 후 기업 문화에 적응이 필요한 베테랑인지) 등을 기준으로 그룹화했다. 그리고 세분화된 각 그룹에 맞춰 온보딩 포털과 커리큘럼을 다르게 설계했다. 예를 들어, 대학 졸업 후 첫 직장에 적응해야 하는 신입사원들에게는 직장에서의 기본 매너나 첫 업무 경험을 원활히 시작하는 데 도움이 되는 레슨을 제공했다.

어떤 기준을 택하든, 직원을 세분화하면 직원 경험 설계 작업이 훨씬 체계적이고 효과적으로 이루어진다. 직원들이 서로 다른 필요와 동기를 가졌음을 인정하고, 이를 반영해 상호 작용과 경험을 맞춤 설계하면 결과적으로 조직 전체의 직원 경험가 더욱 성공적으로 구현될 수 있다.

2단계: 우선으로 설계해야 할 직원 상호 작용 파악하기

직원 세분화를 마쳤다면, 이제 조직이 우선으로 설계해야 할 직원 상호 작용이 무엇인지 결정할 차례다. 모든 직원이 회사와 맺는 모든 상호 작용에서 뛰어난 경험을 제공하기란 불가능할 뿐 아니라, 반드시 그럴 필요도 없다. 그 대신 조직에 가장 큰 가치를 가져다 줄 직원 집단의 욕구를 충족하고, 원하는 문화를 발전시키는 데 가장 큰 잠재력을 가진 상호 작용부터 집중적으로 설계해야 한다.

이 우선순위를 정하는 과정에서, 고객 경험에서 쓰는 또 하나의 도구를 빌려 올 수 있다. 바로 '경험 아키텍처 experience architecture'다. 경험 아키텍처는 브랜드 아키텍처나 정보 아키텍처처럼 기업이 특정 목표를 체계적으로 계획하고 실행할 수 있도록 구조화하는 역할을 한다. 건축가와 시공사가 집을 지을 때 청사진을 활용하듯이 '직원 경험 아키텍처 employee experience architecture'는 직원 경험을 구성하는 주요 상호 작용을 식별하고, 그 우선순위를 정하는 데 도움을 준다.

우선 직원 경험 아키텍처를 구상할 때 '집의 기초'와 '지붕'을 정의하는 짧은 문구를 작성한다.

- 기초: 내가 원하는 문화를 나타내며, 이는 브랜드 정체성과 긴밀히 맞물려 있어야 한다.
- 지붕: 전체적인 직원 경험 전략으로, 직원들이 회사에서 전반적으로 어떤 감정과 메시지를 얻기를 원하는지 담는다.

이 두 요소는 긴밀히 연관되고, 명확하게 표현돼야 한다. 예를 들어 에어비앤비는 다음과 같이 설정했다.

- 기초: 에어비앤비가 추구하는 문화는 '소속감'이란 목적과 '주인의식 있게 행동하라' '호스트가 되어라'와 같은 핵심 가치로 요약된다.
- 지붕: 회사 전체의 직원 경험 전략에 해당하는 부분으로, 직원이 스스로 어디에서나 소속감을 느끼고, 고객도 마찬가지로 어디에서나 소속감을 느낄 수 있도록 돕는다는 사명을 직원들이 갖는다.

직원 경험 아키텍처에서, 기초(원하는 문화)와 지붕(전체 직원 경험 전략) 사이에 자리 잡은 각각의 '방'이 곧 조직을 구성하는 구체적인 직원 상호 작용을 의미한다. 이 상호 작용은 합쳐져 전반적인 직원 경험을 이루게 된다.

이를 체계적으로 정리하기 위해서는, 세분화된 직원 그룹(열)과 직원 상호 작용(행)을 축으로 하는 표를 만드는 것이 좋다. 예를 들어, 한 고객사가 식별한 상호 작용 열 가지는 다음과 같다(실제 회사 상황에 따라 더 많거나 적을 수 있다).

① **채용**

② **프리보딩**(일자리 제의를 수락한 뒤 실제 근무 시작 전까지의 기간)

③ **온보딩**(오리엔테이션과 초기 교육)

④ **보상과 복지**

⑤ **지속적 학습·개발**

⑥ **지속적 참여·커뮤니케이션·커뮤니티 활동**

⑦ **보상과 인정**

⑧ **성과 기획·피드백·평가**

⑨ **승진**

⑩ **퇴직, 해고, 사직**

직원 상호 작용(행)과 세분화된 직원 그룹(열)을 나열한 표를 만든 뒤에는, 각 교차점(세그먼트별 상호작용)에 우선순위를 부여해야 한다. 이를 위해 다음 요인을 고려해 가중치를 할당할 수 있다.

- 조직 문화에 미치는 잠재적 영향. 예를 들어 3장에서 살펴봤듯이 회사 핵심 가치에 잘 맞는 인재를 채용하는 일은 대단히 중요하므로, 대부분(혹은 전부) 세그먼트에 대해 채용 과정을 높은 우선순위로 설정할 수 있다. 그 외에도 조직이 추구하는 특정 문화와 밀접하게 연관된 상호 작용(지속적 교육, 성과 피드백 등)을 파악해 우선순위를 높게 책정한다.

- 직원 세그먼트의 중요도. 모든 직원이 중요하지만, 조직에 대체 불가능한 가치를 제공하는 직원 그룹이나 고객·다른 직원에게 큰 영향을 미치는 세그먼트가 있다면, 해당 상호 작용을 우선 설계해야 한다.
- 현재 상태와 원하는 상태의 간극. 이 상호 작용이 직원들에게 실제로 제공하는 가치와 직원들이 생각하는 '이 상호 작용이 이렇게까지 해 줘야 한다'는 기대 사이의 차이가 얼마나 큰지 확인한다. 직원 조사(설문·인터뷰 등)를 활용해 직원 관점에서 가장 부족함을 느끼는 상호 작용을 찾아낸다. 예를 들어, 핵심 지식형 직원들이 입사 전 회사 사업 전략을 충분히 알고 싶어 한다면, 채용과 온보딩 단계에서 이 정보를 제공하는 상호 작용을 우선순위 중에서도 높게 설정한다.
- 일반적으로 간극이 클수록 해당 상호 작용을 개선할 필요성도 커진다.

직원 세분화와 상호 작용의 교차점에 우선순위를 매기는 과정에서 서로 간에 시너지가 날 수 있는 지점을 찾아보는 것도 중요하다. 예를 들어, 특정 세그먼트를 위한 온보딩 교육에 투자한 리소스를 추후 지속적인 학습과 개발 프로그램으로 확장해 다른 세그먼트에도 손쉽게 활용할 수 있는 경우가 있을 수 있다.

이처럼 교차점 중 하나에 집중한 결과가 다른 교차점에도 긍정적인 영향을 줄 수 있는 지점을 잘 파악해 두면 기업이 가진 자원을 더욱 효과적으로 분배하고, 여러 세그먼트에게 동시에 가치를 제공할 수 있다.

이렇게 직원 경험 아키텍처를 완성했다면, 구체적인 직원 경험을 설계하기 전 마지막 단계가 남았다.

3단계: 디자인 모델 채택하기

우선순위가 높은 직원 상호 작용을 파악했다면, 각 상호 작용을 구성하는 구체적인 요소가 무엇인지 디자인 모델을 결정할 차례다. 여기서는 세 가지 범주로 경험을 설계하는 모델을 추천한다.

① 환경

물리적 업무 공간과 관련된 모든 요소, 그리고 직원들이 감각적으로 보고, 듣고, 만지고, 맛보고, 냄새 맡는 모든 것

예: 복도에 붙은 포스터나 장식용 꽃, 간단한 스낵/음료 등

② 도구

직원들이 업무에 활용하는 기술·도구·자료 전반

예: 소프트웨어 애플리케이션, 참고용 가이드, 사무용품 등

③ 무형 요소

직원들의 사고방식과 감정에 영향을 미치는 요소

예: 조직 내 커뮤니케이션, 리더십 스타일, 각종 정책·규정 등

네덜란드의 금융 서비스 대기업인 라보방 네덜란드는

새로운 직원 경험을 설계하여 직원들이 더욱 더 자율적으로 일할 수 있는 문화를 만들고자 했을 때, 이와 유사한 모델을 활용했다. 이 회사는 새로운 직원 경험을 '라보 언플러그드(격식 없는 대화)'라 불렀으며, 코넬대학교의 한 사례 연구에 따르면 그 목적은 "고객의 다양한 니즈에 더 잘 대응하는 동시에 직원들에게 더 많은 자유와 책임을 부여"하는 것이었다고 한다.

라보방의 직원 경험 디자인 팀은 경험 요소를 크게 세 범주로 나누었다.

① **정신적인** mental
직원 개인의 책임감과 선택의 자유

② **가상의** virtual
정보·커뮤니케이션 기술 인프라, 각종 툴과 장비 등

③ **물리적인** physical
사무실 디자인 등 업무 환경의 물리적 요소

라보방 직원 경험 디자인 팀은 이렇게 세 범주로 직원 경험 요소를 구분함으로써, 각각에 대한 담당 매니저와 부서를 명확히 배정하기 쉬워졌다. 예컨대 가상 요소는 IT 부서에서 주도하며, '표준화와 사용자 주도적 접근'이 핵심 요건이라는 식으로 구체화할 수 있었다.

조직에 더 적합한 다른 모델이 있을 수 있지만, 어떤 방식이든 직원 경험에 포함할 요소 범주를 명확히 정해 두는 것이 중요하다. 이렇게 해야 이후 직접적인 설계 작업(마지막 단계)을 간소화하고 체계화할 수 있다.

<u>4단계: 원하는 문화를 뒷받침할 수 있는 경험 설계하기</u>
우선 2단계에서 찾은 '세분화된 직원 그룹×우선순위가 높은 직원 상호 작용' 교차점마다, 3단계에서 정한 디자인 모델(환경, 도구, 무형 요소 등)을 적용해 실제 제공할 경험을 구체적으로 설계한다.

이를 시작할 때 가장 우선순위가 높고 영향력이 큰 상호 작용 하나를 골라 '핵심 경험'으로 삼는 것이 좋다. 컨설팅 회사에서 일하는 타마라 에릭슨과 런던 경영 대학원 교수인 린다 그래튼이 《하버드 비즈니스 리뷰》에 기고한 글에서 핵심 경험이 조직 전체 직원 경험 중에서도 가장 "가시적이고 차별화된" 경험이 된다고 설명했다. 그리고 이를 "조직 문화와 가치를 드러내는 강력하고 지속적인 상징"으로 만들어야 한다고도 제안했다. 예컨대, 고객과 직접 대면하는 직원 세그먼트(매장·지점 직원, 프런트 데스크 직원 등)를 대상으로 새로운 채용 경험을 설계한다고 가정해 보자.

다음과 같이 세 가지 범주에 맞춰 경험 요소를 구체화할 수 있다.

① 환경

- 면접·설명회가 진행되는 물리적 공간: 어떻게 꾸미고, 어떤 분위기를 조성할 것인가
- 지원자들이 보게 될 안내 자료나 시각 요소(포스터, 영상, 장식 등)
- 지원자들이 현장에서 접하게 될 간단한 다과나 음료, 음악 등 감각적 요소

② 도구

- 채용 프로세스에 사용될 소프트웨어나 플랫폼(화상 면접 툴, 온라인 지원 시스템 등)
- 지원자와 채용 담당자에게 제공할 매뉴얼·가이드라인: 회사 핵심 가치와 고객 대면 시 필요한 역량을 알기 쉽게 정리
- 필요한 경우 평가 도구(테스트, 시뮬레이션 등)를 준비해 지원자의 역량과 문화 적합도를 정확히 파악

③ 무형 요소

- 면접관과 지원자 간의 커뮤니케이션 방식: 회사 가치를 드러낼 수 있는 질문과 피드백 공유
- 채용 과정에서의 리더십·조직 문화: 지원자에게 회사의 사명·가치를 소개하는 태도
- 지원자가 느끼는 심리적·정서적 경험: 환영받는다는 느낌, 회사가 어떤 문화를 지향하는지 체감하게 하는 방식

우선 '환경' 요소를 결정해야 한다. 예를 들어 면접을 어디에서 진행할지, 면접이 이뤄지는 방이나 공간을 어떻게 디자인할지, 그리고 지원자에게 건네줄 회사 브로슈어나 감사 선물 같은 '남기는 물건*leave-behinds*' 등을 생각한다. 그다음으로 도구 요소(온라인 지원서, 성격 검사, 그리고 면접 과정에서 사용되는 기타 요소)를 고려한다. 마지막으로 면접 초대의 톤과 방식, 실제 면접 시 분위기, 면접 이후 후속 조치 등을 포함한 무형 요소를 설정한다. 세 가지는 채용 경험에서 지원자들이 어떻게 생각하고 느끼는지를 좌우하는 핵심적인 부분이다.

이러한 요소들의 윤곽이 어느 정도 잡혔다면, 각 요소에 자신이 원하는 문화의 핵심 가치와 그 밖의 고유한 특징을 녹여야 한다. 예를 들어 조직 문화가 '성과 지향'이라면 면접 과정에 시험이나 과제를 넣어 '성취'라는 핵심 가치를 강화할 수 있다. 만약 '투명성'이 핵심 가치라면 지원자들이 어떤 과정을 거쳐 심사되는지 구체적으로 공개하거나, 그들이 지금 어떤 상태에 있는지 알려 주는 등의 방법으로 투명성을 실천할 수 있을 것이다.

일반적으로 통용되는 관행만 고집하지 말고, 몇몇 사람에게는 매력적으로 느껴지지만 또 다른 사람들에게는 전혀 맞지 않을 수 있는 경험을 두려워하지 말고 설계해 보자. 예컨대, 지원자들에게 이력서 제출에 대한 감사 메일을 보낼 때 흔해 빠진 문구 대신 회사만의 핵심 가치와 브랜드 개성을 반영한 톤앤매너를 독특하게 사용할 수 있다. 만약 조직 문화가 캐주얼함을 지향한다면, 정중한 감사 메시지 대신 재미있고 친근한 전자 카드와 같은 걸 보내 지원자에게 고마움을 표현할 수 있다. 이렇게 하면 편안하고 자유로운 분위기를 원하는 지원자들에게는 호응을 얻을 테지만, 좀 더 진중하고 형식적인 과정을 기대하는 후보자들에게는 불편함을 줄 수 있다.

결국 이 모든 요소(환경·도구·무형 요소)에 걸쳐 조직이 추구하는 핵심 가치와 문화를 담아내야 한다. 그렇게 함으로써 채용 전 과정에서 회사가 원하는 메시지를 일관되게 전달하고, 이 회사 문화에 진정으로 공감할 인재를 한층 효과적으로 끌어들일 수 있다.

"기업은—설령 매우 규모가 크다 해도—모든 사람에게 모든 것을 제공할 필요가 없다. 사실 그렇게 시도해서는 안 된다"라고 에릭슨과 그래튼은 조언한다. 핵심 경험은 회사가 남들과 어떻게 다른지 모든 이에게 보여 주는 수단일 뿐만 아니라, 조직에 더 잘 어울리고 열성적으로 적응할 만한 인재를 선별하고 붙잡아 두는 데에도 목적이 있다.

핵심 경험을 설계한 뒤에는 2단계에서 우선순위로 꼽았던 나머지 상호 작용들로 범위를 확장한다. 각 상호 작용마다 현재 조직에서 이미 이뤄지고 있는 경험이 무엇인지, 그대로 유지할 것인지, 약간 수정할 것인지, 아예 폐지 후 완전히 새로 디자인할 것인지를 결정해야 한다.

　무엇보다 이 설계 과정을 진행할 때 기억해야 할 가장 중요한 점은 조직의 목표가 '원하는 조직 문화를 형성하는 것'이라는 사실이다. 직원 경험 디자인은 아키텍처의 기초로 설정한 원하는 문화에 기반해야 한다. 또 초안을 완성하면, 아키텍처 전체('집' 전체)를 살펴보며 이 디자인이 지붕, 즉 전체 직원 경험 전략을 제대로 뒷받침하는지 확인한다. 적절한 설계를 찾기까지 여러 차례 원점으로 돌아가 재검토해야 할 수도 있다. 이 장의 후반부에서는 왜, 그리고 어떻게 직원들을 이 과정에 참여시켜야 하는지 다룰 예정이다.

우리 회사에 맞는 직원 경험을 만드는 법

훌륭한 건물이 저절로 땅에서 솟아나지 않듯, 뛰어난 직원 경험도 자동으로 생기지 않는다. 앞에서 설명한 각 단계를 의도적으로 밟아 나가야 하며, 대충 건너뛰면 오히려 과정이 더 복잡해질 공산이 크다. 또 원하는 문화에 맞춰 직원 경험을 설계하겠다는 원칙을 엄격히 지켜야 한다. 어떤 행동과 사고방식을 강화하고 싶은지 신중히 고민하고, 아무리 기발해 보여도 조직 문화와 맞지 않는 경험 아이디어는 과감히 배제해야 한다.

에어비앤비처럼 직원 경험 디자인과 운영을 회사의 주요 과제로 삼고, 종합적이고 통합적인 직원 경험 프로그램을 구현한 기업은 아직 많지 않다. 그 이유는 최근 들어 직원 경험이 비즈니스 주요 과제로 부상했기 때문이다. 그렇지만 여러 조직이 부분적으로나마 직원 경험을 설계한 사례들이 있고, 이는 조직의 직원 경험 구축에 훌륭한 아이디어를 제공할 수 있다. 다음은 내가 직접 고객사들에게 영감을 주고 가르치는 데 활용한 사례를 몇 가지 소개하겠다.

① 채용 경험

마케팅 소프트웨어 회사인 허브스팟은 지원자에게서 특히 '적응력'이라는 자질을 중시한다. 허브스팟은 '끊임없이 변화하고, 평생 배우려는 자세를 가진 사람'을 찾는다는 것이다.

조직 문화 담당 리더인 케이티 버크는 채용 공고를 다시 작성하면서 "평생 학습에 열려 있고, 우리에게 도전하고, 현상 유지를 깨는 일에 관심이 있는 역동적인 인재라면 여기서 훌륭한 인재가 될 것"이라는 점을 명시했다고 말했다. 여기서 주목할 점은, 그녀가 "fit in(기존 문화에 맞춰라)"이라는 표현을 의도적으로 피했다는 사실이다. 이들은 구직 공고에서 사내 용어를 사용하지 않았는데, 이는 지원자들에게 혼란을 줄 뿐 아니라 지원자가 자신의 고유한 시각(새로운 관점)을 가져오기보다 회사가 이미 사용하는 용어나 프로세스에 단순히 맞춰야 한다는 인상을 줄 수 있다는 이유다.

② 온보딩 경험

교회 인재 채용 전문 기업인 반더블로먼 서치 그룹의 핵심 가치 중 하나는 '기대를 뛰어넘는 탁월함'이다. 이 회사는 신입 직원에게 배포하는 필독 도서 목록에 로버트 스펙터의 저서 『노드스트롬의 방식The Nordstrom Way』이나 조셉 A. 미첼리의 『새로운 금본위제The New Gold Standard』와 같은 운영 우수성에 관한 책을 포함한다. 이는 작은 회사가 제공하는 독특한 온보딩 접근 방식 중 하나로, 규모가 크고 자금력이 풍부해야만 영향력 있는 직원 경험을 설계할 수 있는 것은 아니라는 점을 보여 준다.

반더블로먼 서치 그룹의 CEO인 윌리엄 반더블로먼은 직원 경험의 중요성을 깊이 확신했다. 그는 "신입 직원이 회사 문화에 전적으로 동의하도록 하는 것이 우리 조직 문화 보존의 최선책"이라고 말했다. "각각의 신규 채용은 우리의 조직 문화에 영향을 미칠 수 있으므로, 첫날부터 새로운 직원들에게 회사의 문화를 제대로 가르쳐야 한다"는 말도 덧붙였다. 아래는 직원 경험을 적극 활용해 조직 문화를 이끈 세계적 기업들의 사례이다.

교육 경험

법률 사무 관리 소프트웨어 제공업체 클리오는 직원들이 '고객이 성공할 수 있도록 돕고, 제품의 가치를 최대한 실현하도록 돕는다'는 회사의 목적을 이해하는 것은 물론, 직접 그 실현에 기여하고 있다는 사실을 알기 원한다. 고객 서비스 전문가 제프 토이스터는 저서 『서비스 문화 핸드북 The Service Culture Handbook』에서 클리오가 단순히 고객 서비스 담당자에게 질문에 답하고 문제를 효율적으로 해결하는 법만 가르치는 것이 아니라, 회사 목적을 달성하는 데 필요한 구체적인 역량을 개발하도록 돕는다고 설명한다.

예컨대, 이들은 고객과 라포(사람과 사람 사이에 생기는 상호 신뢰 관계)를 쌓는 법, 적극적 경청, 공감하는 기술 등을 익힌다. 이렇게 함으로써 담당자가 고객 고유의 니즈를 이해하고, 클리오 제품이 그 니즈를 어떻게 만족시킬 수 있는지 생산적인 대화를 이끌어 낼 수 있다. 그 결과, 고객이 제안된 솔루션에 더 큰 만족감을 느끼고 계정을 해지하지 않을 가능성이 높아졌다.

참여 경험

미국 샌디에이고에 기반을 둔 비영리 단체 플랜트 위드 퍼포즈는 미국의 아이티Haiti나 부룬디Burundi 지역의 500여 농촌 커뮤니티와 협력해 산림 파괴와 빈곤 문제를 해결하고자 노력 중이다. 이 조직의 리더들은 직원들이 조직의 목적을 가장 잘 이해하고 받아들이는 방법이 '직접 체험'이라고 믿는다.

그래서 역할과 상관없이 모든 직원이 실제 현장에서 일정 기간 일할 기회를 마련한다. 이 단체의 책임 디렉터 스콧 세이빈은 이 체험을 제공하려면 소규모 조직으로서는 시간과 돈이 부족해도 '우리의 일은 마음에서 우러나와야 한다'는 믿음 때문에 필수적이라고 말했다. 직원들은 지역 농부들과 함께 일해 보며 "우리가 여기서 하는 일이 다른 지역 사람들의 삶에 어떤 영향을 주는지" 직접 느낄 수 있었다고 세이빈은 덧붙였다.

성과 평가 경험

어도비는 고객 중심 문화를 구현하기 위해 여러 직원 경험 요소를 재설계했다. 그중 하나가 고객 중심 회사라면 더욱 필요한 '연례 성과 평가 폐지'다. 빠른 실행 속도에 부합하지 않는 기존 연례 평가 방식을 없애고, 대신 매니저와 직원이 분기별로 최소 한 번은 만나 비공식 대화를 나누는 정기 체크인 제도를 도입했다.

어도비의 도나 모리스는 체크인 제도를 두고 "직원들이 조직 전체 목표와 잘 정렬되도록 지속적으로 돕는 기제mechanism"라고 표현하며, 어도비가 문화를 변화시키는 핵심 수단 중 하나라고 말했다.

보상 경험

비디오 게임 플랫폼 스팀을 만든 밸브는 창의성과 민주주의 문화를 지향한다. 이러한 가치 덕분에 밸브는 자기 주도적인 직원들을 끌어들이고, 그들이 끊임없이 혁신을 일으켜 브랜드를 성장시키도록 유도할 수 있다. 이를 강화하기 위해 밸브는 독특한 보상 방식을 적용한다. 각 프로젝트 팀이 스스로 팀원들을 평가해 팀과 제품에 기여한 정도와 기술 능력, 산출물을 종합적으로 본다.
이러한 동료 간 순위 매기기 시스템과 다양한 가치 기여 방식을 반영함으로써, 밸브의 리더들은 "누가 회사에 가장 큰 가치를 제공하는지 파악하고, 그에 상응하는 보상을 책정할 수 있다"고 말했다. 밸브에서 출간한 핸드북에서는 이 목표를 "사람들에게 그들이 '마땅히 받아야 하는' 임금을 주는 것"이라고 설명했다.

근무 시간 경험

라이프스타일 브랜드인 타워는 근무 시간을 급진적으로 바꿨다. 직원들은 월요일부터 금요일까지 오전 8시부터 오후 1시까지만 일한다. 창립자이자 CEO인 스테판 아르스톨은 저서 『5시간 일하기The Five-Hour Workday』에서 회사를 단축 근무 체제로 전환한 이유를 밝혔다. 타워는 스탠드업 패들보드 등 비치beach 라이프스타일과 관련된 용품을 판매한다. 어느 날 아르스톨은 비즈니스를 돌아보며, 회사가 추구하는 브랜드 가치를 실제 '조직의 일상적 체질'로 만들어야 한다고 깨달았다. 그는 책에 "우리는 고객에게 인생을 과감히 즐기라고, 좀 더 특별하게 살고 더 자주 놀며 살아 보라고 권한다"고 썼다. 그렇다면 우리 스스로도 그렇게 살고 있을까?
그는 이미 단축 근무의 장점을 조사해 본 적이 있었고, 그 순간부터 직원들에게 5시간 근무제를 도입하기로 결심했다. "매일 오후 1시에 퇴근한다는 사실 자체가 우리가 지향하는 브랜드를 되새기는 불가피한 일상적 알림이 될 것"이라며, "우리는 다른 모든 회사들과 달라질 것"이라고 아르스톨은 말했다.

업무 공간 경험

중국의 인터넷 대기업 텐센트는 중국의 심천 지역에 새 본사를 지으며, 회사의 혁신 문화를 시각·공간적으로 반영하고 강화하고자 했다. 텐센트는 직원들의 커뮤니티 의식을 높이고 사회적 웰빙을 증진하며, 팀 간 '우연한 만남'을 통해 협업과 새로운 아이디어를 촉진하기를 원했다.

건축가 조너선 워드는 월간 잡지 《건축 다이제스트 Architectural Digest》와의 인터뷰에서, 이러한 목표를 달성하기 위해 "스카이 브리지 sky-bridge 시리즈를 핵심 해법"으로 설계했다고 설명한다. 각 다리는 "건강, 문화, 교육" 등 특정 테마를 중심으로 구성되어 텐센트 직원들이 이전과는 다른 방식으로 사고하고 일하도록 돕는다는 것이다. 그는 이 다리들이 단순히 "시각적 미학"만을 위한 것은 아니라고 강조했다.

"이 디자인은 직원들이 훨씬 더 자주, 새로운 방식으로 함께 모이도록 만든다. (중략) 다리에는 직원들이 교류할 수 있는 공동 구역도 집중적으로 배치된다."

지금까지 소개한 사례들은 직원 경험을 설계할 때 고려해 볼 만한 경험의 스펙트럼을 보여 주려는 것이다. 여기서 주의해야 할 점은 다른 회사의 멋진 사례를 그대로 모방하거나, 단지 멋져 보이고 싶다는 생각으로 접근하지 말아야 한다는 것이다. 그보다 자신만의 고유한 '원하는 문화'를 독창적으로 반영하고, 그 문화를 오롯이 구현하는 직원 경험을 만들어야 한다.

결국 목표는 특정 몇몇 경험을 따로따로 만들어 내는 것이 아니라, 모든 직원의 상호 작용 전반에서 통합적이고 포괄적인 직원 경험을 실현하는 것이다. 물론 한 번에 모든 것을 완벽히 구현하기는 어렵겠지만, 시간이 지나며 직원 경험을 지속적으로 확장하고 개선할 수 있다. 이러한 맥락에서 볼 때, 직원 경험은 단순한 단발성 프로젝트가 아니라 조직 전체에 스며드는 사고방식이다. 직원 경험으로 비즈니스와 브랜드 목표를 달성하는 기업들은 직원 경험을 끊임없이 진화하는 과정으로 인식하면서 원하는 문화를 형성·강화할 새로운 방법들을 늘 모색한다.

직원 참여 유도하기

선도적인 고객 경험 기업들이 고객 경험 설계와 개발 과정에 고객을 적극 참여시키듯이, 직원 경험도 직원들이 함께 설계 과정에 참여하면 훨씬 성공적일 수 있다. 직원들의 의견을 구하면 단지 그들의 니즈를 더 잘 파악하게 될 뿐 아니라, 그 회사만의 독특한 해결책을 만들 수 있다. 허브스팟의 케이티 버크는 이렇게 말했다. "아무리 현장에 자주 내려가는 임원이라도, 일선 직원들이 겪는 도전 과제를 완전히 똑같이 경험하기는 어렵다. 그래서 현장 직원들의 피드백이 무엇이 어떻게 돌아가는지 파악하는 데 필수적일 뿐 아니라, 문제를 실제로 해결하는 열쇠가 된다."

직원 경험 설계에 직원들을 참여시키면 그들이 조직 문화 형성 전반에 더 깊이 관여하게 된다. 예를 들어, 에어비앤비의 마크 레비는 직원들이 회사 회의실을 직접 디자인하도록 초대했더니 회사 문화가 '민주화'되었다고 느끼게 되었고, 직원들의 조직 문화에 대한 주인의식이 더욱 높아졌다고 한다. 또 회사를 위해 무언가를 함께 만든다는 사실 자체가 직원들에게 자신이 회사에 가치 있는 존재임을 느끼게 하고, 긍정적인 마음을 불러일으키는 것이다. 제이콥 모건은 이를 "성공적인 조직은 직원들을 위해 뭔가를 만드는 게 아니라, 직원들과 함께 만든다"라고 표현했다.

직원들의 의견과 피드백을 수집하는 방법은 다양하다. 비공식 그룹의 경우 팀 단위나 부서 단위로 모여 자유롭게 이야기를 나누는 방식, 소수의 참가자를 대상으로 하는 집단 인터뷰, 공식적인 직원 대상 설문, 짧은 설문을 자주 실시한다. 실시간에 가까운 데이터를 얻는 펄스*pulse* 조사, 그리고 퇴사 인터뷰나 입사 지원자를 대상으로 한 조사를 통해서도 사람들이 회사의 직원 경험을 어떻게 바라보는지 솔직한 피드백을 얻을 수 있다.

모건은 "의견 교환·협력·피드백은 실시간으로 이뤄져야 한다"고 강조했다. 연 1회 혹은 연 2회 진행하는 직원 대상 설문이 정량적이고 추적 가능한 정보를 주는 건 사실이지만, 상시적이고 다양한 시점에서 피드백을 모으는 것이 더욱 효과적이라는 말이다.

직원의 의견을 수렴하고 피드백을 모으는 방법을 잘 갖추는 것도 중요하지만, 그 의견을 실제로 반영할 수 있는 조직적 태세를 갖추는 일도 필수적이다. 모건은 이를 위해 "피드백을 요청하고 수용할 줄 아는 관리자를 두고, 조직 전체가 투명성을 '기본값'으로 삼으며, 배운 것에 근거해 조치를 취할 준비가 되어 있어야 한다"고 조언했다. 한편, 직원들에게 의견을 물어 놓고 이를 무시하는 만큼 직원 경험을 망치는 빠른 방법도 없다.

그러나 모든 의견을 100% 반영해야 하는 것은 아니다.

직원들이 어떻게 의견을 사용할지를 명확히 안내하면 된다. 예를 들어, 허브스팟의 최고 수익 책임자인 마크 로버지는 영업사원들의 보상 체계를 재설계할 때 공개적인 미팅을 열어 의견을 듣고, 브레인스토밍 세션을 진행했다. 그리고 각 미팅 후에는 사내 웹사이트에 새로운 아이디어를 정리해 공유하고 댓글을 받았다. 하지만 그는 "보상 체계 결정은 민주적 절차가 아니다"라며, 누가 최종 결정을 내리는지 분명히 했다. "자신들에게 유리하게 보상안을 바꾸려는 유혹에 빠지지 않도록, 투명성과 참여를 혼동하지 않게끔 명확히 안내했다"는 것이다. 결론적으로 모든 제안이 직원들에게 유리하게 반영된 것은 아니었지만, 대부분의 사람은 그 과정에 참여한 사실만으로도 긍정적으로 받아들였다고 한다.

직원 경험과 고객 경험을 통합하라

브랜드-조직 문화 융합을 빠르게 실현하는 가장 효율적인 방법 중 하나는 직원 경험과 고객 경험을 직접적이고 명확하게 결합하는 것이다. 직원이 회사에서 경험하는 모든 순간이 '온브랜드'로 설계되었다면, 직원도 고객에게 그와 일관된 경험을 더욱 밀도 있게 제공할 가능성이 높아진다. 스스로 브랜드 혜택을 체험해 본 직원은 고객에게 동일한 가치를 전달하고자 하는 의욕과 이를 실천할 수 있는 지식을 함께 얻게 된다. 그리고 만약 자신의 역량이나 행동이 우수한 고객 경험을 제공하는 데 미흡하다고 느낀다면 직원은 새로운 스킬을 배우거나 동료와 협력해서 문제를 해결하려고 노력하게 된다. 결국 이는 직원이 회사의 브랜드 약속을 이행하는 데 더 큰 주인의식을 갖게 만드는 선순환으로 이어진다.

직원과 고객을 직접적으로 연결해 주는 것은 직원 경험과 고객 경험을 통합하는 효과적 방법이다. 고객 경험 관련 블로그 운영자인 안네트 프란츠는 이를 "직원들에게 고객에 대한 명확한 시야를 부여하는 것"이라고 불렀다. 흔히 조직들은 일선 직원에게만 고객 시야를 열어 주지만, 프란츠는 "고객 경험은 일선에서만 만들어지는 것이 아니다"라고 강조했다. 따라서 "조직 모두가 동일한 목표물(고객, 브랜드 가치 등)을 바라보도록" 통합된 목적, 핵심 가치, 커뮤니케이션이 이뤄져야 한다는 것이다.

미국 군인들과 그 가족을 위한 보험 및 금융 서비스를 제공하는 USAA는 직원들이 고객의 삶을 직접적으로 이해하도록 하는 직원 경험을 운용한다. 직원들은 교육 첫 단계에서 실제 군인이 받는 '파병 명령서'를 받는다. 그들은 '정리할 일을 마치고, 인사처로 집결하라'는 지시를 받고, 실제 군인들이 먹는 전투 식량을 먹어 보며 약 30kg 이상의 배낭을 메고 다닌다. 또 현지에 파병된 군인들이 가족에게 쓴 편지를 읽어 보는 등 군인들이 느끼는 경험을 직접 체험한다. 이 과정을 통해 직원들은 고객(군인)에 대한 공감을 키우고, 그들의 삶에 맞는 새로운 상품이나 혁신적 해결책을 고안해 낸다. 예컨대, 해외 파병된 고객들을 위해 계좌 잔고를 문자로 알려 주는 모바일 서비스나 모바일 기기에 추가 보안을 제공하는 바이오 인증 기술 등이 대표 사례다.

에어비앤비에서는 직원 경험과 고객 경험이 매우 밀접하게 얽혀, 따로 떼어 놓고 보기 어려울 정도다. 예를 들어 직원들은 출장 시 에어비앤비 숙소를 이용하고, 휴가 중에도 회사가 매년 제공하는 2천 달러 상당의 '에어비앤비 숙박 이용권'을 쓸 수 있다. 또 회사에서는 호스트도 고객으로 간주해 직원들에게 호스트로 활동하기를 적극 권장하며, 호스트가 회사 사무실에서 열리는 행사에 참여할 때는 직원이 자신의 집에 호스트를 초대해 묵게 해 주는 문화도 조성한다.

아울러 에어비앤비는 매년 수백 명의 직원이 호스트들과 함께 3일간 이벤트를 열어 지난 한해 동안의 성공 사례와 어려움을 공유하고 서로 배울 기회를 갖는다. 에어비앤비의 고객 경험 프로그램 리더 데지리 매디슨-빅스는 "에어비앤비 내부에서 직원 경험과 고객 경험은 평행선처럼 맞물려 서로를 강화한다. '우리가 곧 고객이고, 고객이 곧 우리'"라고 말했다. 그 결과, 직원과 호스트는 서로에 대한 공감대와 소속감을 형성하고 궁극적으로 서로에게 더 나은 경험을 제공할 수 있게 된다.

직원들이 고객과 직접 상호 작용할 기회를 만드는 것뿐 아니라 직원들이 팀별 고객 경험 성과를 명확히 인지할 수 있게 하는 도구와 통찰도 제공해야 한다. 고객 피드백을 접한 직원들은 일상적 업무가 고객에게 어떤 영향을 미치는지 이해하고 그에 대한 책임감을 스스로 느끼도록 하며, 이는 곧 고객 경험과 직원 경험 모두를 개선한다. 고객 경험 관리 플랫폼 메달리아의 인사이트 담당 부사장 에이드리안 월클링은 "고객 피드백을 직원에게 전달하고 이를 바탕으로 행동할 권한을 부여하면, 직원 참여도 상당히 올라간다"고 설명했다.

현재 직원 경험은 많은 기업이 이제 막 관심을 갖기 시작한 분야다. 경쟁력을 선점하고 싶다면, 지금이야말로 직원 경험에 투자하기에 적절한 시기다. 그리고 투자 효과를 극대화하려면 단순히 직원 경험의 완성도에만 매달리기보다 조직이 지향하는 문화를 구현할 수 있도록 직원 경험을 구체적으로 설계해야 한다.

물론 직원 경험 수준이 높아지면 '일하기 좋은 회사'라는 이미지가 강화되어 인재 확보와 유지에 유리해진다. 그러나 직원 경험을 브랜드와 조직 문화를 일치·통합하는 핵심 수단으로 삼으면, 기업 경쟁력 전반이 크게 올라간다. 직원들이 단순히 생산성을 높이는 데 그치지 않고, 정말 필요한 '올바른' 결과를 만들어 내게 되기 때문이다. 또 직원들이 좋은 직장이니 떠나지 않는다는 이유만으로 남는 게 아니라, 훌륭한 고객 경험을 직접 만들고 싶어서 더 적극적으로 일에 참여한다. 그리고 자신의 가치를 인정받았기 때문이 아니라 회사 목적에 깊이 연결되어 이를 실현하기 위한 동기 부여가 된다. 이것이 바로 브랜드-조직 문화 융합의 핵심 목표이다.

이번 장에서는 직원 경험의 중요성과 설계 방법, 직원 경험을 성공적으로 활용하는 기업들, 그리고 고객 경험과 직원 경험을 통합하는 방식까지 다뤄 봤다. 다음 장에서는 직원 경험을 더 발전시켜 조직의 일상적인 세부 사항 속에 원하는 조직 문화를 더욱 깊숙이 스며들게 하는 또 다른 전략을 다룰 예정이다. 아주 작은 변화라도 제대로 활용하면 큰 영향을 미칠 수 있다는 사실을 알 수 있을 것이다.

핵심 내용 요약

- ⇢ 직원 경험에 투자하는 기업은 '일하기 좋은 회사'로 인식될 뿐 아니라, 더 나은 비즈니스 성과도 낸다.
- ⇢ 원하는 조직 문화를 달성하려면 직원들에게 매일 제공하는 직원 경험에 그 문화를 표현하고 실천할 기회를 줘야 한다.

⇢   직원 경험 디자인은 크게 네 단계를 거친다.

　　1. 직원을 세분화한다.

　　2. 상호 작용 우선순위를 정한다.

　　3. 디자인 모델을 채택한다.

　　4. 원하는 조직 문화를 뒷받침할 경험을 설계한다.

⇢   직원들을 직원 경험 설계 과정에 참여시키면, 직원 경험이 훨씬 성공적으로 뿌리내리고 조직 문화 형성에도 큰 도움이 된다.

⇢   조직을 브랜드-조직 문화 융합으로 한 걸음 더 나아가려면, EX와 고객 경험을 직접적이고 명확하게 결합해야 한다.

CHAPTER 6

작은 것들에 집중하라

이번 장의 핵심 내용

- **리추얼과 상징물의 의미와 이를 활용해 원하는 조직 문화를 강력한 신호로 전달하는 방법**
- **정책과 절차를 활용해 조직 문화를 효과적으로 강화하는 방법**
- **조직의 정책과 절차가 단순한 매뉴얼 속 문구로 남지 않고, 실제로 살아 숨 쉬는 문화로 정착할 수 있도록 하는 방법**

최근 한 비즈니스 컨퍼런스에 참석했을 때, 예상치 못한 광경이 눈에 띄었다. 바로 승려들이었다. 기조 연설을 듣기 위해 앞쪽 좋은 자리를 차지하려고 움직이던 중, 내 옆 섹션에 앉은 약 스무 명가량의 불교 승려가 보였다. 삭발한 머리에 노란색 법복을 입은 그들의 모습은 기술 컨퍼런스에서 보기에는 이질적이었다. 혹시 잘못된 장소로 들어온 것은 아닐지 혼자 생각했다. 그리고 곧이어 무대에 등장할 사람이 영적 지도자가 아니라 비즈니스 전문가라는 사실에 깜짝 놀라게 되었다.

잠시 후 조명이 어두워지고 전통 하와이 의상을 입은 한 남성이 행사장 한쪽에서 나타나 소라고둥을 불기 시작했다. 낮고 깊은 울림이 행사장에 퍼지자, 나는 혹시 내가 잘못 온 건 아닐까 하는 생각이 들었다. 85억 달러(약 11조 원) 규모의 기업 CEO가 무대에 오르기 전, 이렇게 전례 없는 방식으로 행사가 시작되는 것은 처음 보는 보았기 때문이다. 그러나 곧 깨달았다. 마크 베니오프와 그의 회사 세일즈포스에서는 전형적인 것은 존재하지 않는다는 사실을.

베니오프가 세일즈포스를 창립했을 당시, 소프트웨어 서비스 및 클라우드 기반 소프트웨어는 아직 새로운 개념이었다. 하지만 그는 불과 20년이 채 되지 않는 기간 동안 기업용 소프트웨어를 인터넷 구독 서비스 형태로 제공한다는 혁신적인 아이디어를 업계의 표준으로 자리 잡게 만들었다. 현재 세일즈포스는 제너럴 일렉트릭, 도요타, 메타를 포함해 15만 개 이상의 고객사를 보유한다. 또 《포브스》 선정 '세계에서 가장 혁신적인 기업' 목록에 6년 연속 이름을 올렸으며, 《포춘》 선정 '세계에서 가장 존경받는 기업'과 '일하기 좋은 기업' 목록에도 포함되었다. 《배런스 Barron's》는 베니오프를 '세계에서 가장 존경받는 CEO' 중 한 명으로 선정했다. 이러한 업적만으로도 충분히 주목할 만하지만, 세일즈포스를 더욱 돋보이게 만드는 것은 다름 아닌 조직 문화다.

대부분의 기술 기업이 혁신이나 성과를 최우선 가치로 두는 반면, 세일즈포스의 조직 문화는 하와이 전통 개념인 오하나 ohana를 중심으로 구축된다. 오하나는 가족과 같이 강하고 따뜻한 유대감을 의미하며 이는 세일즈포스가 직원과 고객, 파트너, 지역 사회를 대하는 방식에 깊이 스며들어 있다. 이러한 오하나 정신이 있기에, 세일즈포스는 매년 개최하는 고객 행사 '드림포스'를 하와이 전통 축복 리추얼으로 시작한다. 또 행사장에는 플럼 빌리지 수도원의 승려와 수녀들이 참석해 명상 세션을 진행하며, 참가자들에게 마음 챙김을 실천할 것을 장려한다. 이 모든 것은 단순한 퍼포먼스가 아니다. 이는 세일즈포스가 오하나 문화를 조직의 핵심 가치로 삼으며, 이를 실질적으로 체화함을 보여 주는 대표적인 사례다.

세일즈포스의 사례는 조직 문화가 단순한 슬로건이나 선언이 아니라, 구성원들이 매일 경험하는 작은 요소들에서 시작된다는 점을 시사한다. 하와이 전통 리추얼, 명상 세션, 직원 간의 따뜻한 유대감, 이 모든 요소가 모여 세일즈포스의 차별화된 기업 문화를 형성한다. 결국 강한 조직 문화는 크고 화려한 캠페인에서 만들어지는 것이 아니라, 직원들이 매일 경험하는 작은 디테일에서 비롯된다는 점을 잊지 말아야 한다.

드림포스는 세일즈포스가 외부 고객 및 제3자와 조직 문화를 공유하는 연례 행사이자 중요한 리추얼이다. 하지만 이와 별개로, 세일즈포스의 직원들은 회사 내에서 오하나 문화를 체화할 수 있는 다양한 리추얼과 상징 요소를 일상적으로 경험한다. 탁월한 기업들은 모두 각종 리추얼, 상징물, 작은 제스처를 활용해 조직이 지향하는 문화를 지속적으로 표현하고, 이를 직원들이 자연스럽게 받아들이도록 유도한다. 세일즈포스도 일상의 사소한 순간들로 오나나 문화를 강화하고 있다.

세일즈포스와 완전히 다른 업종에 속하지만, 일상적인 업무와 직원 행동의 가장 작은 부분까지도 조직 문화로 연결하는 것이 중요하다고 주장하는 또 다른 기업이 있다. 바로 미국의 대표적인 특수 식품 기업인 징거맨스다. 칼을 어떻게 세척해야 하는지, 주문을 어떻게 더블 체크하는지, 회의를 어떻게 진행해야 하는지 등의 절차들은 누구나 기본적으로 듯하지만, 징거맨스는 이를 대충 넘기지 않는다. 무려 72쪽에 달하는 직원 가이드*staff guide*에 이러한 사소한 절차들까지도 상세히 설명해 둔다. 즉, 징거맨스는 조직 문화가 일상적인 업무 방식과 행동에 자연스럽게 녹아들도록 철저히 설계하며, 이를 통해 직원들이 브랜드 가치를 실천할 수 있도록 유도하는 중이다. 이처럼 강력한 조직 문화는 거창한 선언이 아니라 사소한 업무 방식과 디테일 속에서 탄생한다.

징거맨스는 35년 전 미시간주 앤아버에서 작은 델리(간단한 식사를 해결할 수 있는 식재료와 조리 식품 판매 가게)로 시작했지만, 현재는 14개의 특산 식품 운영 사업부를 보유한 연매출 6,400만 달러 규모의 '비즈니스 커뮤니티'로 성장했다. 《인크》 매거진은 징거맨스를 "미국에서 가장 멋진 작은 기업"이라고 평가했으며, 《본아뻬띠 Bon Appétit》의 편집진도 이 브랜드의 열렬한 팬이다. 징거맨스는 재치 있고 친근한 브랜드 정체성으로도 유명하다. 웹사이트와 카탈로그에는 손으로 그린 일러스트와 구어체 스타일의 친근한 언어가 가득하다. 이 브랜드의 유쾌하고 자유로운 문화는 직원 가이드부터 시작해 모든 운영 방식에 충실히 반영된다. 단순히 칼 세척 방법과 같은 세세한 절차뿐만 아니라 성희롱 방지, 장애인 지원 정책 등 법적으로 요구되는 규정들도 직관적인 언어와 시각적 요소를 활용해 이해하기 쉽게 구성되어 있다. 즉, 직원들이 정책을 단순한 규정이 아니라 실제로 '가치 있는 원칙'으로 받아들이도록 유도하는 것이다.

지금까지 조직 구조, 운영 방식, 직원 경험을 변화시키는 전략적인 접근법으로 원하는 조직 문화를 형성하는 방법을 다루었다. 하지만 조직 문화를 완전히 정착시키려면, 아래 두 가지 요소와 같이 더욱 세밀한 부분까지 신경 써야 한다.

① 리추얼과 상징물
조직이 정기적으로 수행하거나 제작하는 것들로, 중요한 가치와 문화를 기념하고 상징하는 역할을 한다.

② 직원 정책과 절차
조직 내 행동 기준, 업무 규칙, 협업 방식 등의 원칙을 수립해 조직 문화의 방향을 설정한다.

이러한 요소들은 직원 경험의 일부지만 많은 조직에서 간과되는 경우가 많다. 하지만 이 작은 요소들이 조직 문화를 강화하는 강력한 힘을 발휘한다는 점을 기억해야 한다. 어쩌면 생각보다 훨씬 더 큰 영향력을 미칠지도 모른다.

이 장에서는 세일즈포스와 징거맨스 같은 기업들이 겉으로는 사소해 보이지만 조직에 필수적인 요소들을 활용해 브랜드와 문화를 통합하고 조화롭게 정렬한 사례를 소개한다. 또 리추얼과 상징 요소를 활용하는 방법과 조직이 활용할 수 있는 대표적인 정책과 절차를 제공해 조직의 핵심 가치를 더욱 효과적으로 표현하고 반영할 수 있도록 돕는다.

　이 장의 목표는 작고 사소한 부분까지도 브랜드 정체성과 조직 문화에 맞춰 조정할 수 있도록 영감을 주는 것, 조직의 일상적인 운영 방식 속에서 브랜드 일관성을 높이는 방법을 고민할 수 있도록 돕는 것이다. 작은 요소 하나하나까지 브랜드와 조직 문화가 자연스럽게 스며들도록 만드는 것이며, 진정한 온브랜드 조직을 구축하는 핵심이다.

리추얼로 조직 문화를
살아 있게 하라

세일즈포스 컨퍼런스에서 직접 체험한 오하나 정신은 회사 조직 문화의 모든 일상적 실천 속에 깊게 녹아 있다. 개별적으로는 작아 보일 수 있는 행동들이 모여 구성원들을 하나로 묶는 강력한 결속력을 만들어 낸다.

예컨대 세일즈포스에서는 직원이 환영의 인사말인 '알로하 aloha'로 인사하거나 이메일 끝에 존경, 존중, 칭찬의 의미를 담는 '마할로 mahalo'라고 서명할 때마다, 회사의 독특한 가족 중심 문화를 표현하는 일상의 리추얼에 참여하는 것이다.

또 일부 직원들은 금요일마다 하와이안 셔츠를 입는다. 이는 베니오프가 회사를 시작할 때 내세운 오하나 정신을 상기시키기 위한 것이다. 회사 블로그에서 한 사업 개발 담당자 샘은 직원들이 하와이안 셔츠를 입을 때, "세일즈포스가 몇 명의 인원과 아파트의 서버 몇 대로 시작되었던 초창기를 기억하게 된다"며, "오늘날에도 열심히 일하면서 동시에 즐길 수 있다는 메시지를 동료들에게 전달한다"고 설명했다. 그는 "그저 셔츠일 뿐이지만, 그 셔츠는 내가 자랑스럽게 지지하는 역사를 상징한다"고 덧붙였다.

현재, 세일즈포스에서 10년 이상 근무한 직원들은 코아 클럽 koa club에 가입되어, 특별한 기념으로 하와이 테마의 감사

만찬을 즐긴다. 이는 직원 여정에서 중요한 순간을 기념하며, 조직 문화가 살아 숨 쉬도록 만드는 대표적인 리추얼이다.

세일즈포스의 공공서비스 부서장인 제이슨 마틴은 이러한 '리추얼'들이 단순히 재미있는 테마를 표현하는 것 이상의 가치를 지닌다고 설명했다. 그는 리추얼이 명백한 목적과 잠재적 목적, 두 가지 역할을 한다고 말했다. "리추얼의 명백한 목적은 보통 조직 운영에 기여하며, 조직이 미션을 달성하고 일상 업무를 수행하는 데 도움을 준다. 반면 잠재적 목적은 신성한 것을 기념하는 자리로, 새로운 가치를 문화에 심어 주고 조직 문화를 변화시키는 역할을 한다." 세일즈포스의 경우, 하와이 전통에서 영감을 받은 리추얼은 직원들에게 오하나의 가치를 지속적으로 상기시킨다. 여기서 오하나란, '진정성, 포용, 배려, 자비, 즐거움, 그리고 주변 사람들을 가족처럼 대하는 것'을 의미한다.

마틴은 리추얼이 조직 문화에 특히 강력한 영향을 미치는 이유가 "구성원들이 적극적으로 참여해야 하기 때문"이라고 설명했다. 직원들이 리추얼에 참여하면 그들은 감정적으로 단합되고, 조직 문화가 소중히 여기는 신성한 가치에 에너지가 집중된다. 이것이 바로 리추얼이 조직 내에 공동체를 형성하는 방식이다. "리추얼을 통해 만들어지는 질서, 공동체, 의미, 그리고 영감은 변화를 가져온다." 즉, 세일즈포스 경영진이 오하나에 대해 강연을 하거나 문화 홍보 가이드를 배포하는 것만으로는 충분하지 않다. 정기적이고 직접적으로 회사 고유의 리추얼에 참여함으로써, 직원들은 오하나를 체험하고 그 문화를 스스로 형성하는 데 기여하게 된다.

조직에 적합한 리추얼을 찾아내려면, 먼저 회사의 핵심 가치에서 어떤 가치가 가장 강조되거나 보강되어야 하는지를 파악해야 한다. 그다음, 해당 가치를 중심으로 공유할 수 있는 경험이나 그 가치를 기념할 수 있는 특별 행사와 날짜를 생각해 보면 좋다. 다양한 민족과 지리가 섞인 집단에서 행하는 리추얼을 살펴보고, 그것들이 조직과 핵심 가치에 도움이 되는 유사점을 제공하는지 확인할 필요가 있다. 아울러 직원들을 초대해 함께 아이디어를 모으는 브레인스토밍 세션을 진행해야 한다.

조직 내에서 중요한 순간, 예를 들어 주요 고객 프레젠테이션이나 기타 중대한 회의와 같은 이벤트를 고려해 보기를 바란다. 이러한 도전에 임할 준비를 직원들이 할 수 있도록 리추얼을 어떻게 활용할 수 있을지 고민해 봐야 한다. SDA 보코니 경영대학의 파올로 구엔지 교수는 스포츠에서 리추얼이 선수들의 감정을 자극하고, 경기 전 불안을 줄이는 데 사용된다고 설명했다. 예를 들어 뉴질랜드 럭비 팀이 경기 전에 전설적인 마오리 전통 자세춤인 하카를 선보일 때, 구엔지는 이것이 "연결감, 영원함, 그리고 의미를 느끼게 하여 정신적 참여 상태를 촉진하고, 이로 인해 불안을 줄이고 에너지와 집중력을 높인다"고 설명했다. 조직의 리추얼을 통해 이와 같은 효과를 충분히 얻을 수 있다.

실제로 정기적인 행사에 단순히 리추얼적인 요소를 추가하는 것만으로도 조직 문화에 큰 영향을 줄 수 있다. 한 미디어 회사의 임원은 자신이 이끄는 부서를 비롯해 모회사의 여러 부서가 함께 있는 원격 지점의 리더로서, 전사 회의 시작 몇 분을 활용해 함께 모인 모든 구성원들 간의 단합감을 강화했다. 이 임원은 "I'm excited about …"라는 리추얼을 도입해 매 회의를 시작하며, 최근의 성공 사례나 새로 시작한 계획, 자신이 담당하는 부서에서 해결하려고 애쓴 문제의 진척 상황을 발표했다. 그러자 모든 부서의 직원들이 손을 들고 자신들이 기대하는 바를 공유하기 시작했다. 그들은 항상 프로그램과 신제품 출시, 새로운 직원의 합류, 휴가 후 복귀 등 다양한 주제에 관해 이야기했다. 직원들은 직급에 상관없이 편안하게 의견을 나누었으며, 심지어 사무실 관리자조차 모두가 기대하는 시설 업그레이드의 이정표를 공유했다. 각 발표 후에는 모두가 박수를 치며 그 순간을 축하했다.

해당 리더는 이 단순한 리추얼을 통해 서로 다른 부서들이 한데 모여 서로의 이야기를 듣고, 각자가 생각하는 성공의 기준을 공유할 수 있는 협업 문화를 효과적으로 만들어 냈다.

원하는 문화를 만들기 위해 리추얼을 활용할 때 일상적인 관행에도 의미를 부여하는 것을 두려워하지 말자. 조직 컨설턴트 테렌스 딜과 앨런 케네디는 『기업 문화 Corporate Cultures』라는 책에서 "강한 문화를 가진 기업에서는 아무것도 사소하지 않다. 업무 환경에서 발생하는 모든 일은 반드시 관리해야 할 중요한 일이다"라고 말했다.

리추얼을 설계할 때 가장 큰 도전은 직원들이 자연스럽고 의미 있게 느낄 수 있는 리추얼을 찾는 것이다. 때로 직원들이 서로 상호 작용하는 방식을 관찰한 후, 기존의 행동이나 관행에 원하는 문화의 한 측면을 명시적으로 연결해 보는 것이 좋다. 그리고 이를 통해 문화적 의미를 부여할 수 있는지 검토해 봐야 한다. 예를 들어, 조직 내에서 인정 문화를 강화하고 싶다면 직원들이 업무를 잘 마친 후 동료들에게 축하 메시지를 주고받는 모습을 상상해 볼 수 있다. 이 경우, 그 메시지들을 모아서 매주 금요일마다 축하받을 만한 직원들에게 감사 메시지를 보내는 리추얼을 도입하면, 직원들이 자연스럽게 그 문화를 체감할 수 있을 것이다.

『유머의 이점 The Humor Advantage』의 저자 마이클 커는 다음과 같이 조직 내에서 활용할 수 있는 다양한 리추얼을 예시로 들었다.

- 하루 또는 한 주의 시작 리추얼: 직원들의 기분을 전환하거나 그날 혹은 그 주의 가장 중요한 우선순위를 상기시켜 준다.
- 하루 또는 한 주의 마무리 리추얼: 그날 혹은 그 주의 최고 성과를 기념하는 시간을 마련한다.
- 요일별로 서로 다른 리추얼 도입: 매 요일마다 특색 있는 리추얼을 마련해 다양성을 부여한다.
- 분기 시작 또는 회계연도 종료 리추얼: 새로운 분기를 시작하거나 회계연도의 끝을 기념하는 리추얼을 진행한다.
- 신규 직원 환영 리추얼: 신입사원이 팀의 일원임을 체감할 수 있도록 환영하는 리추얼을 마련한다.
- 모든 회의의 시작 또는 종료 리추얼: 회의 시작이나 마무리 시에 일정한 리추얼을 도입해 조직 문화를 상기시킨다.
- 회사 창립일 기념 리추얼: 회사의 설립일을 축하하고, 그 역사와 문화를 되새기는 행사를 마련한다.
- 대규모 판매나 신규 주요 고객 확보, 특정 금액이나 고객 수에 도달했을 때의 리추얼: 이러한 중요한 순간을 축하하는 리추얼로 조직의 성과와 성장을 기념한다.
- '똑똑한 실패'와 좌절을 기념하는 리추얼: 실패를 긍정적인 학습 기회로 전환하고, 이를 재미있게 기념하는 문화를 조성한다.

여기서 가능한 옵션이 매우 많지만 무분별하거나 무의미한, 혹은 임의적인 리추얼을 도입해 기회를 낭비하지 않도록 주의해야 한다. 궁극적인 목표는 자신의 브랜드 유형에 부합하며 조직만의 고유한 문화를 육성할 수 있는 독특한 리추얼을 개발하는 데 있다.

이러한 리추얼을 개발할 때 그들이 전달하는 미묘한 메시지와 장기적인 영향을 신중하게 고려해야 한다. 사이버보안 기업 클라우드플레어의 CEO 겸 공동 창립자인 매튜 프린스는 《뉴욕 타임스》 한 칼럼에서 제안된 리추얼을 검토하며 회사의 성장을 어떻게 신중하게 고민했는지 설명했다. 클라우드플레어 회사 초창기에 한 젊은 엔지니어는 매주 금요일 퇴근 후에 함께 외출하여 일주일 동안 있었던 일을 나누며 서로 알아 가는 시간을 만들자고 제안했다. 그러나 프린스와 그의 파트너는 그 아이디어를 거부했고, 이 결정으로 처음에는 많은 비판을 받았다. 그들은 회사가 다양한 인재를 채용할 수 있도록 하기 위함이며, 퇴근 후 술자리에 나가는 것이 직원들의 생활 방식에 맞지 않을 수 있다고 설명했다. 프린스는 "팀의 일원이라는 소속감을 느끼지 못한다면, 우리 회사에 지원하지 않을 것"이라고 말하며, "우리는 클라우드플레어를 누구든지 상관없이 이곳에 와서 일할 수 있고, 오로지 그 성과로 평가받는 곳으로 만들고 싶었다. 우리는 대학 생활을 재현하려던 게 아니다"라고 덧붙였다.

다음은 영감을 주거나 아이디어를 제공할 수 있는 다른 기업들의 리추얼 사례다.

셰브론

에너지, 화학 제품 등을 생산하는 회사인 셰브론 직원들은 매 회의 시작 시 '안전 시간'으로 회사의 핵심 가치인 안전을 강조한다. 이 리추얼은 안전 절차 덕분에 사고를 피한 사례를 보고하거나, 단순히 계단에서 손잡이를 사용하라고 하며 회의를 진행한다.

빌레이

가상 비서를 제공하는 빌레이에서는 중요한 이정표나 성과를 기념하고 발표할 때 오후 늦게 회의를 소집한다. 그러나 빌레이는 본사가 없기 때문에 모든 직원이 줌으로 각자의 위치에서 참여하며 맥주를 들고 가상 건배를 진행한다. 창립자 브라이언 마일스는 이 리추얼과 함께 연례 정상 회담과 정기적인 커뮤니티 서비스 활동이 원격 근무 인력을 견고한 문화로 유지하는 데 큰 역할을 한다고 평가했다.

젠틀 자이언츠

이사 서비스 기업 젠틀 자이언츠에서는 신규 직원이 입사하면 하버드 스타디움의 계단을 달리도록 요구한다. 이는 단순한 입사 의례를 넘어 필수적인 훈련의 일부로 간주된다. 회사는 누군가가 이 위대한 장소의 3,441계단을 오르내려야 '이사 당일에 맞닥뜨릴 불가피한 스트레스'에 대비할 수 있다고 믿으며, 이를 통해 직원들이 '힘찬 몸과 차분한 마음'을 항상 유지하도록 한다.

콜리지 헝크스 하울링 정크

또 다른 이사 서비스 기업인 콜리지 헝크스 하울링 정크는 전혀 다른 목적으로 완전히 다른 리추얼을 활용한다. 매일 오전 11시 11분(기억하기 쉬운 시간)에, 이 회사는 축구에서 영감을 받은 회의를 열어 선정된 직원들이 필드 골을 차서 보상을 받는다. 이를 통해 힘들고 단조로운 일을 즐겁게 만들고, 경쟁사와 차별화된 문화를 형성할 수 있다.
회사 공동 창립자 닉 프리드먼은 "우리는 고품질 서비스를 진지하게 추구하지만, 동시에 즐길 줄도 안다. 팀원들이 즐겁게 일할 때, 고객에게도 그 경험이 더 즐겁게 전달된다"고 설명했다.

이처럼 다양한 리추얼은 단순한 이벤트가 아니라 조직의 핵심 가치와 원하는 문화를 실제 경험으로 만들어 주는 중요한 역할을 한다.

조직 문화의 모든 측면과 마찬가지로, 리추얼도 회사 고유의 것으로 만들어져야 한다. 어떤 회사에서는 이 방식이 효과적일지라도, 다른 회사에서는 전혀 어울리지 않거나 오해를 받을 수 있다. 핵심은 원하는 조직 문화를 구체적으로 해석하고 강화하는 일상적인 루틴과 활동을 찾아내는 것이다. 한 가지 리추얼을 개발하는 것은 겉보기에 사소한 행위처럼 보일 수 있으나, 시간이 지남에 따라 조직 문화를 구축하는 데 큰 발전을 가져올 수 있다.

조직 문화를 상징 요소로 가시화하라

상징물, 즉 조직 문화를 드러내거나 중요한 이정표를 기념하는 물리적인 아이템은 원하는 문화를 구축하는 데 있어 리추얼과 유사한 역할을 할 수 있다. 예를 들어, 세일즈포스에서는 오하나 문화를 강화하기 위해 회의실 이름과 직원들의 근속을 기념하는 유리 서프보드 상을 사용한다. 하와이 테마의 상징물들은 직원들에게 회사가 일반적인 비즈니스 방식에서 벗어난, 독특한 문화를 가졌음을 상기하며 세일즈포스 가족의 일원임을 확인할 수 있게 한다.

한편, 많은 기업은 외부적으로도 상징 요소를 활용해 브랜드 정체성을 강화한다. 『린 브랜드를 위한 기업가 가이드 *Entrepreneur's Guide to the Lean Brand*』에서 브랜트 쿠퍼와 제레마이아 가드너는 포장, 유니폼, 로고 등이 고객들에게 "기억을 자극하는 요소"로 작용하여, 복잡한 시장 속에서 기업이 제공하는 가치를 고객들이 쉽게 인지할 수 있도록 돕는다고 설명했다. 추상적인 아이디어를 명확한 단서들(시각, 청각, 촉각, 미각, 후각)로 전환함으로써 기업의 정체성과 이야기, 가치 등을 소비자들이 더욱 잘 이해하고 공감하게 만들 수 있다.

상징물은 조직 내에서 기억을 자극하는 역할을 할 뿐 아니라, 설명적인 기능도 수행할 수 있다. 조직 심리학자 에이미 부처는 "문화적 상징물은 내부 구성원과 외부인이 그

집단에 속한다는 의미를 이해하는 데 도움을 주는 상징"이라고 말했다. 또 상징물은 리추얼과 마찬가지로 직원들이 직접적으로 문화를 체험할 수 있도록 만든다. 직원들이 상징 요소를 사용하고 받거나 상호 작용함으로써, 설령 아주 미세한 방식이라도 문화의 본질을 몸소 느낄 수 있다. 부처는 "상징물은 구성원들에게 약속을 굳건하게 하고, 일상적인 행동을 이끌어 내는 데 도움을 준다"고 설명했다.

조직 내에서 직원들이 상징 요소를 어떻게 활용할지 고민하려면, '조직 내부적으로 어떤 중요한 기억이나 연상할 만한 것이 있는가?'라는 질문을 스스로에게 던져 보라. 그다음 그 기억과 연상을 물리적인 환경 요소, 조직에서 사용하는 언어, 기술과 도구, 예술적 창작물, 스타일 표현(복장 규정이나 유니폼 등), 그리고 커뮤니케이션 및 출판물과 어떻게 연결할지 고민해 보기를 바란다. 리추얼과 마찬가지로 아주 작은 사물도 큰 아이디어를 상징할 수 있다.

여기서 핵심은 선택에 신중을 기하는 것이다. 부처는 "문화적 상징물은 조직이 느끼고 작동하는 방식에 미묘하지만 확실한 영향을 줄 수 있다"라고 설명했다. 오럴로버츠대학교 교수이자 베스트 셀러 작가인 데이비드 버커스는 이를 두고, 조직의 핵심 가치가 상징물이 의미 있고 생산적으로 기능하기 위해 반드시 일치시켜야 하는 '수직선*plumb line*'과 같다고 덧붙였다. 그는 "무료 급식 프로그램 자체에는 특별할 것이 없지만, 협업과 공유의 가치를 전제로 한 문화 속에서 무료 급식 프로그램을 운영하면, 식사를 함께하며 아이디어를 나눌 수 있는 기회를 제공해 조직 전체의 창의적 산출물을 향상시킬 수 있다"고 설명했다.

아래와 같이 몇몇 회사들이 활용하는 상징 요소를 선택해 적용할 수도 있다.

- 아마존은 비용 절감을 크게 이뤄 낸 아이디어를 제시한 직원을 인정하고자 '문 책상 상 door desk awards'를 수여한다. 초기에는 비용을 절약하기 위해 문에 다리를 박아 책상을 만들었지만, 그 후 '문 책상'은 회사의 절약적이고 실용적인 문화를 상징하는 아이콘이 되었다.
- 시티 이어는 미국 연방 정부 기관 소속 사회 봉사단의 청년들로 구성되며, 학생들이 학교에 계속 다니고 고등학교를 졸업할 수 있도록 돕는 비영리 단체이다. 이 단체는 구성원들이 근무 기간 동안 반드시 착용해야 하는 상징인 빨간색과 노란색 재킷으로 유명하다. CEO 겸 공동 창립자인 마이클 브라운은 이 재킷이 회원들의 "이상주의와 세상을 변화시키기 위한 1년의 헌신"을 상징한다고 말했다. 전 마케팅 책임자 길리언 스미스는 이 재킷이 단순한 유니폼보다 훨씬 더 중요한 역할을 한다고 설명했다. 이 재킷은 구성원들에게 연대감과 자부심을 불어넣으며, 동시에 학교 학생들에게 강력한 식별자이자 영감의 원천으로 작용하는 것이다. 스미스는 "학생들이 우리 단체의 빨간 재킷을 입은 사람을 보면, 저 사람이 우리를 도와줄 수 있고 존경할

만한 인물임을 알게 된다"고 말했다.

외부 이해관계자를
참여시키기 위해
리추얼과 상징 요소를 활용하라

조직에 투자자, 가맹점, 대행사 등 브랜드 정체성 형성에 중요한 역할을 하는 외부 이해관계자가 있다면, 그들에게도 문화 구축 노력을 확장하기 위해 리추얼과 상징 요소를 활용할 수 있다. 예를 들어, 시티 이어는 핵심 기부자들과 소통하기 위해 빨간 재킷을 활용한다. 일정 기부 기준을 충족한 기부자들은 특별한 리추얼 속에서 '레드 재킷 사회'에 가입되며, 이 자리에서 조직의 직원들이 입는 것과 동일한 빨간 재킷을 받는다. 리추얼 중 기부자들은 시티 이어의 리더와 직원들이 함께 모여, 그 재킷이 자신들에게 어떤 의미인지 서로 이야기한다. 이러한 리추얼과 재킷은 직원과 핵심 외부 이해관계자 간의 유대를 강화할 뿐 아니라, 외부 이해관계자들도 조직의 일부로 환영함으로써, '포용성'이라는 핵심 가치를 자연스럽게 함양한다.

    이들은 단지 몇 가지 예시일 뿐이다. 우리가 만들어 낼 수 있는 상징물의 가능성은 오로지 상상력에 달렸다. 단, 직원들이 별로 가치 있다고 느끼지 못하는 기발한 기억 자극 장치나 대부분의 회사에서 흔히 볼 수 있는 평범한 기념품에 그치지 않도록 주의해야 한다. 직원들에게 티셔츠나 손목밴드가 필요한 것이 아니라, 우리가 추구하는 문화를 강력하게 상기시켜 줄 의미 있는 상징물이 필요하다. 상징물은 리추얼과 함께 구성원들을 하나로 묶어 주는 접착제 역할과 동시에 조직의 모습을 형성하는 중요한 도구로서의 역할을 한다.

정책과 절차로 문화를 전파하라

징거맨스의 창립자 폴 세이기너와 아리 와인즈바이크는 회사를 처음부터 깊이 고민하고 체계적으로 운영해 왔다. 그들은 초기부터 '강한 관계'와 '배울 수 있는 공간'을 포함한 12가지 핵심 원칙을 세우고, 회사의 목표를 전달하기 위해 '훌륭한 음식, 훌륭한 서비스, 훌륭한 재무'라는 3대 핵심 가치를 채택했다.

오늘날 징거맨스의 문화는 음식, 서비스, 그리고 결과에 대한 강렬하고 생생한 열정이 특징이다. 이곳의 모든 구성원은 음식을 사랑하며, 맛있고 고품질의 진정성 있는 제품을 만들어 판매하는 데 전념한다. 그들은 단순히 고객의 기대를 충족시키는 데 그치지 않고, 그 이상의 가치를 제공하기 위해 노력한다. 직원 가이드에서는 '우리가 고객의 경험을 위해 얼마나 애썼는지'에 대한 경이로운 순간을 선사한다고 강조한다.

또 조직의 리더들은 직원들 사이에 창의성, 근면, 헌신을 고취시켜 이러한 브랜드 서비스가 자연스럽게 구현되도록 한다. 이들은 이윤을 회사의 '생명줄'로 여기며, 가능한 한 많은 인력을 회사 운영과 개선에 적극 참여시키고 있다.

징거맨스는 이러한 기본 가치를 뒷받침하기 위해 직원들의 성장과 발전을 중시하고 교육을 통해 이들에게 힘을 실어 준다. 리더들은 "학습은 우리를 앞으로 나아가게 하고, 도전을 지속하게 하며 올바른 길로 인도한다"고 말했다. 직원들에게는 자사가 판매하는 음식에 관해 교육함으로써 "음식에 대해 더 많이 배울수록 비즈니스는 더욱 효과적이고 수익성 있게 운영된다"는 점을 전달하고, "비즈니스에 대해 더 많이 이해할수록 생산성이 향상된다"고 강조했다.

기업의 모든 측면에서 직원 교육에 주력한다는 점을 감안하면, 앞서 이 장에서 설명한 대로 창립자들이 회사 정책과 절차를 상세히 정리한 가이드를 만든 것은 놀라운 일이 아니다. 다만 놀라운 점은 직원들이 실제로 그 가이드를 읽고 참고한다는 것이다. 이는 가이드의 톤과 방식이 큰 역할을 한 것으로 보인다. 과거 징거맨스 직원 가이드는 다른 많은 회사처럼 아무도 보지 않아 선반 위에 먼지가 쌓였었지만, 회사 직원들은 자사 제품과 내부 자료의 퀄리티 차이가 왜 발생하는지 고민했다. 그 결과, 그들은 '소비자에게 제공하는 방식을 직원들에게도 적용하자'라는 결정을 내렸다.

오늘날, 직원 가이드는 회사의 외부 커뮤니케이션과 동일하게 창의적인 스타일로 디자인되었으며, 내용도 훨씬 더 흥미롭다. 회사의 시스템, 성공 측정 방식, '우리를 다르게 만드는 다섯 가지 핵심 영역'과 포괄적인 교육 프로그램, 재미있는 일화 등이 수록되어 있다. 이러한 요소들은 직원들이 가이드에 참여하도록 유도하며, 그들이 직접 읽고 체험할 수 있도록 돕는다.

하지만 직원 가이드가 실제로 직원들에게 활용되는 가장 큰 이유는 징거맨스 소속 직원인 위인즈바이크의 설명에서 찾을 수 있다. 그는 징거맨스의 핵심 문화인 '자율성과 주도성'을 반영해 가이드의 내용을 두 가지로 구분했다고 말했다. 하나는 표준 운영 절차로, 특정 작업을 수행하는 정해진 방식이며 창의적인 적용이 필요하지 않은 부분이다. 다른 하나는 레시피*recipes*로, 직원들이 자율적으로 판단해 실행할 수 있는 일반적인 가이드라인을 의미한다.

그는 이렇게 설명했다. "SOP는 정해진 방법대로 해야 하는 것이고, 창의적인 접근이 필요하지 않다. 하지만 레시피는 창의성을 요구한다." 예를 들어, 징거맨스의 '서비스 레시피 *service recipe*'는 다음 세 가지 요소로 구성된다. 1. 고객이 원하는 것이 무엇인지 파악한다. 2. 정확하고, 정중하며, 열정적으로 제공한다. 3. 고객이 기대하지 못한 작은 감동을 선사한다. 위인즈바이크는 "그 '작은 감동'이 무엇인지 결정하는 것은 직원 개개인의 몫"이라고 강조했다. 심지어 직원이 첫 출근한 날이라도, 그 순간 고객에게 특별한 경험을 제공할 수 있도록 자율적인 판단을 기대한다는 것이다.

이러한 '레시피'는 단순한 지침이 아니라 직원들이 징거맨스에서 일하는 걸 즐기는 이유 중 하나로 꼽을 만큼 강한 영향을 준다. 레시피를 통해 직원들은 스스로 판단하고 창의적으로 일할 수 있도록 장려받으며, 결국 브랜드가 고객에게 약속한 가치를 자연스럽게 실현하게 된다. 이 방식은 직원들에게도 긍정적인 영향을 준다. 자신이 신뢰받으며, 각자의 방식으로 기여할 기회를 얻는다고 느끼기 때문이다. 위인즈바이크는 레시피가 "직원들의 진정성과 지적 능력, 그리고 창의성을 존중하면서도 이를 실제 업무에서 마음껏 발휘하도록 돕는 도구"라고 설명했다.

"직원 가이드는 조직의 리더가 만들 수 있는 가장 중요한 자료 중 하나이며, 단순한 문서가 아니라 핵심적인 커뮤니케이션 도구"라고 그는 강조했다. 징거맨스의 직원 가이드는 반드시 명확해야 할 부분에서 구체적인 기준을 제시하지만, 나머지는 조직 문화 형성과 직원들의 동기 부여를 돕는 인사이트, 영감, 그리고 사례들로 채워져 있다. 단순히 규정을 따르게 하는 것이 아니라, 직원들이 자연스럽게 회사의 방향성과 가치를 이해하고 공감하도록 돕는 것이 핵심이다.

징거맨스는 기업이 조직의 정책과 절차를 활용해 원하는 조직 문화를 구축하는 데 훌륭한 참고 사례가 될 수 있다. 이를 실천하는 핵심 단계는 다음과 같다.

1단계: 조직 문화에 맞는 정책과 절차 수립하기

우선, 조직에 적합하고 조직 문화의 독창성을 반영한 정책(결정 사항과 행동 규범)과 절차(정책을 실행하기 위한 실행 계획)를 수립해야 한다. 언제나 그렇듯, 조직의 근본적인 목적에서 시작해야 한다. 이 목적을 달성하기 위해 어떤 전략을 세웠는지, 그리고 그 전략을 뒷받침할 핵심 가치는 무엇인지 파악한다. 이러한 전략을 명확히 한 후, 이를 실현하고 가치를 강화할 수 있는 가이드라인과 절차를 설계할 수 있다.

예를 들어, 구글의 초기 목적은 "세계의 정보를 체계화하여 모두가 유용하게 접근할 수 있도록 하는 것"이었고, 비즈니스 전략은 사람들이 구글 검색 엔진을 더 자주 사용하도록 새로운 서비스를 개발하는 것이었다. 이를 위해 구글은 혁신을 장려하는 핵심 가치를 기반으로 직원들에게 업무 시간의 20%를 자유롭게 활용할 수 있도록 하는 정책을 도입했다. 이 정책 덕분에 직원들은 회사에 가장 큰 이익을 줄 수 있는 프로젝트에 시간을 할애할 수 있었다.

정책을 수립할 때는, 전자 정책연구소의 낸시 플린이 제안하는 아래 질문들을 스스로 던져 보는 것이 좋다.

- 이 정책의 대상자는 누구인가?
- 왜 이 상황이나 행동에 대해 공식적인 규칙이 필요한가?
- 이 정책으로 무엇을 달성하고자 하는가?
- 이 정책이 조직과 직원들에게 어떤 혜택을 제공할 것인가?
- 직원들은 이 정책에 긍정적으로 반응할까, 아니면 부정적으로 반응할까?

각 정책을 수립할 때는 위 질문들에 대한 답변으로 조직이 원하는 문화를 명확히 반영하고 육성할 수 있도록 구성해야 한다. 또 모든 정책이 직원들에게 명확하고, 실질적이며, 접근하기 쉬운 형태로 전달되어야 한다.

다음은 조직에서 새롭게 수립하거나 개편을 고려해야 할 주요 정책과 절차의 예시다.

- 직원 복지 혜택
- 출근 및 근무 시간/장소

- 급여 지급 주기, 지급일, 지급 방법
- 유급 휴가: 연차, 안식년, 병가, 기타 개인 휴가
- 의료 휴가
- 사무용품, 기술 장비, 차량 사용 규정
- 복장 규정
- 예산, 비용, HR 결정 등에 대한 승인 절차
- 고객 서비스 기준
- 직원 교육/훈련
- 사무실 방문객 관리
- 재활용 및 지속가능성 관련 실천 방안
- 소셜 미디어 사용 규정
- 내·외부 커뮤니케이션 원칙
- 사무실 인테리어 및 환경 조성
- 징계 및 퇴사 절차
- 직원 건강 및 웰빙 관련 정책
- 성과 관리 및 평가 방식

이러한 정책들을 검토할 때 법적으로 문제되거나 규제상의 이유로 반드시 시행해야 하는 정책들이 있음을 잊지 말아야 한다. 일부 정책은 특정 법률을 준수해야 하며, 이는 조직 운영에 있어 필수적이다. 그러나 정책과 절차는 단순히 법적 요구 사항을 충족하는 것을 넘어 조직의 문화와 방향성

을 반영해야 한다. 직원 핸드북을 오직 법적 준수를 위해 작성한다면, 이는 방어적인 분위기를 조성할 수 있다. 이뿐만 아니라 조직이 직원들을 함께 가치를 창출하는 파트너가 아닌, 통제해야 할 변수로 간주한다는 인식을 줄 수 있다.

하지만 정책과 절차를 조직과 직원 간 관계의 기반이라고 생각한다면, 이를 통해 조직의 핵심 가치를 명확히 표현할 필요가 있다. 더불어 직원들이 조직의 궁극적인 목적을 실현하는 방법을 인지한 뒤, 조직만의 독특한 개성을 전달할 수도 있다.

다음은 그러한 접근 방식을 적용한 사례들이다.

- 부티크 호텔 회사 조이 드 비브르는 직원들에게 분기마다 한 번, 자신이 근무하는 호텔이 아닌 다른 호텔에서 하룻밤을 보내도록 하는 정책을 운영한다(물론 회사가 비용을 부담한다). 이 정책은 직원들이 고객의 입장에서 새로운 시각으로 호텔을 바라볼 수 있도록 돕는 것이 목적이다. 조이 드 비브르는 직원들이 자신의 업무를 단순한 직무 수행이 아니라, '최고의 고객 경험을 제공한다'는 조직의 목적에 맞춰 정의하도록 장려하는 문화를 만들고자 한다.
- 광고 에이전시 트렉션은 '버닝맨 정책 the burning man policy'을 운영한다. 네바다 사막에서 열리는 예술과 자기 표현의 축제인 '버닝맨 burning man'을 비롯해, 다양한 방식으로 창의적이고 혁신적인 행사를 참석하는 경우 직원들에게 연차가 남지 않았더라도 휴가를 우선

승인하는 정책이다. 트렉션의 CEO 아담 클라인버그는 이 정책을 만든 이유를 두고, 직원들이 창의적인 영감을 얻을 기회를 보장하기 위해서라고 설명했다. 그는 "창의적 에이전시로서 우리는 혁신적이고 독창적인 사고를 불러일으킬 수 있는 기회를 소중하게 여긴다"고 말하며, 일반 기업들이 다소 부담스럽게 여길 수 있는 행사의 일부 요소(버닝맨의 자유분방한 분위기 등)를 이유로 직원들의 참여를 제한하지 않는다고 덧붙였다.

⋯▶ 투자 정보 플랫폼 모틀리 풀은 "솔직하자. 우리가 자랑스러울 수 있도록 하자"라는 핵심 가치를 실천하기 위해 다음과 같은 정책을 운영한다. 직원들에게 업무 시간 중 개인 이메일을 주고받는 것을 허용하며, 회사 차원에서 이메일 모니터링이나 직원 컴퓨터 감시는 전혀 하지 않는다. 이는 직원들에게 시간을 어떻게 사용할지 스스로 판단할 수 있도록 신뢰한다는 의미를 담는다.

이처럼 조직의 가치와 목적을 반영한 정책들은 단순한 규정을 넘어, 직원들이 조직 문화를 체감하고 자발적으로 참여하도록 만드는 강력한 수단이 될 수 있다.

2단계: 직원 핸드북·가이드 제작하기

다음 단계는 조직의 정책과 절차를 하나의 가이드북이나 핸드북으로 정리하는 것이다. 하지만 단순한 규정집을 만드는 것이 아니라, 외부 고객을 대상으로 하는 커뮤니케이션 자료를 제작하는 것처럼 접근해야 한다. 핸드북이 직관적이고 흥미를 끌며, 높은 완성도로 제작된다면 직원들은 이를 적극적으로 읽고 자주 참고할 가능성이 높아진다.

또 핸드북의 톤앤매너는 브랜드 정체성과 일관성을 가져야 한다. 조직의 브랜드 정체성과 문화는 서로를 강화하는 역할을 해야 하며, 정책과 절차를 전달하는 방식에서도 이를 반영해야 한다.

3단계: 직원들이 핸드북을 적극 활용하도록 만들기

핸드북을 제작하고 배포하는 것만으로는 충분하지 않다. 이를 직원들에게 효과적으로 전파하고, 실제 업무에서 활용할 수 있도록 교육하는 과정이 필수다. 특히 온보딩 과정에서부터 직원들이 핸드북을 익히고 활용할 수 있도록 해야 한다. 예를 들어, 징거맨스의 공동 창립자인 아리 와인즈바이크와 폴 세이기너는 회사 규모가 500명이 넘게 성장한 현재까지도 직접 신입 직원 오리엔테이션을 진행한다. 이들이 운영하는 징거맨스 커뮤니티 웰컴 클래스에서 단순한 업무 매뉴얼을 전달하는 것이 아니라 조직의 역사, 철학, 가치, 문화를 생생하게 전달한다.

와인즈바이크는 다음과 같이 설명했다. "이 클래스는 징거맨스의 지적·감성적·역사적·윤리적 이야기를 전달하는 자리이며, 우리 조직이 이를 어떻게 실현하는지 공유하는 과정이다." 또 그는 핸드북을 제공하는 것만으로 충분하지 않으며, 직원들이 학습하는 방식이 각기 다르기 때문에 직접 교육하는 과정도 반드시 필요하다고 강조했다.

실제로 신입 직원들은 회사의 창립자가 직접 참여하는 교육을 경험하면서, 핸드북에 담긴 정책과 절차가 단순한 규정이 아니라 조직의 핵심 문화임을 체감하게 된다. 와인즈바이크는 이러한 문화 교육이 징거맨스의 정체성을 형성하는 데 매우 중요한 요소라며, "조직이 지속적으로 성장하는 과정에서 우리가 가장 마지막까지 포기할 요소 중 하나가 바로 이 교육일 것이다"라고 밝히기도 했다.

직원들이 핸드북을 지속적으로 참고할 수 있도록 만들기 위해 내용을 정기적으로 업데이트하고, 필요할 때마다 직원들의 관심을 환기시키는 과정이 필요하다. 매사추세츠 다트머스 대학교 교수인 마이클 그리핀은 직원 핸드북을 '살아있는 문서', 즉 정적인 자료가 아닌, 지속적으로 변화하는 동적인 문서로 관리해야 한다고 조언한 바 있다. 그는 다음과 같이 설명했다. "비즈니스 환경이 변화하고, 새로운 운영 방식이 도입되며, 조직이 규모를 조정하거나 품질 개선 이니셔티브를 추진할 때 기존 정책도 반드시 보완·수정·확장해야 한다." 즉, 정책이 변경될 때마다 이를 직원들에게 명확하게 전달하고 핸드북을 최신 상태로 유지하면서, 이를 직원들에게 다시 한번 각인시키는 과정이 필요하다.

모든 디테일을 설계하라

나의 이전 저서에서, 위대한 브랜드는 고객 경험의 작은 요소까지 신경 쓴다는 점을 강조했다. 브랜드에 대한 인식은 광고에서 전달하는 거창한 메시지가 아니라, 고객이 실제 경험하는 사소한 순간에서 형성된다는 사실을 알기 때문이다. 훌륭한 브랜드는 고객 경험을 설계할 때 가장 세부적인 실행 요소까지 고려하며, 브랜드를 표현할 수 있는 새로운 기회를 끊임없이 모색한다.

마찬가지로 훌륭한 기업은 조직 내부에서도 같은 수준의 디테일과 원칙을 적용한다. 그들은 직원 핸드북부터 회의를 운영하는 방식까지 조직의 모든 요소를 통해 원하는 문화를 조성한다. 사소한 것처럼 보이는 리추얼, 상징물, 정책과 절차까지도 조직의 궁극적인 목적과 핵심 가치, 그리고 원하는 문화를 전달하는 강력한 수단으로 활용한다. 이 장에서 소개한 세일즈포스와 징거맨스 등의 기업 사례에서 보듯이, 작고 보잘것없어 보이는 요소들도 전략적으로 활용하면 큰 의미를 전달할 수 있다.

다음 장에서는 이러한 조직 문화 변화(리추얼, 상징물, 정책, 절차 등을 활용해 브랜드와 문화를 하나로 융합하는 방법)를 직원들의 브랜드 내재화 활동을 통해 실행하는 방법을 살펴볼 것이다.

핵심 내용 요약

- 원하는 조직 문화를 정착시키려면, 조직의 일상적인 요소들에 핵심 가치와 목적을 스며들게 해야 한다.
- 조직만의 독창적이고 구체적인 요소를 해석할 수 있는 리추얼을 만들고, 가장 중요한 핵심 가치를 지속적으로 강화하는 역할을 하도록 설계해야 한다.
- 상징 요소를 조직 문화의 '기억 장치'로 활용해야 한다. 직원들에게 조직이 기대하는 일상적인 행동과 태도를 자연스럽게 상기시킬 수 있도록 하는 것이 필요하다.
- 정책과 절차에 '레시피' 개념을 도입해야 한다. 즉, 직원들이 창의성을 발휘할 수 있도록 가이드라인을 제공해 조직 문화를 능동적으로 실천할 수 있게 만들어야 한다.
- 직원 핸드북을 단순한 규정집이 아닌 직원들이 참여할 수 있는 콘텐츠로 제작해야 한다. 고객을 위한 커뮤니케이션 자료를 만들 때와 같은 수준의 세심한 표현과 디자인을 적용해 조직 문화와 가치를 자연스럽게 경험할 수 있도록 해야 한다.

CHAPTER 7

변화를 가속화하라

이번 장의 핵심 내용

- 브랜드와 조직 문화의 융합을 이루기 위해 직원들이 브랜드에 '참여'해야 하는 이유
- 브랜드 참여를 유도하는 체험형 브랜드 교육과 통합, 커뮤니케이션 캠페인을 통해 융합 프로세스를 시작하는 방법
- 브랜드 툴킷을 활용해 직원들이 지속적으로 브랜드와 조직 문화에 참여할 수 있도록 돕는 방법

카지노 리조트 운영 회사인 MGM 리조트가 2010년 전사적인 브랜드와 문화 혁신을 추진했을 때, 그들은 7만 7천 명 이상의 직원이 27개 이상의 지역에서 근무하는 거대한 조직을 효과적으로 교육하는 방법을 고민해야 했다. 대부분의 기업이라면 당연히 외부 교육 업체를 고용하거나 온라인 학습 플랫폼을 활용했을 것이다. 하지만 MGM 리조트의 경영진은 이 두 가지 방법 모두 충분하지 않다고 판단했다. 그들이 선택한 것은 모든 직원과 직접 대면하며 브랜드와 조직 문화를 교육하는 것이었다. 이는 단순한 교육이 아니라 직원들이 브랜드와 조직 문화에 깊이 참여하고, 모든 지점에서 동일한 브랜드 경험을 제공할 수 있도록 만드는 것을 목표로 한 야심 찬 변화 프로젝트였다.

MGM 리조트는 단순한 카지노 기업에서 벗어나 글로

벌 리조트와 엔터테인먼트 기업으로 거듭나기 위한 대대적인 전략적 리포지셔닝을 추진했다. 이러한 변화는 베네치안, MGM 그랜드, 스카이로프트와 같은 비*non* 게임 중심의 호텔과 엔터테인먼트 시설 개발을 포함한 전략적 사업 투자이자 브랜드 혁신 프로젝트였다. 당시 MGM 리조트의 최고 경험 및 마케팅 책임자였던 릴리안 토모비치는 이 변화를 이렇게 설명했다. "우리는 우리 DNA의 핵심이 '엔터테인먼트'라는 사실을 확신했습니다. 그래서 이를 중심으로 회사를 변화시키기로 했습니다."

그러나 브랜드 재포지셔닝을 위해 새로운 호텔을 개발하고, 대대적인 광고 캠페인을 진행하는 것만으로 충분하지 않았다. MGM 리조트의 경영진은 이렇게 생각했다. '우리 직원들이 이해하지 못하는 브랜드 스토리를 월스트리트와 소비자들에게 전달할 수 없다. 브랜드를 재정립하려면 우리가 일하는 방식 자체를 바꾸고, 조직 문화를 더욱 소비자 중심적으로 변화시켜야 한다.'

게다가 MGM 리조트가 추진하는 호텔, 음식 서비스, 관광 등 다양한 서비스 산업의 본질을 고려했을 때, 직원들이 브랜드와 조화를 이루는 조직 문화에 깊이 참여해야만 고객들에게 지속적으로 탁월한 서비스를 제공할 수 있다고 판단했다. 토모비치는 이를 다음과 같이 설명했다. "MGM 리조트는 '경험'을 제공하는 비즈니스를 하고 있습니다. 우리는 고객들에게 최고의 경험을 선사하기 위해 끊임없이 노력하지만, 때때로 실수를 할 수도 있습니다. 그럴 때 탄탄한 조직 문화와 강한 내부 결속력이 있어야 고객의 신뢰를 되찾고, 다시 그들을 사로잡을 수 있습니다."

이에 따라 토모비치와 그 팀은 내부 조직 문화 혁신 프로젝트를 시작했다. 이 캠페인의 목표는 직원들에게 자신들이 단순한 서비스 제공자가 아니라, 하나의 '쇼SHOW'를 만들어 가는 주인공이라는 인식을 심어 주는 것이었다. '쇼'라는 표현은 MGM 리조트가 추구하는 브랜드 정체성, 즉 '엔터테인먼트 기업'이라는 핵심 가치를 강조하는 동시에 조직 문화의 핵심 요소를 쉽게 기억할 수 있도록 하고자 아래와 같이 정리했다.

- S(Smile): 미소로 고객을 맞이하라.
- H(Hear): 고객의 이야기를 경청하라.
- O(Own): 경험을 직접 책임지고 주도하라.
- W(Wow): 고객에게 감동을 선사하라.

토모비치와 그 팀은 조직 문화 혁신 프로젝트를 본격적으로 시작하기 위해 회사 내 7천 명의 핵심 리더들을 대상으로 한 서밋summit을 개최했다.

이 자리에서 경영진은 왜 조직 문화 혁신이 필요한지,

그리고 어떻게 이를 실행할 것인지를 설명했다. 또 리더들이 직접 직원들을 교육하는 방식을 도입해 변화의 흐름이 조직 전반으로 확산되도록 했다. 이 방식에 따라 8개월 후에는 전 직원 7만 7천 명이 각자의 관리자에게 직접 교육을 받게 되는 시스템을 구축했다. 직원들은 교육 영역에서 새로운 조직 문화에 맞는 태도와 행동을 익히는 맞춤형 커리큘럼을 체험했다. 예를 들어, 리더들은 각 지점과 부서별로 적용 가능한 실전 가이드라인을 제시했다. 이 중 하나가 '고객들에게 잘 보이고, 언제든 접근할 수 있도록 개방적인 자세와 친근한 표정을 유지하라'는 원칙이었다.

이처럼 직원들이 쉽게 이해하고 실천할 수 있도록 구체적인 행동 지침을 제공하며 변화의 방향을 명확히 했다.

토모비치와 그 팀은 조직 문화 혁신과 함께 내부 커뮤니케이션 캠페인도 동시에 전개했다. 직원들이 자신의 업무를 '내가 주인공인 무대'로 인식할 수 있도록 유도하는 포스터 제작, 경영진이 최신 소식을 공유하는 리더 대상 뉴스 업데이트, 전 직원의 참여를 유도하는 '데일리 팀 업데이트' 이메일 발송, 직원들만 볼 수 있는 '백오피스 전용' 공간에 캠페인 메시지 배치 등을 진행했다. 이처럼 다양한 채널을 활용해 전 직원이 브랜드 문화 혁신을 여러 방향에서 자연스럽게 접할 수 있도록 설계한 통합 커뮤니케이션 전략을 실행했다.

MGM 리조트는 조직 문화 혁신을 단순한 일회성 교육

이 아닌 지속적인 실천 과정으로 만들기 위해 철저한 지원 체계를 구축했다. 리더들은 직원 교육 세션의 내용과 일정을 효과적으로 계획할 수 있는 리더십 플레이북과 참여 캘린더를 제공받았다. 이러한 툴은 교육 후에도 지속적인 피드백과 후속 논의를 이어 갈 수 있도록 설계되었다. 또 리더들이 참여 툴킷을 배포해 직원들과의 소통을 더욱 원활하게 진행할 수 있도록 지원했다. 이 툴킷에는 교육을 보완할 수 있는 '쇼 카드'가 포함되었는데, 이는 리더들이 '쇼 원칙(smile, hear, own, wow)'의 각 요소를 강조하며 직원들과 토론할 수 있도록 돕는 도구였다. 현재까지도 MGM 리조트는 리더들에게 주기적인 리마인드 메시지를 보내 직원들과 지속적으로 논의할 수 있도록 돕는 중이다.

MGM 리조트의 전사적인 조직 문화와 브랜드 혁신 접근법은 단순한 교육 프로그램을 넘어선 것이었다. 이 과정이 성공할 수 있었던 가장 큰 이유는, "직원들의 관점을 변화시키고자 하는 강한 열정과 관심" 때문이었다고 토모비치는 설명했다. 토모비치는 "우리는 이 대화를 끊임없이 이어 가고 있습니다. 조직 문화 혁신은 단순한 후속 조치가 아닙니다"라고 강조하며, MGM이 조직 내에서 브랜드와 조직 문화를 긴밀하게 연결하는 일관된 커뮤니케이션을 유지한 것이 성공적인 내부 변화의 핵심 요인이라고 분석했다. 이러한 노력이 단순히 조직 문화의 변화에 그치지 않고, 실질적인 비즈니스 성과로도 이어졌다. MGM 리조트는 매출 증가, 객실당 매출 상승, 순이익 증가를 기록하며 브랜드 혁신이 비즈니스 성장에도 직접적인 영향을 미쳤음을 입증했다.

브랜드와 조직 문화를 변화시키려면, MGM 리조트처럼 직원들이 깊이 공감하고 참여할 수 있도록 전략적으로 접근해야 한다. 단순히 변화의 방향을 설정하는 것만으로 부족하다. 변화의 시작을 강력하게 알리고, 창의적이고 명확한 방식으로 커뮤니케이션하며 이러한 노력을 지속적으로 유지하는 것이 핵심이다. 이 모든 과정에서 브랜드 내재화가 몹시 중요한 역할을 한다. 즉, 직원들이 브랜드를 단순히 아는 것이 아니라 그 가치를 깊이 이해하고 완전히 동화될 수 있도록 만들어야 한다. 이번 장에서 브랜드 내재화를 만드는 세 가지 핵심 전략을 다룰 것이다. 우선 브랜드 내재화 경험으로 변화의 여정을 시작하는 법, 이어서 내부 커뮤니케이션 캠페인으로 브랜드와 문화를 지속적으로 강화하는 법, 그리고 직원 브랜드 툴킷을 개발해 직원들이 브랜드와 문화를 실천하도록 지원하는 법이다.

그러나 본격적으로 전략을 설명하기 전에, 우선 브랜드 내재화란 무엇인지부터 살펴보자.

브랜드 내재화가
조직 문화를 변화시킨다

브랜드 내재화란 직원들이 브랜드에 깊이 참여하여 의미 있는 연결고리를 형성하는 과정을 의미한다. 즉, 브랜드가 무엇을 의미하는지, 왜 중요한지, 무엇을 포함하는지, 그리고 직원들이 이를 어떻게 발전시키고 강화하며 해석해야 하는지를 이해하도록 돕는 것이다.

앞서 2장에서 설명했듯이, 브랜드 내재화는 단순히 브랜드에 대한 표면적인 이해를 넘어 개인적이고 감정적인 참여(직원들이 브랜드의 핵심 목적과 개인적으로 연결되는가), 일상적인 행동을 통한 실천(직원들이 브랜드를 직접 구축해야 한다는 책임감을 느끼는가), 브랜드 전략에 대한 깊은 이해(브랜드의 핵심 타깃과 고객의 주요 니즈를 이해하는가)를 포함한다. 결국 브랜드 내재화란 감정과 행동, 그리고 지적 이해를 기반으로 브랜드와 조직 문화를 하나로 융합하는 과정이다.

브랜드 내재화는 '고용주 브랜딩'이나 '고용 브랜드 구축'과 다르다. 후자는 기업이 유능한 인재를 유치하고 유지하기 위해 조직의 이미지를 개선하는 활동을 의미한다. 또 브랜드 내재화는 단순한 '내부 마케팅'이나 '인버타이징 *invertising*'과도 구별된다. 내부 마케팅과 인버타이징은 기업이 직원들에게 브랜드를 마치 소비자에게 홍보하듯 전달하고, 이를 직원들이 그대로 받아들이기를 기대하는 방식이다. 그러나 이러한 방식만으로 브랜드가 원하는 문화적 사고방식과 행동 양식을 형성하는 데 한계가 있다.

브랜드 내재화의 핵심은 직원들이 브랜드를 진정으로 받아들이고 내면화하도록 만드는 것이다. 직원들은 브랜드 전략이 무엇이며 왜 중요한지를 명확히 이해해야 하고, 자신의 업무가 브랜드 인식에 어떤 영향을 미치는지 깨달아야 한다. 그리고 이해한 내용을 바탕으로 기대되는 행동을 실천해야 한다. 결국 브랜드 내재화는 브랜드를 단순히 좋게 여기도록 유도하는 것이 아니라, 직원들이 브랜드를 자신의 일과 조직 문화 속에서 직접 체화하고 실천하게 만드는 과정이다.

직원들이 브랜드에 깊이 참여하고 완전히 공감하게 되면, 조직 문화와 브랜드가 긴밀하게 연결되면서 분리할 수 없는 상태가 된다. 임페리얼 칼리지 런던 경영대학원의 루시 길시멘과 안드레아스 아이징어리히 교수가 진행한 직원 관계 연구에서도 이를 확인할 수 있다. 연구 결과에 따르면, 브랜드에 대한 강한 유대감과 애착을 가진 직원들은 그렇지 않은 직원들보다 브랜드에 부합하는 행동을 더 많이 보이는 것으로 나타났다. 길시멘은 "직원과 브랜드의 관계 형성은 매우 복잡한 과정이지만, 소비자와 브랜드의 관계 형성과 유사한 방식으로 작용합니다. 직원들이 브랜드를 통해 얻는 혜택을 기반으로 브랜드와 관계를 형성하도록 만들면, 그들은 브랜드를 위해 특별한 노력을 기울이게 됩니다"라고 설명했다.

그러나 이러한 수준의 브랜드 내재화를 달성하는 것은 흔한 일이 아니다. 한 논문에 따르면, 직원 10명 중 4명은 자사가 추구하는 브랜드가 무엇인지 설명하는 데 어려움을 느끼며, 고객들이 자사 브랜드를 경쟁사와 어떻게 차별화하는지조차 제대로 알지 못한다고 한다. 또 브랜드 컨설팅 회사 테넷 파트너스의 보고서에 따르면, 직원 중 오직 28%만이 자사의 브랜드 가치에 강하게 공감한다고 답했다. 회사의 리더들이 직원들에게 브랜드 가치를 실천하는 방법을 명확히 전달한다고 생각하는 직원은 단 20%에 불과했다.

직원들이 브랜드 전략을 안다고 해서 충분한 것은 아니다. 음악 소프트웨어 회사 아웃풋의 설립자이자 CEO인 그레그 레어먼은 직원들이 단순히 브랜드를 이해하고, 이를 실현하기 위한 행동을 아는 것만으로 부족하다고 강조했다. 그들은 브랜드 가치를 실천하는 데 헌신해야 하며, 실제로 행동으로 옮겨야 한다고 말했다. 레어먼은 직원들이 브랜드에 '진심으로 동의'하도록 만들기 위해서는 단순히 브랜드의 개념을 전달하는 것이 아니라 직원들이 이를 실행할 수 있도록 구체적인 방법을 제공해야 한다고 설명했다. 또 그는 "직원들이 어떻게 행동해야 하는지 이해하고, 실제로 그 행동을 실행할 수 있어야 한다"고 말했다. 이때 중요한 것이 바로 브랜드 참여이며, 이를 효과적으로 실현하기 위해 이 장에서 다룰 세 가지 핵심 전략(브랜드 참여 경험, 내부 커뮤니케이션 캠페인, 브랜드 툴킷)이 필요하다.

강력한 브랜드 내재화 경험을 설계하라

과학자, 언론인, 정치인 등을 겸직한 벤저민 프랭클린은 다음과 같이 말했다. "말로 하면 잊고, 가르치면 기억하지만, 직접 경험하게 하면 배운다." 실제로 학습과 참여는 사람들을 직접 경험하게 할 때 가장 효과적으로 이루어진다. 그렇기 때문에 직원들이 브랜드를 개인적으로 체험하고 적극적으로 상호 작용할 수 있도록 하는 경험을 설계하는 것이 매우 중요하다.

브랜드 내재화 경험이란, 브랜드나 문화적 이니셔티브를 시작하거나 일정 시간이 지난 후 이를 새롭게 활성화하기 위해 전략적으로 기획된 역동적인 프로그램과 활동을 의미한다. 브랜드-조직 문화 변화를 조직 내에서 추진할 때 이러한 경험은 직원들에게 변화의 방향과 그 이유, 그리고 자신이 그 변화 속에서 맡아야 할 역할을 명확하게 전달하는 데 도움을 준다. 예를 들어 MGM 리조트에서 7만 7천 명의 모든 직원을 대상으로 한 계단식(단계별) 교육과 같이, 브랜드 내재화 경험은 조직이 원하는 문화를 활성화하는 강력한 도구가 될 수 있다. 이러한 경험은 고객과 매일 직접 접촉하는 직원이 많은 조직에서만 필요한 것이 아니다. 고객과 직접 상호작용하는 직원이 많지 않은 회사라도, 브랜드 내재화 경험을 활용하면 문화적 변화를 효과적으로 추진할 수 있다.

미첼 인터내셔널은 연 매출 3억 달러 규모의 자동차 보험 소프트웨어 기업이다. 직원들이 회사의 미션, 비전, 브랜드 약속, 핵심 가치로 구성된 내부 규율인 '미첼 웨이 *the mitchell way*'를 깊이 이해하고 내면화할 수 있도록 독창적인 브랜드 참여 프로그램을 설계했다. 미첼 인터내셔널은 이미 미첼 웨이를 문서로 정리해 모든 직원에게 배포했지만, 이를 직원들의 마음속 깊이 각인하는 것이 필요했다. 당시 마케팅 리더였던 제니퍼 포먼은 이렇게 설명했다. "직원들에게 단순히 설명하는 것이 아니라, 우리가 어떻게 함께 협력하여 미첼 웨이를 실현하는지를 보여 주고 싶었습니다." 이를 위해 포먼과 그 팀은 직원들에게 영감을 주고 회사의 브랜드와 문화를 하나로 묶기 위해 '미첼 웨이의 날'이라는 특별한 행사를 기획했다.

이 행사는 직원들이 회사의 브랜드와 원하는 조직 문화를 직접 경험하고 참여할 수 있도록 다양한 활동을 마련해 하루 동안 진행했다. 가장 성공적인 프로그램 중 하나는 부서별 전시였다. 행사 몇 주 전, 포먼과 그 팀은 각 부서 리더들에게 직원들을 조직해 과학 박람회 스타일의 전시물을 제작할 것을 요청했다. 이 전시물은 각 부서가 회사의 핵심 가치를 어떻게 실천하며, 그것이 고객에게 어떤 긍정적인 영향을 미쳤는지를 보여 주도록 설계되었다. 포먼은 엔지니어와 개발자가 대다수를 차지하는 1,700명의 직원들이 이 활동에 적극적으로 참여할지 확신이 없었다. 그러나 직원들에게 다양한 공예 재료를 제공하고 창의성을 마음껏 발휘하도록 독려한 결과, 예상보다 훨씬 뛰어난 결과물이 나왔다.

행사 당일, 각 부서가 완성한 전시물을 공개하자 포먼은 감탄할 수밖에 없었다. "직원들의 창의성과 열정이 이렇게까지 폭발할 줄 몰랐어요. 정말 감동적이었습니다." 전시물은 단순한 설명을 넘어, 시각적이고 체험적인 방식으로 브랜드 가치를 표현했다. 일부 전시는 움직이는 기계 장치를 활용해 동적인 요소를 추가했으며, 게임적 요소를 결합한 전시도 있었다. 예를 들어 한 부서는 '단순함'이라는 핵심 가치를 강조하기 위해 고객을 위한 간소화된 프로세스를 골프 스윙 메타포를 활용해 설명했다. 또 다른 부서는 '결과를 내는 열정'이라는 가치를 표현하기 위해 축구 게임 디자인을 적용해 부서가 목표를 향해 끊임없이 나아가는 모습을 시각적으로 구현했다. 포먼은 이 경험으로 중요한 교훈을 얻었다. "사람들은 자신이 하는 일을 축하하고 공유할 수 있는 기회가 주어지면 참여하게 됩니다." 이처럼 이 행사는 단순한 교육이 아니라, 직원들이 직접 브랜드 가치를 탐색하고 자신의 업무를 통해 이를 실천하는 과정을 체험할 수 있도록 한 강력한 브랜드 내재화 경험이었다.

행사에서는 직원들이 회사의 핵심 가치를 더욱 깊이 이해하고, 브랜드와 문화를 직접 체험할 수 있도록 다양한 참여형 설치물을 마련했다. 일부 설치물은 핵심 가치를 강조하는 데 초점을 맞췄고, 일부는 행사의 다른 요소들을 강화하는 역할을 했다. 예를 들어, 한 설치물에서는 직원들이 고객의 페르소나를 직접 선택한 후 해당 고객의 하루 일과를 들으며 고객의 입장에서 경험을 체험해 볼 수 있도록 했다. 이를 통해 직원들은 고객의 삶을 더욱 생생히 이해하고, 고객을 지원하는 것이 회사의 핵심 목적임을 깨닫게 되었다. 또 '놀이공원 거울'을 활용한 전시는 브랜드 인식의 중요성을 상기시키는 역할을 했다. 이 거울은 고객이 미첼 브랜드를 어떻게 인식하는지 직관적으로 보여 줬다. 커피 스테이션도 독창적인 방식으로 활용되었다. 직원들이 원하는 대로 커피를 직접 제작할 수 있도록 한 이 공간은 고객과 직원 간의 상호작용에서도 '개인화'가 중요하다는 핵심 가치를 상기하는 장치였다.

포먼과 그 팀은 본사에서 진행된 행사의 경험을 원격 근무자들도 함께할 수 있도록 세심하게 배려했다. 원격 사무실에는 자체적으로 설치물을 마련할 수 있도록 키트를 보냈고, 재택 근무자들에게도 행사 관련 패키지를 전달했다. 또 CEO의 프레젠테이션을 실시간으로 제공해 모든 직원이 동일한 경험을 공유할 수 있도록 했다.

이 행사는 단순히 재미있는 이벤트가 아니라, 직원들에게 학습의 기회를 제공하는 데 초점을 맞췄다. 포먼은 행사 기획 과정에서 가장 중요하게 고려한 요소를 이렇게 설명했다. "행사를 기획할 때는 먼저 직원들이 어떤 메시지를 가져가기를 원하는지 정해야 합니다. 그리고 이를 중심으로 행사의 틀을 짜 나가야 하죠." 포먼과 그 팀은 행사 준비 과정에서 끊임없이 질문했다. '우리는 직원들에게 어떤 문화적 요소를 내재화하고 싶은가?' 이러한 질문을 바탕으로 행사 내 모든 활동과 설치물을 학습 기회로 설계했다. 포먼은 단순한 일회성 이벤트가 아니라 직원들을 브랜드와 조직 문화에 대한 이해 단계에서부터 '방어하고 전파할 준비가 된 단계' 그리고 최종적으로 '열정적인 브랜드 옹호자'로 성장시키는 과정으로 보고, 이를 '브랜드-조직 문화 내재화 단계'라고 표현했다.

행사 이후 진행된 설문 조사 결과, 이 행사가 목표했던 학습 효과를 성공적으로 달성했음이 확인되었다. 직원들은 회사가 핵심 가치를 제대로 실천한다는 사실에 신뢰감이 높아졌으며, 브랜드 약속을 실현한다는 것이 무엇을 의미하는지에 대한 이해도도 크게 향상되었다.

다차원적인 브랜드 내재화 경험 만들기

문화적 변화를 추진할 때는 모든 직원이 직접 경험할 수 있는 브랜드 내재화 프로그램을 마련해야 한다. 한 장소에서 전체 직원이 함께하는 대규모 행사로 진행할 수도 있고, 지역별·부서별·그룹별로 나누어 여러 차례 세션을 운영할 수도 있다. 어떤 방식이든 중요한 것은 직원들이 브랜드를 다각도로 체험할 수 있도록 '다차원적'이며 '경험 중심적'으로 설계하는 것이다. 행사는 단순한 발표 형식이 아니라 경영진 프레젠테이션, 실습형 활동, 토론 세션, 브랜드 도구와 가이드 배포, 부서별·직무별 맞춤 콘텐츠 제공 등 다양한 요소를 포함해야 한다.

특히 실습 활동과 토론 세션은 소규모 단위(8~20명 내외)로 운영하는 것이 가장 효과적이다. 대규모 행사라면, 미첼이 활용한 방식처럼 다양한 체험 부스를 설치해 직원들이 소그룹 단위로 회전하며 경험할 수 있도록 구성하는 것도 좋은 방법이다.

브랜드 내재화 경험은 구체적인 학습 목표를 염두에 두고 설계해야 한다. 따라서 직원 그룹별로 다른 활동을 진행하는 것도 고려할 수 있다. 다음은 실제 기업에서 활용하는 몇 가지 사례와 그에 따른 학습 목표다.

<u>브랜드란 무엇인가?</u>
이 활동은 브랜드의 개념과 중요성을 더욱 깊이 이해하도록 돕는다. 특히 고객 경험에 직접 영향을 미치지 않는 역할을 담당하는 직원들에게 브랜드가 자신과 어떤 관련이 있는지 인식시키는 데 효과적이다. 각 참가자에게 자신이 가장 좋아하는 브랜드를 하나씩 말하고, 그 이유를 설명하게 한다. 참가자들의 답변을 기록하고 공유한 후, 이 브랜드들이 왜 사랑받는지 토론을 진행한다(품질 높은 제품, 탁월한 고객 서비스, 새로운 경험 제공 등의 이유가 있다). 대부분의 브랜드가 로고나 슬로건 때문이 아니라, 고객에게 제공하는 가치로 인해 사랑받는다는 점을 강조한다. 이후, 직원들에게 질문을 던진다. '이 브랜드들이 성공할 수 있었던 이유는 무엇일까? 내부 직원들의 어떤 태도와 행동이 이러한 성과를 만들었을까?' 이러한 토론을 바탕으로 자연스럽게 우리 브랜드로 논의를 전환하며, 직원들이 고객에게 '좋은 브랜드'로 인식될 수 있는 행동을 함께 고민하도록 유도한다.

브랜드 정체성 콜라주

이 경험은 직원들이 브랜드 정체성을 더욱 깊이 이해할 수 있도록 돕는 활동이다. 직원들은 팀을 이루어 브랜드 정체성을 시각적으로 표현해 콜라주를 제작하는 '스캐빈저 헌트' 게임에 참여한다. 단순히 제품이나 로고뿐만 아니라 직원, 고객, 브랜드 상징물, 업무 도구, 물리적 공간 등 브랜드 정체성을 반영하는 다양한 요소를 사진으로 촬영하거나 잡지에서 이미지를 찾아 사용한다. 각 팀은 수집한 이미지를 활용해 하나의 콜라주를 제작하고, 이미지에 제목과 설명을 붙여 브랜드를 어떻게 해석했는지 발표한다. 이후 모든 팀이 만든 콜라주를 비교하고 분석하는 토론을 진행하면서 브랜드 정체성을 가장 효과적으로 반영하는 아이디어와 이미지가 무엇인지 명확히 정리한다.

브랜드의 '장례식'과 '탄생'

이 활동은 기존 브랜드 정체성이나 조직 문화를 과감히 내려놓고, 새로운 브랜드 정체성과 핵심 가치를 적극적으로 받아들이도록 돕는다. 우선, '장례식'을 진행해 기존 브랜드 정체성과 핵심 가치를 묻는 리추얼을 갖는다. 직원들은 기존 브랜드가 조직에 남긴 긍정적인 유산과 변화해야 하는 이유에 대해 짧은 '추모사'를 발표한다. 그다음, '출생 축하 파티'를 열어 새로운 브랜드 정체성과 핵심 가치의 탄생을 기념한다.

직원들은 새롭게 변화하는 브랜드가 기대되는 이유와 앞으로 어떻게 성장하기를 바라는지에 관해 축하 건배사를 나누고 의견을 공유한다.

'고객 목소리 부스'라는 활동은 직원들이 고객의 입장에서 브랜드를 경험하도록 해 고객 공감 능력을 강화하고 브랜드 경험을 개선하는 데 기여하도록 돕는다. 우선 사무실 내 특정 공간에 전화 부스나 사운드 부스를 설치한다. 직원들은 이 부스에 들어가 고객 인터뷰 내용을 직접 듣고, 브랜드가 고객에게 어떻게 인식되는지 경험할 수 있다. 고객이 브랜드를 어떻게 경험했는지에 대한 실제 음성 인터뷰를 제공하고, 직원들이 이를 들은 후 각자의 생각을 정리할 시간을 갖는다. 이후 직원들이 모여 고객의 피드백에서 배운 점에 대해 토론을 진행하며, 브랜드 경험을 향상할 수 있는 아이디어를 브레인스토밍한다.

'브랜드 전략 퀴즈 게임'이라는 활동은 직원들이 브랜드 전략과 타깃 고객에 대한 지식을 재미있게 학습할 수 있도록 설계된 게임 형식의 경험이다. 우선 브랜드 전략과 관련된 주요 개념과 고객 프로파일을 바탕으로 퀴즈 문제를 만든다. 그리고 팀이나 개인이 참가하여 브랜드 전략과 타깃 고객과 관련한 질문을 빠르고 정확하게 맞히는 방식으로 진행된다.

직접적인 대면 경험이 어렵다면, 최신 기술을 활용해 흡입력 있고 효과적인 브랜드 내재화 경험을 제공할 수 있다.

오히려 기술을 활용하면 더욱 효과적인 방식으로 직원들의 참여를 이끌어 낼 수 있다. 예를 들어, 노르웨이의 통신사 텔레노르는 브랜드 컨설턴트인 니콜라스 인드가 소개한 '더 비저너리 the visionary'라는 e-러닝 프로그램으로 브랜드 내재화를 효과적으로 실현하고 있다. 이 프로그램은 직원들이 텔레노르의 브랜드 비전과 핵심 가치를 단순히 배우는 것을 넘어, 그 가치를 실제 업무에 어떻게 적용할 수 있는지를 경험하도록 설계되었다.

'더 비저너리'는 비디오 시퀀스 기반의 모듈형 프로그램으로, 다양한 상황을 제시하고 직원들이 각각의 상황에서 어떻게 행동하고 커뮤니케이션할지를 선택하도록 한다. 직원들은 선택한 행동이 회사의 핵심 가치에 얼마나 부합하는지를 평가받으며, 고객과 브랜드에 미치는 영향을 점수로 확인할 수 있다. 인드는 이 방식을 두고 "올바른 방법과 잘못된 방법을 비교하며 학습하는 과정에서 직원들은 특정 상황에서 핵심 가치를 어떻게 활용할지를 배우게 된다. 또 겉으로 보기에 브랜드와 무관해 보이는 상황도 실제로는 브랜드에 큰 영향을 미칠 수 있다는 점을 깨닫게 된다"고 설명했다.

조직 문화적 전환을 시작하고, 기존의 브랜드 문화에 변화를 주고자 할 때 직접 경험을 설계하는 것은 브랜드와 핵심 가치, 조직의 존재 이유를 직원들이 더욱 직관적이고 의미 있게 받아들이도록 돕는 방법이 된다. 이를 위해 창의적인 접근을 시도해 볼 수 있으며, 오프라인뿐만 아니라 온라인 환경에서도 효과적인 경험을 제공할 수 있다. 이러한 경험을 조직의 다양한 변화 단계에서 활용하면, 직원들의 관심과 참여를 유도하며 브랜드-조직 문화 융합 과정에서 지속적인 동력을 유지할 수 있다.

조직 문화의 전환을 위한 브랜드 내재화 경험을 설계할 때 가장 중요한 목표는 직원들이 브랜드에 흥미를 느끼는 것이다. 그 브랜드 정체성을 지지하기 위해 필요한 태도, 의사결정, 행동을 명확히 이해하도록 돕는 것이다. 다만 이러한 경험은 한 번의 이벤트로 끝나는 것이 아니라 지속적인 노력이 필요한 문화적 변화 과정의 일부다. 따라서 단발적인 경험을 넘어 변화를 효과적으로 뒷받침하고 지속적으로 이어갈 수 있는 전략적인 커뮤니케이션 캠페인이 함께 설계되어야 한다.

통신 기업 텔레포니카의 계열사인 O2는 기존의 모바일 서비스 제공업체에서 디지털 통신 브랜드로 변화하는 과정에 있었다. MGM 리조트의 사례처럼 O2의 경영진도 브랜드 재정립을 위해 고객 경험을 변화시켜야 하며, 이를 위해 조직 문화를 바꾸고 직원들이 변화에 적극적으로 참여해야 한다는 사실을 명확히 인식하고 있었다. 하지만 문제는 직원들이 디지털 통신 브랜드가 무엇을 의미하는지, 그리고 회사가 왜 이러한 변화를 시도하는지에 대한 명확한 이해가 부족하다는 점이었다. 이에 따라 O2는 직원들의 이해도를 높이고 브랜드 변화의 동기를 효과적으로 전달하기 위해 통합적인 브랜드 내재화 커뮤니케이션 캠페인을 기획하게 되었다.

O2는 이 캠페인에 '랠리 크라이 *rally cry*'라는 이름을 붙였다. 핵심 메시지는 '고객에게 10점 만점의 만점 경험을 제공하자'라는 간결한 구호로 설정했다. 이보다 앞서, 텔레포니카의 이사진들이 출연한 '10'을 테마로 영상 시리즈를 제작해 사전 배포되었으며, 이를 통해 직원들의 관심을 유도했다. 행사 당일, 음악과 게임이 함께하는 생동감 넘치는 분위기 속에서 직원들은 브랜드 비전과 목표를 전달하는 다양한 영상 콘텐츠를 시청했다. 행사 이후에는 '랠리 크라이' 스페셜 내부 TV 프로그램으로 직원들에게 추가적인 메시지를 전달했다. 이 프로그램에서는 경영진과의 '소파 토크' 형식으로 진행된 인터뷰가 방영되었으며, 이를 통해 디지털 통신 전략과 그에 따른 성과를 더욱 구체적으로 공유했다.

랠리 크라이 캠페인은 일회성 이벤트가 아닌 지속적인 커뮤니케이션 전략을 포함한 종합적인 캠페인이었다. 이를 통해 직원들이 경영진과 직접 소통할 수 있을 뿐만 아니라, 서로 간에도 브랜드 재정립 과정을 논의할 수 있도록 회사 전체가 참여할 수 있는 소셜 네트워크 그룹을 개설했다. 또 매장 후면 게시판을 활용해 실제 매장 성과 수치를 디지털 통신 목표와 비교할 수 있도록 시각적으로 제공했다. 이와 더불어, 브랜드 전환과 관련된 활동을 요약하는 대시보드를 지속적으로 업데이트해 직원들이 현재 진행 상황을 명확히 파악할 수 있도록 했다. 그리고 매주 경영진 회의에서 캠페인 성과를 보고하며, 직원들의 관심과 참여를 꾸준히 유지할 수 있도록 했다.

이 캠페인은 직원들이 디지털 통신 기업이 무엇인지, 그리고 O2가 왜 그리고 어떻게 이러한 변화를 추진하는지를 명확히 이해하도록 돕는 데 중요한 역할을 했다. 캠페인 이후 진행된 설문조사에서 92%의 직원이 회사 전략을 완전히 이해했다고 응답했다. 또 직원들의 참여도도 캠페인을 통해 크게 향상되어, 88%의 직원이 회사에 대한 참여도가 높아졌다고 보고했다.

직원들의 이러한 태도 변화는 회사의 디지털 통신 브랜드 정체성을 더욱 강화하는 혁신적인 아이디어로 이어졌다. O2의 「마케팅 소사이어티 엑설런스 어워드」 보고서에 따르면, 직원들이 고객들에게 디지털 서비스를 더욱 쉽게 제공하고 참여를 유도할 새로운 방법을 적극적으로 고민하며 제안하기 시작했다. 예를 들어, 한 매장에서는 근거리 무선 통신NFC 기능이 탑재된 키오스크를 도입해 고객들이 O2 애플리케이션을 더욱 편리하게 다운로드할 수 있도록 했다.

"랠리 크라이는 대성공이었다." O2 보고서는 이렇게 결론지었다. "우리 직원들은 이 프로그램에 적극적으로 참여했고, 그 결과 우리는 2년 연속 목표를 초과 달성할 수 있었다. 또 고객 참여도와 고객 유지율도 크게 증가했다."

O2의 브랜드 변신이 성공할 수 있었던 이유는 단순히 대규모 이벤트로 직원들을 참여시키는 것에 그치지 않고, 이를 체계적이고 지속적인 커뮤니케이션 캠페인으로 뒷받침하고 확장했기 때문이다. 이 캠페인은 외부 마케팅 커뮤니케이션과 동일한 수준의 세심한 기획과 전략적 사고를 바탕으로 실행되었다. 하지만 대부분의 조직에서는 이러한 접근 방식을 채택하지 않는다.

많은 조직이 내부 커뮤니케이션의 수준을 외부 커뮤니케이션보다 낮게 설정하는 것이 현실이다. 대부분의 기업이 그렇다. 《피알 위크 PR Week》는 "직원 커뮤니케이션은 기업 커뮤니케이션 업계에서 특별히 주목받는 분야로 여겨지지 않는다. 직원들은 종종 HR의 영역으로 치부되며, 고객, 투자자, 미디어보다 우선순위에서 밀려난다"라고 지적했다. 맥도날드 글로벌 마케팅 담당 수석 부사장이었던 콜린 미첼도 "대부분의 기업에서 직원 커뮤니케이션은 지나치게 일반적이고, 실제 비즈니스 현장과 동떨어져 있으며, 솔직히 말해 지루하다"라고 평가했다.

그러나 O2의 랠리 크라이 캠페인이 보여 주듯, 직원 커뮤니케이션도 고객 커뮤니케이션과 동일한 수준의 기준을 적용해야 한다. 결국 직원과 고객을 대상으로 하는 커뮤니케이션의 목표는 동일하다. 사람들의 관심을 끌고, 감성적으로 공감하게 하며 행동을 유도하는 것이다. 브랜드와 조직 문화의 변화를 위해 직원들의 브랜드 참여도를 높이고자 한다면, 내부 커뮤니케이션도 브랜드 메시지를 효과적으로 전달할 수 있도록 높은 기준을 유지해야 한다. 내부 커뮤니케이션은 브랜드의 속성과 개성을 구체적으로 보여 줄 기회이기 때문이다.

직원들의 브랜드 참여도를 높이기 위한 내부 커뮤니케이션은 모든 훌륭한 외부 커뮤니케이션과 동일한 원칙을 따라야 한다. 첫째, 명확해야 한다. 전달하고자 하는 정보와 직원들에게 기대하는 행동을 분명하게 표현해야 하며 지나치게 모호하거나 복잡한 용어는 피해야 한다. 둘째, 직접적이고 구체적이어야 한다. 사람들이 같은 정보를 동일하게 해석할 것이라 기대하지 말고 명확한 지침을 제공해야 한다. 셋째, 창의적이어야 한다. 고객과 마찬가지로 직원들도 감정을 가진 인간이다. 따라서 단순히 정보를 전달하는 것을 넘어, 감성을 자극하고 영감을 줄 수 있는 방식으로 설계해야 한다.

브랜드 내재화를 형성하기 위한 내부 커뮤니케이션을 계획할 때는, 마치 마케팅 커뮤니케이션 캠페인을 운영하듯 접근해야 한다. O2가 그랬던 것처럼 우선 직원들을 세분화하고, 각 그룹의 필요와 기대 결과에 맞는 맞춤형 메시지를 개발해야 한다. 예를 들어 관리자에게는 조직 변화의 특정 측면이나 기대되는 성과에 대해 더욱 상세한 정보를 제공할 필요가 있다. 하지만 일반 직원들에게 같은 방식이 적절하지 않을 수 있다. 그다음으로, 각 타깃 그룹에 적절한 시점에 적절한 메시지를 전달하여 원하는 행동을 유도할 계획을 세워야 한다. 조직 문화 변화를 처음 시작할 때 단순히 인지도를 높이는 것이 목표가 될 수 있다. 따라서 변화의 방향과 이유를 설명하고, 앞으로 무엇이 바뀌게 될지 미리 알리는 커뮤니케이션을 진행하는 것이 필요하다. 이후 단계에서는 직원들이 특정 행동을 취하도록 유도해야 한다. 예를 들어 브랜드 참여도 향상을 위한 이벤트에 참석하도록 하거나, 교육 프로그램에 등록하게 하거나, 새로운 업무 도구를 활용하도록 유도하는 방식이다.

모든 사람이 동일한 방식으로 정보를 학습하는 것은 아니므로 다양한 커뮤니케이션 방법과 채널을 활용해야 한다. O2가 임원들이 등장하는 영상을 제작해 브랜드 스토리를 전달한 것처럼 영상물을 활용한 감성적인 메시지를 전달할 수 있다. 직원들이 실제 행동을 취할 수 있도록 유도하는 경우(새로운 도구 다운로드 방법, 교육 프로그램 등록 안내 등)에는 이메일이 효과적이다. 앞서 말한 MGM 리조트의 직원 포스터처럼 대형 배너나 포스터 등 인쇄물을 제작해 브랜드 메시지를 강조하거나 직원들의 참여를 독려할 수 있다. 또 O2가 랠리 크라이 캠페인에서 소셜 네트워크 그룹을 운영한 것처럼 인트라넷이나 내부 협업 플랫폼을 활용해 브랜드와 조직 문화에 대한 자유로운 대화의 장을 마련할 수도 있다.

무엇보다 중요한 것은 브랜드 내재화를 형성하기 위한 커뮤니케이션이 직원들에게 개인적인 동기를 부여해야 한다는 점이다. 브랜딩 전문가인 리비 사틴과 마크 슈만은 기업이 직원들에게 일방적으로 메시지를 전달하는 방식에서 벗어나야 한다고 주장했다. 대신, 직원들이 '이 변화가 나에게 어떤 의미가 있는가?'를 스스로 고민하며 답을 찾을 수 있도록 도와야 한다.

즉, 이러한 문화 변화가 직원 개개인에게 어떤 영향을 미치는지 명확하게 설명해야 한다. 아래는 그러한 핵심 영향들을 나열한 것이다.

- 직원들이 자신의 업무를 더 효과적으로 수행할 수 있도록 돕는 방법
- 근무 환경의 개선 방향
- 조직의 지속 가능성을 높여 궁극적으로 직원들의 고용 안정성을 보장하는 방식

이처럼 각 직원이 브랜드와 직접적인 연결고리를 느낄 수 있도록 만드는 것이 브랜드 내재화의 핵심이며, 조직 문

화 변화를 성공적으로 이끄는 열쇠다. 마케팅과 홍보 대행사인 오길비 앤 매더의 전직 임원 콜린 미첼은 이렇게 강조했다. "직원들에게 개인적인 수준에서 공감할 수 있는 커뮤니케이션이 이루어지지 않으면, 아무리 정교하고 비용을 많이 들인 리브랜딩 캠페인이라도 실패할 수밖에 없다."

브랜드 내재화를 형성하기 위한 내부 커뮤니케이션은 다음과 같은 기준을 충족해야 한다.

- 명확해야 한다.
- 직관적이어야 한다.
- 창의적이어야 한다.
- 목표 타깃을 명확히 설정해야 한다.
- 다양한 채널을 활용해야 한다.
- 직원들에게 개인적인 의미가 있어야 한다.

지속적인 참여도를 유지할 수 있도록 툴킷을 개발하라

브랜드 내재화를 형성하기 위해 대규모 행사나 정교한 커뮤니케이션 캠페인을 실행하는 것은 강력한 전략이지만, 이는 특정 시점에만 주목받는 단기적인 방법일 수 있다. 따라서 직원들이 지속적으로 브랜드와 연결될 수 있도록 '브랜드 내재화 툴킷'을 개발하는 것이 효과적이다. 브랜드 내재화 툴킷은 직원들이 브랜드를 지속적으로 경험하고 체화할 수 있도록 돕는 다양한 자료와 도구를 모아 둔 것이다. 이는 주로 인트라넷 포털이나 전용 소셜 네트워크 플랫폼으로 제공된다. 그리고 직원들이 브랜드를 이성적이고 감성적으로 해석하고 직접 행동하여 연결할 수 있도록 구성된다.

직원들에게 브랜드를 이성적으로 참여시키기 위해 브랜드 전략과 관련된 퀴즈나 게임을 제공해 직원들이 스스로 학습하거나 동료들과 함께 활용할 수 있도록 한다. 또 실제 업무에서 마주할 수 있는 다양한 상황을 케이스 스터디로 정리하고, 직원들이 직접 답을 찾거나 매니저와 토론할 수 있는 질문을 제공한다. 브랜드와 비즈니스 목표에 대한 정량적 데이터와 인사이트가 담긴 보고서를 정기적으로 업데이트하여 다운로드할 수 있도록 하는 것도 효과적인 방법이다.

브랜드에 대한 감성적인 참여도를 높이기 위해 고객들의 실제 이야기나 감사 편지가 담긴 영상을 제공하고, 이를 본 직원들이 자신의 태도나 행동을 어떻게 변화시킬지 기록할 수 있도록 워크시트를 함께 제공한다. 또 브랜드 철학과 고객 경험 관련 명언이나 이미지가 담긴 노트를 제공해 직원들이 직접 브랜드에 대한 자신의 생각을 적거나 영감을 받은 내용을 공유할 수 있도록 유도한다.

직원들의 행동을 이끌어 내기 위해 브랜드 가치를 반영한 의사 결정 가이드나 프로세스 차트를 제공하고, 실제 업무에서 브랜드 가치를 적용할 수 있도록 돕는 워크북이나 모바일 애플리케이션 기반의 롤플레잉 연습 도구를 활용한다. 또 직원들이 브랜드 경험을 자연스럽게 실천할 수 있도록 실제 사례 기반의 활동을 포함해 브랜드 가치를 쉽게 행동으로 옮길 수 있도록 지원한다.

브랜드 내재화 툴킷은 조직의 구체적인 필요에 맞춰 구성할 수 있으며, 활용 방식도 무궁무진하다. 하지만 효과적인 툴킷에는 공통적인 요소가 있다. 직원들이 실질적인 목표를 달성하거나 업무를 수행하는 데 활용할 수 있는 도구가 포함되어야 한다. 단순한 메시지 전달이나 일방적인 커뮤니케이션은 브랜드 참여도를 높이는 데 한계가 있다. 효과적인 브랜드 내재화 도구는 직원들이 직접 참여할 수 있도록 상호 작용을 유도하며, 크고 작은 결과물을 만들어 내는 것이 핵심이다.

예를 들어 퀴즈나 빈칸 채우기, 노트 필기 공간이 포함된 워크북을 제공하면 직원들이 브랜드 관련 정보를 더욱 적극적으로 습득하고 정리할 수 있다. MGM 리조트에서는 리더십 서밋을 개최하며 리더들에게 '리더십 플레이북'을 배포했다. 이는 직원 교육 일정과 직원 참여를 유도할 수 있는 아이디어를 직접 기록할 수 있는 공간을 포함해 실질적인 활용도를 높였다.

또 직원들 간의 소통을 유도하는 노트 카드나 기타 공유 아이템도 효과적인 도구가 될 수 있다. 예를 들어, 문화 컨설팅 및 소프트웨어 회사인 브랜드 인테그리티는 직원들이 동료에게 브랜드 정체성을 강화하거나 조직 문화에 부합하는 행동을 했을 때 '딱 걸렸어 *I Caught You*' 카드를 주도록 장려했다. 이 카드는 해당 직원뿐만 아니라 상사에게도 전달되어 수여자와 수령자 모두 공식적으로 인정받을 수 있는 기회가 되었다.

디지털 게임, 설문조사, 시뮬레이션 같은 활동으로 직원들이 브랜드 전략과 의사 결정 프로세스를 연습할 수 있도록 돕는 것도 한 방법이다. 예를 들어, 모기지 대출 회사인 퀴큰 론즈는 전자 플래시카드를 활용한 온라인 학습 도구를 만들어 도입했다. 각 카드에는 조직의 핵심 가치가 포함되며, 직원들은 플래시카드를 활용한 게임으로 브랜드 가치를 자연스럽게 익힐 수 있도록 설계되었다.

직원들이 자신의 인사이트를 공유하거나 목표 달성 과정을 가시적으로 표현할 수 있도록 디스플레이나 게시판을 활용하는 것도 좋은 방법이다. 예를 들어 소니의 경우, 브랜드와 전략을 총괄할 당시 온라인 게시판을 운영하며 직원들이 브랜드 가치를 실천한 사례를 공유하도록 유도했다. 직원들은 자신의 경험을 공유하는 과정에서 브랜드에 대한 이해도를 높였을 뿐만 아니라, 동료들의 경험을 보면서 브랜드 정체성을 실무에 어떻게 적용할지에 대한 영감을 얻을 수 있었다.

이처럼 브랜드 내재화 툴킷은 단순한 정보 전달이 아니라 직원들이 직접 참여하고 실질적인 행동 변화를 이끌어 낼 수 있도록 설계되어야 한다. 직원들이 적극적으로 활용할 수 있는 형태로 제공될 때, 조직 문화와 브랜드 정체성을 더욱 효과적으로 강화할 수 있다.

이러한 툴킷은 직원들이 지속적으로 브랜드에 참여할 수 있도록 돕는 참조 자료이자 리소스 역할을 한다. 직원 커뮤니케이션 캠페인이나 브랜드 내재화 경험을 진행하기 전에 리더와 관리자 들에게 미리 배포해 앞으로 다가올 변화에 대비할 수 있도록 하고, 캠페인이나 프로그램 진행 중에는 이를 직원들과 공유해 지원하고 피드백을 수집하는 데 활용할 수 있다. 프로그램이 끝난 후에도 브랜드 내재화의 지속성을 유지하고 학습 효과를 확장하는 데 사용할 수 있다. 궁극적인 목표는 직원들이 정기적으로 참고하는 실용적인 자료를 만드는 것이다. 따라서 브랜드 내재화 툴킷은 변화에 유연하게 대응할 수 있도록 설계되어야 하며, 콘텐츠를 정기적으로 업데이트하고 새로운 도구를 추가해 직원들이 지속적으로 활용할 수 있도록 해야 한다.

충분히 가치 있는 투자

브랜드 내재화를 구축하는 과정이 상당한 노력이 필요한 일처럼 들린다면, 맞다. 브랜드 내재화 경험, 커뮤니케이션 캠페인, 그리고 툴킷을 운영하는 데 막대한 비용이 들어가는 것은 아니지만 시간이 많이 소요되는 작업이다. MGM 리조트의 톰노비치는 브랜드 내재화 프로젝트를 시작한 지 2년이 지나서야 본격적인 실행 단계에 들어섰으며, 여전히 "완전히 정착된 것이 아니라 진행 중"이라고 말했다. 브랜드 내재화 프로그램을 구축하고 실행하는 과정은 시간이 걸리며, 그 효과를 확인하는 데도 인내가 필요하다.

그러나 이러한 투자는 충분한 가치가 있다. 톰노비치는 이를 명확히 설명하며, "브랜드와 조직 문화를 정렬하지 않으면 소비자의 마음을 사로잡을 가능성이 없다. 결국 실행력 없는 공허한 브랜드가 될 뿐이다"라고 강조했다.

브랜드-조직 문화 융합 과정을 시작할 때 브랜드 내재화를 위한 네 가지 핵심 전략(경험, 커뮤니케이션 캠페인, 툴킷)을 어떻게 결합하고 조율할 것인지 고민해야 한다. 하지만 중요한 점은 이 전략들이 최종 목표가 아니라는 것이다. 이들의 진정한 효과는 더는 이러한 도구들이 필요하지 않을 때 드러난다. 톰노비치는 "플레이북, 템플릿, 리마인더 등이 더는 필요가 없을 때 그것이 제대로 작동하고 있다는 증거"라고 설명했다. 직원들이 스스로 원하는 문화를 만들어 가기 위한 자발적인 움직임을 보이기 시작할 때 비로소 조직이 올바른 방향으로 가고 있다는 확신을 가질 수 있다는 것이다.

브랜드를 조직 문화에 깊이 스며들게 만드는 네 가지 전략을 모두 살펴보았다. 브랜드-조직 문화 융합을 이루는 과정을 하나의 여행에 비유한다면, 조직이 현재 상태에서 융합된 상태로 이동하는 데 필요한 차량이 바로 '원하는 조직 문화'라고 할 수 있다.

    이러한 전략들은 브랜드 정체성과 조직 문화를 정렬하고 통합하여 원하는 문화를 조성하는 데 필수적인 요소들이다. 대부분의 기업에서 볼 수 있듯이, 브랜드는 명확하지만 조직 문화가 아직 충분히 정립되지 않았을 경우 이 전략들을 통해 브랜드-조직 문화 융합을 실현할 수 있다. 반대로 이미 강한 조직 문화를 보유했을 경우, 이를 활용해 브랜드를 재정립하거나 새롭게 형성할 수도 있다. 다음 장에서는 조직의 강한 문화가 브랜드를 어떻게 형성하고 변화시킬 수 있는지 살펴보고자 한다.

핵심 내용 요약

⋯▶   브랜드 정체성을 조직 문화에 스며들게 하고, 그 흐름을 지속적으로 유지하는 핵심은 브랜드 내재화다.

- 직원들이 브랜드와 깊이 연결되고 완전히 참여할 때, 조직 문화와 브랜드는 하나로 융합되어 분리할 수 없는 강한 결합을 형성하게 된다.
- 직원들이 브랜드와 브랜드 전략을 직접 체험하고 상호 작용할 수 있도록 참여형 경험을 설계해야 한다.
- 직원들이 브랜드에 더욱 적극적으로 참여하도록 하기 위해, 외부 고객을 대상으로 하는 캠페인만큼이나 창의적이고 체계적인 내부 커뮤니케이션 캠페인을 기획해야 한다.
- 직원들이 지속적으로 원하는 조직 문화와 브랜드에 참여할 수 있도록 다차원적인 브랜드 내재화 툴킷을 활용해야 한다.
- 브랜드 내재화 전략은 궁극적인 목표를 달성하기 위한 수단이다. 이러한 전략이 더는 필요 없을 정도로 브랜드가 조직 문화에 자연스럽게 자리 잡았을 때, 그 효과가 진정으로 발휘된다.

CHAPTER 8

브랜드,
내부에서부터 구축하라

이번 장의 핵심 내용

- 브랜드를 정의하거나 재정립하는 과정에서 조직의 근본적인 목적을 외부 브랜드 활동에 어떻게 활용할 수 있는가
- 조직이 이미 갖고 있는 내부 핵심 가치를 활용해 브랜드를 원하는 방향으로 발전시키는 방법
- **조직 문화를 브랜드 차별화 요소로 활용하는 전략**

파타고니아의 첫 번째 카탈로그(상품 안내서)는 일반적인 제품 카탈로그와 전혀 다른 모습이었다. 초반의 14쪽을 채운 것은 제품 소개가 아닌, '클린 클라이밍 *clean climbing*'에 대한 선언문이었다. 클린 클라이밍이란 암벽을 영구적으로 훼손하지 않기 위해 특수 장비를 사용하고, 친환경적인 등반 기법을 적용하는 방식이다. 파타고니아의 창립자인 이본 쉬나드는 이러한 클린 클라이밍의 필요성을 강하게 믿었고, 이에 대한 신념을 담아 첫 카탈로그의 상당 부분을 이 철학을 전파하는 데 할애했다. 또 그의 클라이밍 하드웨어 스타트업의 핵심 제품도 이러한 환경 보호 가치를 반영한 초크였다.

이것은 1972년의 이야기다. 이후 수십 년 동안 쉬나드는 환경 문제에 대한 자신의 신념을 기업을 통해 적극적으로 실천해 왔다. 1990년대 중반, 그는 일반 면 생산에 사용되는

화학 물질이 환경에 미치는 심각한 피해를 알게 되었다. 이에 따라 파타고니아의 모든 면 제품을 100% 유기농 면으로 전환하기로 결정했다. 그러나 이 결단은 큰 희생을 요구했다. 유기농 면 공급이 부족해 가장 인기 있던 일부 제품을 생산 중단해야 했으며, 기존 면 소재의 공급망을 전면 개편해야 했다. 그 결과 면 원가가 3배 이상 증가하는 부담을 감수해야 했다. 이뿐만 아니라, 2000년대 중반부터는 재활용 소재를 활용한 의류 생산을 시작했다. 최근에는 한 단계 더 나아가 고객들이 사용한 의류를 기부하고 중고 제품을 구매할 수 있는 리사이클링 프로그램도 운영 중이다.

오늘날 파타고니아의 환경 보호에 대한 헌신은 조직 문화 전반에 깊이 스며들었다. 회사의 미션은 다음과 같다. '최고의 제품을 만들되 불필요한 해를 끼치지 않고, 비즈니스를 통해 환경 위기의 해결책을 모색하고 실천한다.' 대부분의 직원은 창립자 이본 쉬나드의 가치를 공유하며, 이를 실제 경영에 반영하는 데 열정을 쏟는다. 파타고니아의 사업 전략과 운영 방식은 이러한 근본적인 목적을 중심으로 형성되었고, 기업의 존재 이유도 환경 보호라는 명확한 방향성을 기반으로 한다.

파타고니아의 브랜드 정체성도 이러한 기업 목적과 긴밀하게 연결된다. 파타고니아의 오랜 고객들은 브랜드가 지속 가능한 방식으로 사업을 운영해 왔다는 사실을 익히 안다. 그러나 브랜드가 대중적으로 확대되면서 핵심 가치와 기업 목적을 더욱 명확하게 전달하기 위한 전략적인 노력이 필요해졌다. 《패스트 컴퍼니》는 다음과 같이 보도했다. "파타고니아는 오랫동안 자사의 카탈로그(상품 안내서)와 웹사이트를 '편집 매체'처럼 활용해 자연과 관련된 이야기를 전달해왔다. 형형색색의 고급 플리스 제품 사이에 환경 보호 메시지를 은근히 심는 방식이었다. 그러나 최근 몇 년 동안 브랜드는 제품과 기업의 미션을 더욱 명확하게 연결하는 데 집중하고 있다."

파타고니아의 글로벌 마케팅 부사장 조이 하워드는 소비자들이 일반적으로 파타고니아의 제품을 구매하기 위해 브랜드를 접하지만, 시간이 지나면서 브랜드의 환경 보호 철학을 알게 되는 과정이 필요하다고 설명했다. "마케팅 팀의 역할은 매우 단순하다. 사람들이 파타고니아가 어떤 회사인지 쉽게 발견할 수 있도록 돕는 것이다. 브랜드의 가치가 숨어 있어서 어렵게 찾아야 하는 것이 아니라, 자연스럽게 접할 수 있도록 해야 한다. 왜냐하면 우리의 철학을 알게 되는 순간, 소비자들은 곧바로 브랜드에 깊이 공감하고 동참하게 되기 때문이다." 이를 위해 하워드와 그의 팀은 파타고니아의 핵심 가치를 알리는 다양한 콘텐츠를 제작했다. 하나의 예로, 중고 의류와 오래 사용할 수 있는 제품의 가치를 강조하는 30분짜리 환경 다큐멘터리 〈댐네이션 *DamNation*〉을 제작했다. 미국 정부에 '무용지물 댐'을 철거할 것을 촉구하는 내용이었다. 브랜드 철학을 반영한 다양한 콘텐츠 마케팅 전략인 것이다. 소비자들이 이러한 콘텐츠를 접하면서, 파타고니아가 단순한 아웃도어 브랜드가 아니라 창립자와 직원들이 실천하는 환경 보호 철학을 기반으로 운영되는 기업임을 자연스럽게 이해하게 된다.

파타고니아는 깊이 자리 잡은 조직 문화를 바탕으로 브랜드 정체성을 형성한 대표적인 사례다. 이 회사는 기업의 목적과 핵심 가치가 명확하게 정의되며, 이를 브랜드 활동과 커뮤니케이션에 일관되게 반영한다. 그 결과, 파타고니아의 내부 운영 방식은 외부에서 소비자들이 인식하는 브랜드 이미지와 완벽하게 일치한다.

만약 조직 문화가 파타고니아만큼 확고하고 뿌리 깊다면, 원하는 브랜드 정체성에 맞추기 위해 조직 문화를 변화시키려는 시도는 오히려 실수가 될 수 있다. 앞선 네 개의 장에서 브랜드 정체성에 맞춰 조직 문화를 조정하는 방법을 설명했지만, 어떤 경우에는 이러한 접근 방식이 적절하지 않을 수 있다. 대부분의 경우 조직 문화를 바꾸려는 노력은 일시적인 변화에 그치거나, 외부 요인으로 인해 조직 내부에서 다시 기존의 방식으로 회귀하는 결과를 초래할 가능성이 크다. 특히 변화의 필요성을 느끼지 못하는 강한 하위 문화를 가진 조직에서는 더욱 그렇다. 또 장기간 근속한 직원들이 다수인 조직의 경우, 새로운 브랜드 정체성을 뒷받침할 사고방식과 행동을 채택하는 것이 현실적으로 어려울 수 있다.

이러한 상황에서 오히려 브랜드보다 조직 문화를 우선하는 것이 더 나은 전략이 될 수 있다. 만약 기업이 특정한 비즈니스 목표나 브랜드 목표를 달성하는 것보다 기업의 목적과 핵심 가치를 실현하는 데 더 큰 가치를 둔다면, 브랜드 정체성을 구축하는 과정에서 조직 문화를 우선해야 한다. 또 공공기관이나 과학·종교 기관과 같이 기존에는 명확한 브랜드 정체성이 필요하지 않았던 조직이라면, 조직 구성원들이 지닌 본연의 가치를 바탕으로 더욱 진정성 있는 브랜드 정체성을 구축하는 것이 더 효과적일 수 있다. 단, 조직 문화가 근본적으로 유해하거나 심각한 문제가 있는 경우가 아니라면 브랜드를 형성하는 데 적극 활용할 수 있다.

어떤 접근 방식을 선택하든 목표는 동일하다. 조직 문화를 브랜드에 주입함으로써 브랜드와 조직 문화가 하나로 융합된 상태, 즉 브랜드-조직 문화 융합을 실현하는 것이다.

이 장에서는 조직 문화를 브랜드에 접목하여 브랜드-조직 문화 융합을 실현한 뛰어난 기업들의 사례를 소개한다. 이를 통해 조직 문화를 브랜드에 활용하는 세 가지 전략을 배울 수 있다. 조직의 근본적인 목적을 외부 브랜드 활동으로 구현하는 방법, 기존의 내부 가치를 활용해 브랜드를 원하는 방향으로 발전시키는 방법 그리고 조직 문화를 브랜드의 차별화 요소로 활용하는 방법이다.

조직의 목적을
브랜드 활동으로 구현하라

2005년, 제너럴 일렉트릭의 전 CEO 제프 이멜트는 전 세계를 향해 중요한 약속을 발표했다. 그는 제너럴 일렉트릭이 더욱 깨끗하고 효율적인 에너지원 개발, 탄소 배출 감축, 깨끗한 물 공급 확대와 같은 문제를 해결하는 데 적극적으로 나서겠다고 공언했다. 이러한 약속을 실천하기 위해 제너럴 일렉트릭은 청정 기술 연구 개발 투자 규모를 2배로 확대하고 환경 성능을 크게 향상시킨 제품과 서비스의 매출을 2배로 늘렸다. 자체 운영 방식에서도 탄소 배출을 줄이고 에너지 효율성을 높이기 위한 변화를 추진했다.

이 새로운 비즈니스 전략은 '에코매지네이션 *ecomagination*'이라는 이름으로 발표되었다. 이는 제너럴 일렉트릭이 조직의 근본적인 목적을 해석하고 실천하는 방식 중 하나였다. 즉, '세상에서 가장 어려운 문제를 해결하는 혁신적인 제품과 서비스를 만든다'는 제너럴 일렉트릭의 기업 정신을 바탕으로 한 전략이었다. 실제로 에코매지네이션 웹사이트에서도 이 전략을 제너럴 일렉트릭의 조직 문화와 자연스럽게 연결된 결과물이라고 설명한다. "세계의 가장 큰 도전 과제를 해결하는 것은 125년 넘게 우리의 사고를 자극하고 행동을 이끌어 온 원동력이었습니다. 그리고 기술 기업으로서 지속 가능성은 우리의 조직 문화와 비즈니스 전략에 깊이 뿌리내려 있습니다." 이처럼 이멜트는 제너럴 일렉트릭의 기술 혁신 역량을 전략의 핵심 요소로 삼으며, 조직이 본래 강점을 가진 영역에서 변화를 주도하도록 방향을 설정했다.

이 전략을 효과적으로 실행하기 위해 제너럴 일렉트릭은 조직 문화도 대대적으로 강화해야 했다. 그린비즈 그룹의 회장이자 편집장이었던 조엘 마코워는 제너럴 일렉트릭이 에코매지네이션 제품과 매출의 기준을 내부적으로 정하고, 이를 검증하기 위해 외부 기관이 감사하는 '스코어카드 *scorecard*' 시스템을 도입했다고 설명했다. 제너럴 일렉트릭은 이 시스템으로 자사의 에너지와 환경 성과 개선을 객관적으로 측정할 수 있었다.

하지만 제너럴 일렉트릭은 단순히 조직 문화 변화에 그치지 않았다. 운영 방식까지 전면 개편하며 변화를 주도했다. 하이브리드 기관차, 증기 터빈 등 새로운 제품과 서비스를 도입하는 한편, 가전, 미디어, 금융 서비스 등 여러 사업 부문을 정리하고, 에코매지네이션이 초점을 맞춘 효율성 개선과 배출량 저감을 실현할 수 있는 엔진, 발전기, 수처리 시스템 등 핵심 사업에 집중했다. 또 태양광 패널을 설치하고, 석유 대신 천연가스를 사용한 발전 방식으로 전환하는 등 자체적인 탄소 배출 감축에도 적극 나섰다.

제너럴 일렉트릭은 이러한 목적 중심의 비즈니스 전략을 외부 브랜드 이미지 형성에도 적극 활용했다. 이멜트와 경영진은 고객, 애널리스트, 규제 기관과 정기적으로 만나 환경 전략을 논의하고, 친환경 솔루션을 개발할 새로운 기회를 모색했다. 또 '에코매지네이션 이노베이션 챌린지'를 개최하여 일반인들이 '전력망 강화'와 '친환경 가정 구현'을 위한 아이디어를 제안할 수 있도록 했다.

이니셔티브가 시작된 첫해, 제너럴 일렉트릭은 에코매지네이션 PR과 광고 캠페인에 9천만 달러를 투자했다. TV와 온라인 광고뿐만 아니라 최초의 17개 친환경 제품을 소개하는 마이크로사이트를 개설하고, 친환경 제품과 그 혜택(비용 절감 등)에 대한 인식을 높이고자 온라인 게임을 제작했다. 예를 들어, '지오테라*geoterra*'라는 가상의 섬을 배경으로 한 게임은 제너럴 일렉트릭 제품을 활용한 다양한 활동으로 방문자들이 친환경 기술을 체험할 수 있도록 했다.

이러한 노력 덕분에 제너럴 일렉트릭은 완전히 새로운 브랜드 정체성을 구축할 수 있었다. 과거 제너럴 일렉트릭은 '산업 혁명 시대의 환경 파괴 공룡'이라는 오명을 안았다. 허

드슨 강 오염 문제와 관련된 부정적인 보도, 전 CEO 잭 웰치의 정화 거부 논란 등이 기업 이미지를 악화시켰다. 그러나 오늘날 제너럴 일렉트릭의 고객 조사 결과에 따르면, 에코매지네이션 이니셔티브에 대한 인지도는 현재 제너럴 일렉트릭이 진행하는 어떤 활동보다도 높다. 또 제너럴 일렉트릭은 지속적으로 아시아 파워 어워드 금상과 같은 환경 관련 상을 수상하고 있으며, 《포춘》이 선정한 '세상을 변화시키는 기업' 목록에도 이름을 올렸다.

할데만은 "제너럴 일렉트릭이 비즈니스 운영 방식에 있어 대대적이고 과감한 변화를 단행함으로써, '친환경 혁신'이라는 새로운 브랜드 스토리를 구축했고, 이를 통해 세상이 제너럴 일렉트릭을 바라보는 방식을 바꿨다"고 평가했다. 에코매지네이션의 글로벌 총괄 디렉터인 데브 프로들도 이 전략이 외부적인 영향력을 고려해 기획된 것임을 분명히 했다. 프로들은 "에코매지네이션은 단순한 지속 가능성 프로그램이 아니다"라며, "우리는 내부적인 지속 가능성을 넘어, 고객들이 최대한 생산성을 높일 수 있도록 기술을 시장에 제공하고 있다"고 말했다. 더불어 "이 전략이 바로 우리의 성공 비결이다. 이를 통해 우리는 고객과 소비자들의 마음을 사로잡고, 글로벌 시장에서 영향력을 확대할 수 있었다"고 설명했다. 에코매지네이션 이니셔티브는 내부와 외부에서 모두 성공을 거두며 제너럴 일렉트릭의 성장을 견인했다.

기업의 존재 목적이나 새로운 핵심 전략이 고객들에게 충분히 알려지지 않았거나, 그 가치를 제대로 전달하지 못한다면, 제너럴 일렉트릭처럼 브랜드 정체성에 조직 문화와 목적을 결합하는 방법을 고려할 수 있다. 이를 위해 조직이 왜 이러한 행동을 하는지, 그리고 그것이 어떤 의미를 가지는지 고객과 이해관계자들이 명확히 이해할 수 있도록 메시지를 전달해야 한다.

광고 캠페인은 이러한 노력을 대중에게 알리는 데 도움이 될 수 있지만 더 중요한 것은 영상, 보고서, 다큐멘터리, 소셜 미디어 콘텐츠 등으로 입소문을 유도하는 것이다. 사람들은 기업이 직접 전달하는 메시지보다 주변 사람들끼리 공유하는 이야기에서 더 큰 영향을 받는다. 따라서 고객과 인플루언서를 적극적으로 참여시키고, 조직 내부에서 어떤 변화가 일어나는지, 그 이유는 무엇인지, 그리고 어떤 실질적인 결과가 나타났는지 알리는 것이 중요하다. 특히 단순한 약속이 아니라 구체적인 실행과 가시적인 성과를 강조해야 한다.

여기서 분명히 해야 할 점은 단순히 기업의 사회적 책임 프로그램을 홍보하는 이야기가 아니라는 것이다. 많은 기업이 사회 공헌 활동, 자선 활동, 단발적인 '착한 마케팅 캠페인'을 벌이지만, 이러한 활동이 기업의 핵심 목적과 연계되지 않으면 일시적인 호감도를 높이는 것 이상의 효과를 얻기 어렵다. 제너럴 일렉트릭의 사례처럼 브랜드 정체성에 기업의 목적을 실질적으로 반영하고, 이를 비즈니스 전반에 걸쳐 일관되게 실행해야 한다. 이것이야말로 고객에게 강력한 인상을 남기고, 지속적인 브랜드 가치를 창출하는 방법이다.

환경을 중심으로 브랜드와 조직 문화를 통합한 기업들의 사례를 소개했지만, 그렇다고 해서 브랜드-조직 문화 융합이 반드시 '친환경 목적'과 연결되는 것은 아니다. 어떤 기업이든, 고유한 존재 목적과 핵심 가치, 그리고 독창적인 조직 문화를 활용해 차별화된 브랜드 정체성을 구축할 수 있다. 실제로 많은 혁신적인 기업이 존재 목적을 행동으로 실천하며, 이를 통해 브랜드를 명확하고 독창적으로 정의한다. 예컨대 스타벅스의 존재 목적은 '인간의 정신을 고양하고 영감을 주고, 한 사람, 한 잔의 커피, 한 동네에서부터 시작한다'이다. 이러한 목적이 브랜드 정체성을 형성하는 데 어떤 영향을 미쳤는지 살펴보자.

스타벅스는 창립 초기부터 전 CEO 하워드 슐츠가 기업의 조직 문화를 형성하고 유지하는 데 집중해 왔다. 그는 스타벅스의 존재 목적을 실현하기 위해 '모두를 환영하는 따뜻한 조직 문화 조성', '솔직함, 존엄성, 그리고 존중을 바탕으로 연결되기' 등의 핵심 가치를 강조했다.

이를 위해 스타벅스는 직원들에게 단순한 복지 혜택을 넘어 그들이 존재 목적과 핵심 가치를 직접 경험할 수 있는 환경을 조성했다. 직원들에게 스톡옵션, 포괄적인 건강보험, 교육비 지원 등의 혜택을 제공하며, 이를 통해 그들이 회사의 철학을 체감하도록 했다. 또 스타벅스는 직원들을 '파트너'라고 부르며, 단순한 고용 관계를 넘어 '사람 중심'의 유대감을 형성하는 것을 목표로 했다.

이러한 목적 중심의 조직 문화는 곧 차별화된 고객 경험으로 이어졌다. 전략 컨설팅 기업 부즈 앤드 컴퍼니의 컨설턴트들은 "스타벅스 매장의 분위기는 단순히 인테리어나 레이아웃에서 비롯된 것이 아니다"라고 말하며, "스타벅스 직원들은 자신들의 일이 조직의 존재 목적과 어떻게 연결되는지 이해하고 있다. 또 정해진 대본을 따를 필요 없이 팀워크를 발휘해 뛰어난 고객 경험을 제공할 방법을 알고 있다"라고 덧붙였다. 즉, 스타벅스에서는 전략보다 조직 문화가 브랜드 경험을 더 강력하게 좌우하며, 이를 통해 고객들이 브랜드를 경험하는 방식도 차별화된다는 것이다.

제너럴 일렉트릭과 스타벅스가 다른 기업들과 차별화되는 이유는 그들의 외부 브랜드 정체성이 단순한 마케팅이 아니라, 내부적인 동기와 가치에서 비롯된 행동의 결과라는 점에 있다. 이들은 조직 내부에서 강력한 목적과 가치를 기반으로 조직 문화를 형성하고, 그 조직 문화가 자연스럽게 브랜드 정체성으로 이어지도록 했다.

핵심 가치를 활용해
브랜드 정체성을 재정립하라

조직 문화가 브랜드 정체성보다 더 강한 기업 유형이 많다. 산업, 과학, 교육, 비영리 부문과 같이 브랜드의 힘이 고객 선택이나 사업 성과에 직접적인 영향을 미치지 않았던 조직들이 대표적이다. 또 여러 브랜드를 보유한 대기업은 강력한 조직 문화를 가졌지만 통합된 브랜드 정체성이 부족한 경우가 많으며, 소규모 기업들은 외부 브랜드보다 내부 운영에 집중하는 경향이 있다. 이러한 조직들은 명확하고 차별화된 브랜드 정체성을 구축함으로써 경쟁 속에서 두각을 나타내고, 고객과 이해관계자들에게 더 큰 가치를 전달할 수 있다.

앞서 2장에서 원하는 조직 문화를 설정하는 방법을 설명하며, 우선 브랜드 유형을 결정한 후 이에 맞는 핵심 가치를 선택하는 방식을 소개했다. 하지만 이와 반대로 이미 존재하는 조직의 핵심 가치를 기반으로 가장 적합한 브랜드 유형을 도출하는 것도 가능하다.

311쪽 표는 조직이 자주 강조하는 스물일곱 가지 핵심 가치와 이에 대응하는 일반적인 브랜드 유형이다. 자신의 조직을 가장 잘 설명하는 핵심 가치 세 가지를 선택해 보라.

앞서 설명했듯이, 이 목록에 포함된 가치들은 비교적 보편적이고 일반적인 개념이기 때문에 특정 조직의 핵심 가치

핵심 가치	설명	대응하는 브랜드 유형
접근성	조직의 구성원들이 직급이나 역할에 관계없이 이해하기 쉽고 소통하기 용이하도록 행동함.	가치
성취	조직의 구성원들이 목표 달성을 위해 노력, 용기, 기술을 바탕으로 성공을 추구함.	성과
배려	조직의 구성원들이 타인에 대한 친절과 배려를 지속적으로 실천함.	서비
경쟁	조직의 구성원들이 승리를 목표로 하거나 경쟁에서 우위를 점하기 위해 노력함.	파괴적 혁신
일관성	조직의 구성원들이 동일한 원칙, 방향, 형태를 지속적으로 유지함.	성과
지속적 개선	조직의 구성원들이 제품, 서비스, 프로세스를 지속적으로 개선하려고 노력함.	혁신
창의성	조직의 구성원들이 상상력과 독창적인 아이디어를 기반으로 작업함.	스타일
디자인	조직의 구성원들이 모든 업무나 제품에서 스타일과 미적 요소를 중요하게 여김.	스타일
판단력	조직의 구성원들이 예리한 판단력과 신중한 결정을 중시함.	스타일
차별성	조직의 구성원들이 경쟁사와 명확하게 차별화되는 요소를 강조함.	럭셔리
공감	조직의 구성원들이 다른 사람의 입장에서 생각하고 이해하려고 노력함. 특히 고객 및 동료의 관점에서 공감함.	서비스
즐거움	조직의 구성원들이 재미를 추구하고 즐거움을 느낄 수 있는 환경을 조성함.	경험
엔터테인먼트	조직의 구성원들이 오락과 축제를 중시함.	경험
탁월함	조직의 구성원들이 최고 수준의 성과를 달성하려고 노력함.	성과
강한 헌신	조직의 구성원들이 목적에 대한 강한 헌신과 확고한 의지를 가지고 행동함.	리추얼
겸손	조직의 구성원들이 자신의 중요성을 과시하지 않고 겸손한 태도를 유지함.	서비스

핵심 가치	설명	대응하는 브랜드 유형
창조력	조직의 구성원들이 상상력을 활용해 새로운 것을 창조하는 것을 즐김.	혁신
독창성	조직의 구성원들이 독립성과 창의성, 신선한 관점을 중요하게 여김.	경험
실용주의	조직의 구성원들이 현실적이고 실용적인 방식으로 문제를 해결하려고 노력함.	가치
목적 지향	조직의 구성원들이 목표를 명확히 설정하고, 의도적으로 그리고 결단력 있게 이를 추구함.	리추얼
위험 감수	조직의 구성원들이 목표를 달성하기 위해 위험을 감수하고 도전적인 활동에 나섬.	파괴적 혁신
세련됨	조직의 구성원들이 사회적 또는 미적 기준을 활용해 선택지를 신중하게 구분함.	럭셔리
눈에 띄는 차별성	조직의 구성원들이 특별히 주목받거나 두드러지는 차별성을 강조함.	파괴적 혁신
지위	조직의 구성원들이 개인 또는 조직의 사회적 지위와 위상을 중요하게 생각함.	럭셔리
투명성	조직의 구성원들이 모든 일을 개방적이고 정직하게 수행함.	리추얼

스물일곱 가지 핵심 가치와 브랜드 유형

를 정확히 반영하지 않을 수 있다. 하지만 대부분의 조직이 가진 가치는 이 범주 안에 어느 정도 포함될 가능성이 높다.

조직의 기존 핵심 가치에 해당하는 브랜드 유형을 파악했다면, 이를 토대로 독창적이고 명확한 브랜드 정체성을 구축할 수 있다. 예를 들어 한 대학이 '성취'와 '탁월함'을 핵심 가치로 삼는다면, 이는 '성과 지향' 브랜드 유형과 연결된다. 따라서 이 대학은 신뢰할 수 있는 성과를 중심으로 브랜드 정체성을 구축할 수 있다. 반면 또 다른 대학이 '지속적인 개선'과 '실험정신'을 핵심 가치로 삼는다면, 이는 '혁신' 브랜드 유형과 연관된다. 따라서 이 대학은 최첨단 교육 방식을 실험하고, 끊임없이 교육 커리큘럼을 개선하는 혁신적인 기관으로서 브랜드 정체성을 구축할 수 있을 것이다.

브랜드 정체성 개발하기

핵심 가치는 조직의 브랜드 유형을 대략적으로 알려 줄 수 있지만, 이를 바탕으로 구체적이고 독창적인 브랜드 정체성을 개발하는 과정이 필요하다. 이 과정에서 강력한 브랜드를 구축하기 위해 다음 요소를 반드시 고려해야 한다.

의미 있는 브랜드
브랜드 정체성은 타깃 고객에게 반드시 관련성이 높고 매력적이어야 한다. 고객이 가치를 느낄 수 있는 요소를 중심으로 브랜드를 정의해야 한다.

차별화된 브랜드
브랜드 정체성은 경쟁 브랜드와 확연히 구별될 수 있어야 하며, 이러한 차별점이 고객들에게 중요한 요소로 인식되어야 한다.

신뢰할 수 있는 브랜드
브랜드 정체성은 조직의 제품이나 서비스가 본래 지닌 강점을 기반으로 해야 한다. 고객이 브랜드가 제시하는 가치를 실현할 수 있다고 믿어야 한다.

확장 가능한 브랜드
브랜드 정체성은 단순히 특정 제품이나 서비스에 국한되지 않고, 더 넓은 가치와 비전을 전달할 수 있어야 한다.

지속 가능한 브랜드
브랜드 정체성은 일시적인 트렌드가 아니라 지속적인 목적과 가치를 기반으로 구축되어야 하며, 현재뿐만 아니라 미래에도 경쟁력을 유지할 수 있어야 한다.

경우에 따라 조직의 핵심 가치 중 하나나 그 이상이 고객들에게 매력적이고 가치 있는 정확한 브랜드 정체성으로 이어질 수 있다. 아르헨티나의 신용카드 제공업체인 타르헤타 나란하가 좋은 예다. 이 회사의 최우선 핵심 가치는 '일터에서의 행복'이며, 이를 실현하기 위해 직원들이 행복을 느낄 수 있도록 적극적으로 노력한다. 나란하는 '당신의 하루를 기쁘게'라는 메시지를 담아 직원 경험을 구체화한다. 다양한 활동과 축제로 조직의 행복 문화를 강화한다. 이처럼 내부적으로 '행복'을 중심에 두고 운영하는 것은 자연스럽게 브랜드 정체성으로 연결된다. 이에 따라 나란하는 고객 서비스에서도 '행복'을 약속하는 브랜드로 자리 잡았다. 나란하의 CEO인 알레한드로 아스린은 직원 경험에 대해 "나란하의 본질, 우리의 DNA는 명확한 동기 부여 목표를 가진 팀워크의 즐거움 속에 있습니다. 직원들이 행복하면, 그 결과로 고객들에게도 행복을 제공할 수 있습니다"라고 설명했다.

소비재 기업 유니레버도 기업 차원의 브랜드 정체성을 정립하는 과정에서 핵심 가치를 활용한 사례다. 유니레버의 조직 문화에는 '책임'이 깊이 자리 잡고 있다. 19세기 후반, 창립자 윌리엄 리버는 직원들의 복지와 안전을 최우선으로 고려하며, 공장 근처에 직원용 주택을 건설하고 고정된 근무시간, 유급 휴가, 건강과 안전 프로그램을 제공했다. 이는 당시로서 매우 혁신적인 조치였다. 이후 주주들의 압력으로 사회적 야망을 일부 축소해야 했지만, 유니레버는 '책임' '존중' '개척 정신'이라는 가치를 지속적으로 실천해 왔다. 대표적으로 지속 가능한 어업을 구축하고, 환경 단체 그린피스와 협력해 아이스크림 냉동고에서 HFC 냉매를 제거하는 노력을 기울였다.

유니레버의 전 CEO 폴 폴만은 기업의 진정한 목적이

사회에 적합한 해결책을 제시하고, 이를 통해 사회를 더 나은 방향으로 변화시키는 데 있다고 믿었다. 그는 유니레버의 최우선 과제로 사회적·환경적 책임을 다시 부각하며 '유니레버 지속 가능 생활 계획'을 도입했다. 이 계획의 주요 목표는 세 가지다. 전 세계 사람의 건강과 웰빙을 개선하는 것, 회사의 환경 영향을 절반으로 줄이는 것, 수익을 400억 달러에서 800억 달러로 2배 늘리는 동시에 수백만 명의 생계를 향상하는 것이다.

이러한 지속 가능성 전략의 일환으로, 유니레버는 마가린 브랜드 상품의 포화 지방 함량을 줄이고, 이를 통해 고객들이 심장 건강을 더욱 적극적으로 관리할 수 있도록 독려했다. 또 비누 브랜드를 활용해 전 세계 수백만 명에게 손 씻기를 권고하며 질병 예방 교육을 실시했다. 이 밖에도 비누 브랜드 도브의 '자아존중감 기금'을 운영하며 젊은 여성들의 자신감 형성을 지원하고 있다. 이러한 활동을 거친 도브는 단순한 뷰티 브랜드를 넘어 모든 사람이 자신만의 아름다움을 발견하고 자존감을 높일 수 있도록 도와주는 브랜드 정체성을 확립할 수 있었다.

유니레버 지속 가능 생활 계획을 뒷받침하는 핵심 가치는 유니레버의 다양한 제품 브랜드 전략과 실행을 일관되고 조화롭게 이끌며, 유니레버의 기업 브랜드 정체성을 더욱 명확하게 만든다. 최근 몇 년 동안 유니레버는 개별 제품 브랜드뿐만 아니라 기업 브랜드인 '유니레버' 자체도 적극적으로 홍보하기 시작했다. 일부 제품의 TV 광고에서는 유니레버 산하 브랜드 로고들이 화면상에서 날아와 유니레버 로고의 'U'를 형성하는 애니메이션을 삽입했다. 이에 대해 유니레버 최고 마케팅 및 커뮤니케이션 책임자 키스 위드는 《패스트 컴퍼니》와의 인터뷰에서 이렇게 설명했다. "USLP는 단순한 사업 운영 방식이 아니라, 사람들이 유니레버를 믿을 수 있는 이유이며, 결국 유니레버 브랜드를 차별화하는 요소입니다. 우리의 목표는 'U'가 지속 가능한 삶을 상징하는 신뢰의 마크가 되는 것입니다."

이러한 유니레버의 노력은 가시적인 성과로 이어지는 중이다. 《패스트 컴퍼니》는 "유니레버 브랜드는 특정 집단(금융 분석가 등)에게만 알려진 수준에서 벗어나, 전 세계적으로 지속 가능한 경영의 선두 기업으로 인식되기 시작했다"고 보도했다. 또 지속 가능성 전문 매체 《지속 가능성 브랜드 *Sustainable Brands*》는 "유니레버의 기업 브랜드와 제품 브랜드 모두가 선한 영향력을 가진 존재로 인식되며, 사회적 혁신을 촉진하고 지속 가능한 소비를 장려하며 브랜드에 충성하는 고객들의 삶을 개선하는 데 기여하고 있다"고 평가했다. 이처럼 유니레버는 USLP를 통해 자사의 핵심 가치를 브랜드 정체성으로 발전시키는 핵심 동력으로 활용하고 있다.

유니레버처럼 핵심 가치를 브랜드 정체성의 핵심 요소

로 삼고 싶다면, 고객과 이해관계자 들이 이를 확실히 인식하도록 만들어야 한다. 이를 위해 브랜드 커뮤니케이션을 강화할 필요가 있으며, 실제로 기업이 핵심 가치에 따라 운영된다는 명확한 증거를 제시해야 한다. 이 과정에서 유니레버처럼 공장을 개편하고 제품 포뮬러를 변경하는 등 비용이 수반되는 과감한 결정이 필요할 수도 있고, 상대적으로 작은 변화라도 고객이 눈으로 확인할 수 있는 구체적인 변화를 보여 줘야 할 수도 있다. 무엇보다도 이러한 가치가 고객들에게 실질적인 혜택을 제공해야 한다. 이는 제품과 서비스의 개선으로 직접적인 혜택을 제공하는 방식이 될 수도 있고, 고객의 개인적 가치와 브랜드를 조화시키는 방식이 될 수도 있다.

이러한 접근 방식이 항상 쉬운 것은 아니다. 유니레버 CEO 폴 폴만은 "어떤 신념을 가진다면, 그것을 지키기 위해 싸워야 하며, 어려운 결정을 내릴 용기가 필요하다"고 강조했다. 하지만 그는 "목적을 가진 브랜드, 가치를 기반으로 운영되는 브랜드는 시간이 지나면서 더욱 성공할 수밖에 없다"고 확신했다.

조직 문화를 활용해 브랜드 차별화하기

항공사나 패스트푸드 체인처럼 상품이 획일화된 업종이나, 컨설팅 회사나 은행처럼 브랜드 간 차별점을 찾기 어려운 업종의 기업이라면 브랜드보다 조직 문화가 더 뚜렷하고 의미 있는 차별화 요소가 될 수 있다. 브랜드 간 차이가 미미한 상황에서 고객이 어떤 브랜드를 선택할지 고민할 때, 우리 기업의 목적과 가치가 지지할 만한 이유가 된다는 점을 보여줄 수 있다. 또 조직 문화가 더 나은 제품과 서비스를 만드는 데 어떤 역할을 하는지 강조할 수도 있다. 요즘 소비자들은 자신이 구매하는 제품과 서비스뿐만 아니라, 이를 제공하는 기업 자체에도 관심을 갖는다. 따라서 조직 문화를 전면에 내세우면 경쟁이 치열한 시장에서 브랜드를 돋보이게 하거나, 고객과 더욱 깊이 연결되는 효과를 얻을 수 있다.

또 현재 브랜드의 외부 이미지가 부정확하거나 불완전하다고 느낀다면, 조직 문화를 활용해 이를 개선할 수도 있다. 즉, 우리 브랜드나 제품이 시장에서 인식되는 것보다 더 큰 가치를 가졌다면, 이를 적극적으로 알릴 수 있다. 아웃도어 소매업체 레이는 바로 이러한 이유로 조직 문화를 활용한 사례다. 레이는 고객 경험을 중요하게 생각하는 브랜드로, 우수한 아웃도어 의류와 장비를 제공하며 인기를 끌었다. 그러나 레이의 강력한 조직 문화―창립자들의 아웃도어를 향한 열정과 직원 및 고객에게 연간 배당금을 지급하는 협동조합 방식의 비즈니스 모델―가 잘 알려지지 않았다.

과거 레이는 아마존과 기타 전문 아웃도어 소매업체와의 경쟁이 심화되는 상황에서 지속 가능한 차별화 전략을 고민해야 했다. 당시 CEO였던 제리 스트리츠케는 《디 애틀랜틱 The Atlantic》과의 인터뷰에서 이렇게 설명했다. "우리는 사람들이 레이가 무엇을 믿고 있고, 어떤 가치를 추구하는지 더 잘 알 수 있도록 해야 한다고 명확하게 결정했다." 이러한 전략의 일환으로, 레이는 미국 소매업계에서 가장 큰 할인 행사인 블랙 프라이데이에 매장을 전면 휴점하는 결정을 내렸다. 이날은 연중 최대 매출이 발생하는 날이기 때문에 매출 감소와 고객 이탈 위험을 감수하면서도 조직 문화를 강화하는 길을 택했다. 레이의 최고 크리에이티브 책임자 벤 스틸은 다음과 같이 설명했다. "레이의 성공은 무엇보다도 12,139명의 직원들에게 달려 있다고 믿는다" "우리는 직원들에게 매장 안에서 일하는 대신, 밖에서 시간을 보낼 수 있도록 유급 휴가를 주기로 했다. 이것이 협동조합으로서 우리가 추구하는 가치를 가장 진정성 있게 표현하는 방법"이라고 밝혔다.

레이는 블랙 프라이데이 휴점 결정을 '#OptOutside' 브랜드 캠페인으로 발전시켰다. 'OptOutside'는 소비주의에 대립하여 자연과 시간을 보내자는 운동이다. 캠페인을 통해 고객들에게도 쇼핑 대신 야외 활동을 즐기도록 독려했다. 스트리츠케는 공식 발표에서 다음과 같이 설명했다. "블랙 프라이데이는 우리 스스로에게 삶이 더 풍요롭고, 연결되며, 완전해지는 순간이 언제인지를 상기시키기에 완벽한 날이다. 우리는 매장을 닫고 직원들이 밖으로 나가도록 유급 휴가를 제공하며, 미국 전역의 사람들에게 우리와 함께 'Opt Outside'를 실천해 보자고 초대한다. 우리는 뛰어난 아웃도어 장비를 사랑하지만, 그 장비가 열어 주는 경험에는 더욱 열정적이다." 이 전략은 효과를 거뒀다. 레이의 자체 추산에 따르면, 캠페인을 통해 약 140만 명의 사람들이 그날 쇼핑을 포기하고 야외 활동을 즐겼다.

이제 블랙 프라이데이 휴점과 'Opt Outside' 캠페인은 레이의 연례 전통이 되었다. 이 캠페인은 단순히 스포츠 용품·아웃도어 브랜드와 차별화되는 데 그치지 않고, 라이프스타일 브랜드 전반에서 레이만의 독보적인 위치를 구축했다. 그 결과, 레이는 소셜 미디어 노출량이 7,000% 증가했고, 매출과 회원 가입, 직원 지원율도 급증했다. 이뿐만 아니라 400개 이상의 단체와 기업이 캠페인에 동참하며 야외 활동을 장려하는 사회적 운동으로 발전했다.

이처럼 레이는 조직 문화에 뿌리를 둔 강력한 메시지를 캠페인으로 확장해 브랜드 차별화를 만든 대표적인 사례다.

오클리는 스포츠 애호가와 운동선수들에게 인기 있는 고급 스포츠용 안경과 장비를 제작하는 브랜드다. 레이와 마찬가지로, 오클리도 새로운 경쟁 업체들이 등장하며 브랜드 정체성이 희석될 위험에 직면했다. 하지만 오클리는 레이와 다른 접근 방식을 택했다. 레이는 브랜드 캠페인을 통해 조직 문화를 적극적으로 외부에 알리는 전략을 선택한 반면, 오클리는 조직 문화를 제품과 연결하는 방식으로 브랜드 차별화를 시도했다. 오클리는 설립 초기부터 '조직 문화가 브랜드이며, 브랜드가 조직 문화다'라는 철학을 고수했다.

회사의 핵심 가치인 '오클리 5'는 성과 집착, 진정성, 혁신, 겸손, 열정를 포함한다. 이러한 가치는 직원들의 태도와 업무 방식뿐만 아니라, 오클리가 만들어 낸 제품과 브랜드 경험에도 그대로 반영되었다. 실제로 오클리의 브랜드 책에는 "오클리는 우리가 일하는 장소가 아니라, 우리가 누구인지에 대한 정의다" "우리의 외부 모습은 내부 모습 그대로다"라는 문구가 적혀 있다.

오클리의 창립자인 짐 재너드와 초기 경영진은 오클리를 단순한 브랜드가 아니라 하나의 '아이디어'로 여겼다. 이들은 브랜드를 특정 영역에 한정하지 않고, 핵심 가치를 바탕으로 자유롭게 발전할 수 있도록 했다. 오클리의 크리에이티브 디렉터이자 제품 크리에이티브 총괄을 맡았던 브라이언 타쿠미는 다음과 같이 설명했다. "경영진은 브랜드를 특정한 틀에 가두고 싶어 하지 않았다. 오클리가 참여하는 영역을 규정하는 대신, 우리가 '오클리만의 방식'으로 원하는 것을 할 수 있도록 했다." 그 결과, 오클리는 항상 '움직이는 타깃'과 같았다.

오클리는 명확한 브랜드 정의가 없었음에도 불구하고, 엄청난 성공을 거둔 브랜드다. 그 이유는 단순하다. 오클리의 제품을 설계하는 사람들이 직접 제품을 사용하는 고객이었기 때문이다. 브랜드를 개발하는 마케팅 팀, 연구 개발 팀, 엔지니어링 팀, 제조 팀, 영업 팀의 직원 모두 오클리의 제품을 실제로 사용하고 스포츠 활동을 즐겼다. 그렇기 때문에 오클리가 만드는 제품과 브랜드 경험은 고객들에게 완벽하게 공감할 수 있는 것들이었다. "오클리의 제품을 사용한 고객들은 '이 브랜드는 나를 이해하고 있다'고 느꼈다."

오클리는 기존 모터사이클 핸들 그립의 한계를 뛰어넘는 도전, 기존에는 불가능하다고 여겼던 티타늄 소재의 안경 프레임 개발 등 기존 산업의 기준을 뛰어넘는 혁신적인 제품을 만들었다. 이처럼 오클리의 디자이너와 엔지니어는 끊임없이 제품을 개선하고, 색다른 방식으로 접근하는 데 열정을 쏟았다. 심지어 영업과 마케팅 팀조차 기존 방식과 완전히 차별화된 전략을 펼쳤다. 오클리는 주요 리테일러 오너와 직원들을 위해 스폰서 선수들과 함께 실제로 브랜드를 경험할 수 있는 철인 3종 경기 이벤트를 개최했다. 이를 통해 제품의 성능을 직접 체험하게 했고, 오클리 브랜드에 대한 강한 충성도를 형성했다. 이러한 파격적인 접근 방식 덕분에 오클리는 프로와 아마추어 운동선수들 사이에서 높은 신뢰와 충성도를 얻었다.

오클리의 자유로운 브랜드 운영 방식은 오랫동안 성공적인 결과를 가져왔다. 그러나 브랜드의 인기가 확대되고, 리테일 시장에서의 입지가 커지면서 명확한 브랜드 정의의 부재가 문제되기 시작했다. 특히, 오클리는 나이키나 레드 불 같은 스포츠 라이프스타일 브랜드와 차별화할 필요가 있었다. 레드 불이 선글라스 시장에 진출하면서 경쟁이 더욱 심화되었고, 오클리 브랜드를 처음 접하는 젊은 고객들에게 오클리가 왜 특별한지 전달할 방법이 필요해졌다. 브랜드의 커뮤니케이션 방식도 변화해야 했다. 오클리는 오랫동안 '미스터리한 분위기'를 유지하며 고객과 거리를 두는 전략을 사용했다. 하지만 시장 환경이 변하면서 고객들은 브랜드가 자신과 더 깊이 공감하고 소통하기를 원했다. 오클리의 크리에이티브 디렉터였던 브라이언 타쿠미는 이렇게 설명했다. "우리는 처음으로 브랜드와 고객 간의 관계를 만들고, 우리가 어떤 브랜드인지 이야기할 필요성을 느꼈다. 이전처럼 제품과 기술만 이야기하는 방식은 더 이상 충분하지 않았다."

이러한 문제를 해결하기 위해 오클리는 '디자인으로 혁

신하다'라는 광고 캠페인을 런칭했다. 당시 글로벌 브랜드 커뮤니케이션 디렉터였던 톰 카트말레는 《애드위크 Adweek》와의 인터뷰에서 다음과 같이 말했다. "혁신은 항상 우리 DNA의 핵심이었다. 이제는 우리가 어떤 방식으로 혁신하는지 보여 줄 때다. 브랜드의 관점을 더욱 명확하게 알릴 필요가 있다." 타쿠미도 이 캠페인을 두고 "우리의 혁신은 단순한 마케팅 전략이 아니라 오클리가 존재하는 이유이며, 우리 조직 문화의 근본적인 요소"라고 강조했다. 그는 이번 캠페인으로 오클리가 단순히 파격적인 제품을 만드는 회사가 아니라, 업계를 뒤흔드는 혁신적인 DNA를 바탕으로 차별화된 브랜드를 구축하는 기업임을 강조하고자 했다.

오클리는 광고 캠페인을 통해 창립자 짐 재너드와 함께 남캘리포니아에 자리한 독특한 벙커 스타일 본사를 브랜드 정체성의 일부로 부각시켰다. 또 새로운 리테일 디스플레이에는 오클리 제품의 정교한 제작 과정을 보여 주는 영상이 포함되어 경쟁 브랜드와의 차별성을 강조했다. 《와이어드 Wired》 매거진과의 파트너십을 통해 제작된 멀티미디어 콘텐츠는 오클리의 역사와 혁신적인 제품 개발 과정을 담아냈다. 이 콘텐츠는 오클리가 어떻게 스포츠 선글라스 시장을 혁신했는지, 그리고 1천 개 이상의 유틸리티와 디자인 특허를 보유한 브랜드로 성장한 과정을 상세히 소개했다. 오클리는 '디자인 파괴 disruptive by design' 캠페인을 통해 자사의 혁신 문화를 브랜드 차별화 전략의 핵심 요소로 내세웠다. 이러한 과정을 거쳐 현재뿐만 아니라 미래에도 지속적으로 브랜드의 독창성을 강화할 수 있는 기반을 마련했다.

레이의 '#OptOutside' 캠페인과 오클리의 '디자인 파괴' 캠페인은 각 브랜드의 차별성을 강화하는 데 효과적인 전략이었다. 레이는 자사의 조직 문화를 적극적으로 홍보하는 방식으로 고객들에게 브랜드 가치를 전달했다. 반면 오클리는 브랜드의 고유한 조직 문화와 철학을 설명하는 방식을 선택했다. 이처럼 브랜드의 차별화를 성공적으로 구축하기 위해 조직 문화 자체가 독창적이고 강렬해야 한다. 즉, 단순한 마케팅 전략이 아니라 브랜드의 근본적인 가치와 철학이 진정성 있게 반영된 조직 문화여야 한다.*

---

* 조직 문화를 브랜드 차별화 요소로 활용하는 또 다른 방법이 있다. 물류 회사인 UPS는 자사의 광고에서 갈색을 브랜드의 상징적인 차별화 요소로 내세웠다. 이 색상이 화려함과는 거리가 멀다는 점을 활용해, 신뢰성과 겸손이라는 회사의 조직 문화를 적절히 반영할 수 있도록 한 것이다. 또 소매업체 자포스는 관대한 서비스 정신과 유쾌한 분위기가 특징인 조직 문화를 그대로 드러내기 위해, 실제 고객 서비스 통화 녹음을 활용한 광고를 제작했다. 이를 통해 고객 서비스 담당자들이 다소 특이한 고객 요청까지도 능숙하게 처리하는 모습을 보여 줌으로써, 자사의 독창적인 기업 조직 문화를 강조했다.

브랜드와 조직 문화를
함께 변화시키기

브랜드를 새롭게 정의하는 것은 결코 쉬운 일이 아니다. 그래서 많은 브랜드 혁신 시도가 끝내 실패로 끝난다. 브랜드 변화를 성공적으로 이끌기 위한 가장 효과적인 방법은 조직의 근본적인 진실, 즉 조직의 존재 목적과 핵심 가치, 그리고 조직 문화 전반을 기반으로 브랜드를 형성하는 것이다. 이 장에서는 몇몇 기업이 어떻게 자신들의 문화적 요소를 브랜드에 녹여 내면서 소비자들에게 브랜드를 새롭게 인식하도록 유도했는지 살펴봤다.

조직 문화를 브랜드에 반영하는 과정은 시간이 걸린다. 왜냐하면 고객의 인식은 직원들의 인식보다 훨씬 변화시키기 어렵기 때문이다. 또 내부적인 변화가 고객들에게 실질적인 혜택으로 이어진다는 점을 알리고, 본질적인 가치를 제공함을 설득하기 위해 커뮤니케이션, 마케팅 프로그램, 고객 경험에 상당한 투자가 필요할 것이다. 바로 이러한 이유 때문에 이 책의 대부분은 브랜드-조직 문화 융합을 달성하는 방법에 초점을 맞춘다.

두 가지 전략이 상호 배타적인 것은 아니다. 원하는 조직 문화를 조성하는 과정에서 외부적으로도 이를 적극 활용할 수 있다. 반대로 브랜드 정체성을 재정립하는 과정에서 내부적으로 더 강력한 브랜드 중심 문화를 구축할 수도 있다. 즉, 조직 문화와 브랜드 구축 노력은 서로 보완 작용해야 하며, 브랜드-조직 문화 융합은 이 둘이 자연스럽게 통합될 때 비로소 완성된다. 그리고 이 통합 과정은 단발성이 아니라 지속적으로 이루어져야 한다.

핵심 내용 요약

- 조직 문화가 이미 확고하게 자리 잡았다면, 이를 활용해 브랜드 정체성을 효과적으로 정의하거나 재정립할 수 있다.
- 브랜드를 명확하게 정의하려면 조직의 궁극적인 목적을 실제 행동으로 실천하고, 이를 고객과 이해관계자 들에게 일관된 방식으로 전달해야 한다.
- 브랜드 포지셔닝을 강화하기 위해 핵심 가치를 활용하려면 그 가치에 대한 확고한 신념과 헌신이 필요하며, 기업이 실제로 이를 기반으로 운영된다는 것을 명확히 보여 줘야 한다.
- 조직 문화를 고객에게 직접 알리거나 설명함으로써 브랜드의 차별성을 더욱 강화할 수 있다.

당신은 어떤 브랜드인가요?

우승우

옮긴이의 말

브랜딩 업계에서 '인터널 브랜딩'에 대한 관심이 커지고 있다. 일반적으로 브랜딩은 외부 고객만을 위한 것이라고 생각하기 쉬운데, 최근 들어 고객들이 상품이나 서비스의 품질을 넘어 브랜드나 기업이 가진 철학과 조직 문화를 중요하게 여기게 되었다. 또 기업 내부적으로도 내부 직원을 대상으로 하는 브랜딩인 인터널 브랜딩의 역할에 많은 관심과 노력을 기울이고 있다. 브랜딩의 출발점이라고 할 수 있는 정체성과 철학은 내부에서 먼저 확립되어야 하며, 브랜드를 만들고 경험하는 것도 내부 직원부터 시작되어야 한다. 브랜드가 내부에서 충분히 자리 잡지 않으면 고객에게도 제대로 전달될 수 없다. 아무리 세련된 광고와 브랜드 메시지를 내놓더라도, 정작 내부 임직원들이 이를 이해하지 못하거나 실천하지 않는다면 브랜딩은 공허한 외침에 불과하다.

그렇다면 인터널 브랜딩은 어떻게 구축해 나가야 할까? 브랜드 하우스 더워터멜론에서 운영하는 국내 최대의 브랜드 커뮤니티 비마이비에서는 '당신은 어떤 브랜드인가요?'라는 질문을 종종 던지곤 한다. 회사나 조직은 물론이고 개인에게도 브랜드 정체성을 묻고 그것에 대한 답을 스스로 찾아가는 계기를 만들기 위함이며, 이러한 접근이 인터널 브랜딩의 출발점이라 할 수 있다.

이 책에서 소개하듯이 브랜드는 조직 문화와 결합되어야 하며, 구성원의 행동과 태도에서 자연스럽게 드러날 때 비로소 진정한 힘을 발휘한다. 또 고객 경험 CX에 앞서 직원 경험 EX이 우선시되어야 하고, 고객 경험과 직원 경험의 선순환 구조를 만드는 것이 브랜딩에 핵심 과제로 떠오르고 있다.

지속 가능한 브랜드는 광고나 마케팅 캠페인에서만 만들어지는 것이 아니다. 고객과의 모든 접점에서 브랜드가 어떻게 경험되는지를 고민하는 것이 핵심이며, 이를 통해 브랜드는 비로소 완성된다.

고객센터 직원이 브랜드 가치를 이해하고 응대하는가? 매장에서 일하는 직원이 브랜드 철학을 반영한 태도로 고객을 맞이하는가? 이러한 요소들이 쌓여 브랜드에 대한 신뢰가 형성된다. 결국 훌륭한 브랜드를 만들기 위해서는 내부 조직 문화와 직원들을 대상으로 하는 인터널 브랜딩이 필수다.

인터널 브랜딩은 단순한 직원 교육이 아니다. 브랜드를 조직 내부에서 살아 숨 쉬게 만들고, 직원들이 브랜드를 체득하도록 하는 과정이다. 우리 브랜드가 어떤 브랜드이며, 이를 기반으로 의사 결정하고 행동하는 기준을 만들어 가는 과정이다. 이를 통해 우리 브랜드를 더욱 매력적이고 차별적으로 만들어 치열한 경쟁 환경에서 비즈니스 성과를 창출해 내는 핵심 경쟁력이자 생존을 위한 필수불가결한 과제라고 할 수 있다.

그렇다고 너무 멀거나 어려운 과제는 아니다. 매일매일의 일상에서 다양한 업무를 수행할 때 '어떻게 하는 것이 우리 브랜드다운 것인가?' '우리 브랜드답게 일하는 것은 무엇인가?' 그리고 궁극적으로 '우리는 어떤 브랜드인가?'라는 질문의 답을 찾아가는 과정이 바로 인터널 브랜딩이다. 그런 의미에서 이 책은 인터널 브랜딩 이론의 중요성부터 구체적인 실행 방안과 글로벌 기업들의 우수한 사례까지 폭넓고 깊게 접할 수 있는 좋은 지침서가 되어 줄 것이다.

조직 문화가 곧 브랜드이고 브랜드가 곧 조직의 문화가 되는 시대, 조직 내부와 직원으로부터 우리만의 브랜딩을 시작해 보자.

화살은 안으로 향해야 한다

차상우

최근까지 대부분의 브랜드는 고객 경험을 극대화하는 것을 목표로 삼아 고객 접점을 분석하고 핵심 고객을 정의하며 최상의 브랜드 경험을 설계하는 데 부지런히 집중했다. 브랜드 정체성을 더욱 명확히 수립하고 핵심 가치를 뚜렷하게 정의하는 일도 이와 같은 고객 중심 전략의 연장선으로 인식되곤 했다.

하지만 이제 시대가 달라졌다. 누구나 자신만의 채널을 통해 하고 싶은 이야기를 자유롭게 발화하고 전달하는 세상에서 브랜드의 진정한 힘은 외부를 향한 메시지보다 내부 구성원이 얼마나 브랜드를 '자기화'하고 진심으로 실천하느냐에 따라 다르게 나타난다. 결국 브랜드는 조직 내부로부터 시작되어야 하며, 브랜드가 실제로 '살아 있는가' 하는 질문에 답할 수 있는 핵심 기준은 바로 내부 구성원의 태도와 행동이다.

국내외 다양한 기업의 브랜드 컨설팅과 브랜드 경험 프로젝트를 진행해 온 더워터멜론도 이러한 흐름을 깊이 인식하고 있다. 더워터멜론은 내부 구성원의 '승리 정신_winning spirit_'을 토대 삼아 '수박 Spirit'이라는 개념을 새롭게 정의해 직원 경험의 근간으로 삼는다. 수박 Spirit은 다음의 열 가지 태도를 중심으로 구성된다.

① **관점과 태도가 좋은**
② **자기만의 방식과 콘텐츠가 있는**
③ **일이 중요하고 성취에서 즐거움을 느끼는**
④ **팀으로 일하는 것을 좋아하는**
⑤ **온 마음을 다하는**
⑥ **실행으로 말하고 논리와 감성으로 행동하는**
⑦ **한 끗 차이의 디테일을 중요하게 여기는**
⑧ **끊임없이 생각하고 지속적으로 도전하는**
⑨ **스스로 브랜드가 되고 싶은**
⑩ **그리고, 수박을 좋아하는**

이 중에서도 나는 '온 마음을 다하는' 태도를 가장 중요하게 생각한다. 마음을 다한 일이 결국 브랜드를 움직이고 조직을 변화시키기 때문이다. 이 책은 바로 그런 점에서 울림을 준다. 브랜드 정체성과 조직 문화를 하나의 체계로 연결하고, 이를 내부 구성원들의 행동으로 이어지도록 구체적인 전략과 사례를 제시해 준다. 10년 넘게 브랜드 사업을 하면서 깨달은 점이 있다면 조직 문화와 인터널 브랜딩의 진정한 가치는 회사가 잘 나갈 때가 아니라, 위기를 마주했을 때 비로소 드러난다는 것이다. 워런 버핏은 "수영장에서 물이 빠져야 누가 발가벗고 수영하고 있었는지 알 수 있다"고 말했다. 이는 투자 세계에서 유동성의 퇴조가 실체를 드러낸다는 비유지만, 나는 조직 문화의 관점에서 이 말을 절감한 적이 있다. 시장 환경이 나빠지고 사업이 흔들릴 때 누가 진심으로 조직을 위하는지를 알 수 있고, 브랜드 가치와 조직 문화가 체화되지 않은 구성원은 위기 상황에서 문제를 함께 해결하기보다 조직을 향한 부정의 그림자를 키우며 분위기를 악화시킬 수 있다.

이럴 때일수록 우리는 다시 질문해야 한다. 우리 조직의 존재 이유는 무엇인가? 우리를 여기까지 이끌어 온 정체성은 무엇이며, 이 위기를 딛고 앞으로 나아갈 수 있는 핵심 동력은 무엇인가? 그리고 결정적으로 지금 곁에 누가 함께하고 있는가?

브랜딩은 외부만을 향한 활동이 아니다. 진정한 브랜딩은 내부에서 시작되어야 하며, 모든 구성원이 '우리답게' 일할 수 있는 문화를 만들 때 비로소 고객에게도 '우리다움'이 전달된다. 이 책은 그 여정을 시작하는 데 필요한 나침반이 되어 줄 것이다.

퓨전

초판 1쇄 발행 2025년 7월 31일

지은이   데니스 리 욘
옮긴이   우승우 차상우
펴낸이   박영미
펴낸곳   포르체

책임편집   이경미
마케팅   정은주 민재영
디자인   황규성

출판신고   2020년 7월 20일 제2020-000103호
전화   02-6083-0128
팩스   02-6008-0126
이메일   porchetogo@gmail.com
인스타그램   porche_book

ⓒ 데니스 리 욘(저작권자와 맺은 특약에 따라 검인을 생략합니다.)
ISBN 979-11-94634-33-1 (03320)

- 이 책은 저작권법에 따라 보호받는 저작물이므로 무단전재와 무단복제를 금지하며, 이 책 내용의 전부 또는 일부를 이용하려면 반드시 저작권자와 포르체의 서면 동의를 받아야 합니다.
- 이 책의 국립중앙도서관 출판시도서목록은 서지정보유통지원시스템 홈페이지(http://seoji.nl.go.kr)와 국가자료공동 목록시스템(http://www.nl.go.kr/kolisnet)에서 이용하실 수 있습니다.
- 잘못된 책은 구입하신 서점에서 바꿔드립니다.
- 책값은 뒤표지에 있습니다.

여러분의 소중한 원고를 보내주세요.
porchetogo@gmail.com